The Distribution of Wealth

文化伟人代表作 图释书系

经典阅读
影响每一代学人的知识名著

知识分子阅读，不仅是指其特有的阅读态度和思考方式，更重要的还包括读物的选择。在众多当代出版物中，哪些读物的知识价值最高而且是主流的，许多人都很难确切判定。

"文化伟人代表作图释书系"，所选择的均为对人类知识体系的构建有着重大影响的伟大人物的代表之作，这些著述一直都极大地丰富着我们的大脑，使人类的思想更为生动、睿智，并被每一代学人视为最理想藏书。

这些著述大都篇幅宏大，难以适应当代人阅读的特有习惯。为此，在凝练编译、准确压缩的基础上，以图释的方式对书中的知识要点进行了精彩补述，既突出了原著者的精要思想，又回避了让更多读者犯难的学究气。

一切尖端的思想都能轻松理解，一切深奥的知识都可以变成今天的常识。

图书在版编目（CIP）数据

财富的分配 / [美] 约翰·贝茨·克拉克 原著；彭逸林，商金艳，王威辉 编译. —北京：人民日报出版社，2010.2
ISBN 978-7-5115-0026-7

Ⅰ.财… Ⅱ.①约… ②彭… ③商… ④王… Ⅲ.边际效用学派—研究 Ⅳ.F091.34

中国版本图书馆 CIP 数据核字（2010）第 011393 号

书　　名：财富的分配
原　　著：约翰·贝茨·克拉克
编译者：彭逸林　商金艳　王威辉
出版人：董伟
责任编辑：许南方　朱岩
封面设计：日日新文化

出版发行：人民日报出版社
社　　址：北京金台西路2号
邮政编码：100733
发行热线：（010）65369527　65369512　65369509　65369510
邮购热线：（010）65369530
编辑热线：（010）65369522
网　　址：www.peopledailypress.com
经　　销：新华书店
印　　刷：重庆市白合印刷厂印刷

开　　本：787mm×1092mm　1/16
字　　数：280千
印　　张：15.75
印　　次：2010年2月第1版　2010年2月第1次印刷

书　　号：ISBN 978-7-5115-0026-7
定　　价：29.80元

财富的分配

[美] 约翰·贝茨·克拉克 原著

The Distribution of Wealth

全面揭示财富分配的内在法则

● 彭逸林 商金艳 王威辉 编译

人民日报出版社

编译者语

约翰·贝茨·克拉克（1847—1938年）是19世纪末20世纪初美国最著名的经济学家、美国边际效用学的首位代表人物及美国学派的创始人。他的主要著作有《财富的哲学》(1886年)、《财富的分配》(1899年)、《政治经济学要义》(1909年)，其中以《财富的分配》最具代表性，是美国经济学的理论基础。

《财富的分配》是克拉克经济学的中心，他主张通过研究分配来研究生产。据此，他批判传统经济学的四分法（生产、分配、交换、消费），提出新的三分法：一、一般经济学，研究经济学一般性、普遍性的规律，只涉及人和自然的关系，不考虑交换和组织的参与；二、静态经济学，研究人口、资本、生产技术和方法、产业组织形式、消费者的欲望倾向五种要素不变条件下的经济规律；三、动态经济学，研究五种要素均发生变化情况下的财富生产和分配规律。与三分法相对应的是三种经济学分析方法：一般分析、静态分析和动态分析，且静态分析是基础和中心。结合分配理论，静态分析探究分配的基础，动态分析探究分配在各种影响因素下的变形。"边际生产力理论"是克拉克理论的主要特色，用以分析工资、利息、利润、地租等分配要素，并提出"工资论"、"利息论"。"边际生产力理论"融合了"生产要素论"、"生产力递减规律"和"边际效用论"，认为土地、劳动和资本都具有生产力，都应从生产成果中获取相应的份额，三者的生产力皆随数量增加而递减，各要素的边际生产力为其分配的自然标准。

《财富的分配》集中了克拉克的理论精华，该书以静态经济学为研究对象，综合运用了一般分析、静态分析和动态分析方法。其核心思想是社会收入分配受最后生产力规律的支配，在此规律下各生产要素的报酬等于其所创造的财富。全书共包括以下四部分内容。一、分配概论。分配理论所研究的是社会生产活动的分配环节，主要探究收入的来源问题。二、劳动与资本。工资和利息由劳动和资本的最后生产力决定。劳动的最后生产力即为边际生产力，存在着静态和动态两个原则。各行业的边际区域逐渐融合为一个统一的边际区域，工人的工资即为边际区域的劳动产品。三、团体分配。在社会生产过程中，劳动和资本要按照不同的比例合理地在各产业团体之间进行分配。分配过程中，两种要素相互制衡和作用，最终使每单位要素的产量最大化。四、分配意义。资本在团体生产过程中不断增值，团体会根据其行业特点采取特定的方式促使资本获取更多收益。团体中分配的劳动同样能创造财富，并且最终表现为工人工资和企业家获得的利润。

CONTENTS 目录

The Distribution of Wealth

编译者语 ················· 1

第一篇　分配概论

第1章　分配理论
第一节　影响分配的因素 ················· 3
第二节　分配的公平问题 ················· 5

第2章　分配在经济学中的地位
第一节　经济学的传统四分部 ················· 10
第二节　新标准下的经济学三大分部 ········· 17

第3章　分配的依据
第一节　分配规律与交换 ················· 23
第二节　最后效用原则和特殊生产力原则 ····· 25

第4章　分配的影响因素
第一节　交换经济与生产组织 ············· 29
第二节　社会结构与生产制度 ············· 31
第三节　影响社会发展的力量 ············· 35
第四节　李嘉图政治经济学派及其理论 ······ 39
第五节　动态经济学与经济史 ············· 42

第二篇 劳动与资本

第1章 劳动的特有产品
第一节 从商品价格到劳动工资标准 ………… 45
第二节 劳动力边际区域与工资标准 ………… 50
第三节 怎样识别劳动的特有产品 …………… 52

第2章 资本与资本货物
第一节 资本与资本货物的比较 ……………… 61
第二节 资本与节约 …………………………… 66
第三节 资本和资本货物的种类 ……………… 74

第3章 劳动、资本与生产力
第一节 劳动 …………………………………… 82
第二节 工资 …………………………………… 84
第三节 生产力 ………………………………… 90

第4章 劳动与资本产量的衡量
第一节 工资和利息问题上地租方法的应用 … 96
第二节 报酬递减规律的应用及最后生产力规律
　　　 对工资和利息的影响 ………………… 101

第三篇 团体分配

第1章 产业团体收入
第一节 地租规律 ……………………………… 107
第二节 价值理论 ……………………………… 110

CONTENTS 目录

The Distribution of Wealth

第2章 生产与消费资料的边际效用
第一节 边际效用 …………………………… 114
第二节 商品的价格评定 …………………… 120
第三节 工资和利息的评定 ………………… 127

第3章 劳动与资本的团体分配方式
第一节 劳动和资本在产业团体中
　　　 的分配规律 ………………………… 134
第二节 劳动和资本的相互影响及其原因 … 137
第三节 劳动和资本的优化配置 …………… 140
第四节 级差生产力的一般规律在劳动和资本分配中
　　　 的作用 ……………………………… 144

第4章 租金、价值与团体分配关系
第一节 要素租金决定产品价值 …………… 149
第二节 租金的分配不影响产品价值 ……… 152
第三节 要素租金与企业家成本 …………… 157
第四节 其他学者对租金和产品价值关系
　　　 的研究 ……………………………… 159

第四篇　分配意义

第1章 资本分配的意义
第一节 资本增长的原因 …………………… 163
第二节 团体之间的借贷 …………………… 169
第三节 生产和消费能够同时产生的条件 … 172

第四节 使生产和消费时间间隔消失的三个
　　　因素 ………………………………… 175

第2章 劳动分配的意义
第一节 工资分配的方式 ……………………… 180
第二节 劳动和资本对工资分配的影响 ……… 183

第3章 工具产量与经济因果律
第一节 租金的含义 …………………………… 189
第二节 土地和其他资本的分配规律 ………… 192
第三节 土地和其他资本收入的测量 ………… 197

附录1 产业要素及产品的衡量单位
第一节 财富的通性和物品的实际效用 ……… 203
第二节 产业要素的衡量 ……………………… 207
第三节 关于最后价值单位的几个补充
　　　说明 ………………………………… 216

附录2 静态和动态标准
第一节 动态变化及其对社会产业的影响 …… 220
第二节 静态规律作用下的动态势力 ………… 226
第三节 静态理论和动态理论的关系 ………… 234
第四节 世界经济中心的优越性 ……………… 236
第五节 分配理论 ……………………………… 239

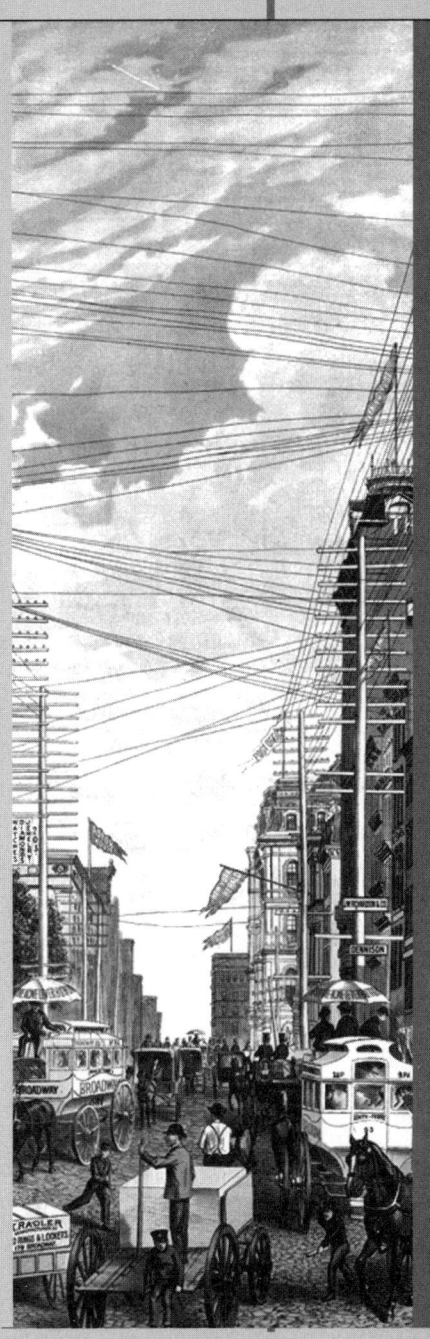

第一篇　分配概论

　　社会生产活动是一个动态过程，分为生产、分配、交换和消费四个环节。分配理论所研究的是社会生产活动的分配环节，主要探究收入的来源问题。社会收入的主要形式为利息、利润和工资等，它们均受自然规律的支配。对分配问题的研究往往从生产过程入手，通过研究各生产要素在产品生产过程中所起的作用来衡量其收入水平。以工人工资为例，工人的工资收入取决于他所生产的产品，工资与产品之间的差异往往会引发社会问题；工人工资如果与其劳动产品差异显著，就意味着工人遭受了剥削。由于受一定的社会环境和社会组织影响，分配理论有静态和动态之分。经济学中的静态标准又称自然标准，李嘉图等人曾通过建立"经济人"假设对其进行分析，为动态经济学研究奠定了基础。动态经济学通过对经济进行历时性的研究、归纳经济发展变化来总结经济社会的动态规律。分配活动与交换活动紧密相连，交换在经济学中被称为动态势力，使劳动和资本等生产要素自由流动、合理分配。消费是收入的最终目的，消费环节的效用规律同时支配着市场购买和个体的劳动生产行为，并最终使整体社会生产力实现转移。为了对分配及其与生产、交换、消费等环节的关系进行深入而透彻的研究，必须对经济学研究结构进行重新划分：一、研究财富的一般现象；二、研究静态社会前提下的社会财富变动；三、研究动态社会中的社会财富变动。

第1章
分配理论

社会收入分为利息、利润和工资等几种形式，而分配理论就是研究收入来源的理论。在现实生活中，收入的数量在某种程度上决定人们是否幸福，但这些收入受到自然规律的支配。在自然规律能够充分发挥作用的情况下，从事任何生产职能所分配的收入都应该有一个衡量标准，这个标准就是其实际生产出来的成果。如果对分配进行全面研究，就等于通过对个别的生产进行研究，寻找财富的三个生产要素各自对于它们共同生产的产品的贡献程度，来分析创造财富的过程。另外，工人阶级收入的多少，决定了他们的福利情况。而他们对其他阶级所采取的态度以及可能会引发的社会问题，则受到生产和收入是否匹配问题的制约。所以，尽管关于个人收入问题有不少争论，但这些争论可以从研究各个因素的收入得到解决。工人是否能得到所生产的产品，这是一个实际问题，如果一个国家强迫它的工人将自己的财富交给工厂主，而且这种财富是工人依据创造权而获得，那么，国家就会在某些关键时候以失败而告终。因为，维护财产权是国家存在的理由。

第一节　影响分配的因素

工资的形式表现出所有经济力量起作用的效果，工资水平直接决定工人的生活舒适度及子女发展。市场力量影响工资水平，但效果甚微；工人的生产能力也对工资标准起制约作用。在自由竞争条件下，工资收入以实际生产成果为衡量标准。因此，对分配问题的研究要从生产环节入手。

长期以来，社会收入分为利息、利润和工资等几种形式并被人们所默认。但这种分配的背后，是否有自然规律在起作用？如果是的话，这个规律应当被怎样描述？财富又如何在各个要求获得应得权利的人中间分配？这对于从事研究工作和实事求是的人来说，无疑是一个重要的问题。

对于很多人来说，所有经济力量起作用的效果，往往以工资的形式表现出来。因为对他们来说，劳动是主要的谋生手段。在现实生活中，我们可以看到，劳动者的日常生活有上升或下降的趋势。这个趋势，往往是由工资规律所决定。因为随着科技的发展，技术慢慢变得熟练，机器也越来越多地被应用于生产，而此时，劳动者得到的是雇主支付给他们的工资。他们所获的工资，在某种意义上，可以看做是凝结为物质形式的潜在福利。这种福利的多少，很大程度上会影响他们生活的舒适程度，以及所带给子女的教育、健康等各种幸福的保证。从长期来看，这种工资水平的高低所产生的效果往往经过积累作用而更加显著。工资较高的劳动者不但能够自身过着富足的生活，而且能够给后代提供更多接受培养和教育的机会，从而使后代的生活水平上升；反之则相反。

工资获得的形式往往是一个人支付给另外一个人，而所支付的数额往往是由双方讨价还价的力度来决定。这种情况就造成一种假象，好像工资是由双方的力量大小和手段的高低来决定的，而从表面上看双方也都在尽力地使用它。但事实是，工资本身还受到一个积极的外部力量所带来的标准支配，这种力量就是市场。在一个比较小的范围，市场上所谓的讨价还价确实对工资的标准产生很小程度的影响。经过分析，我们可以发现，工人通过机智和坚持不懈的方式从雇主那里得到的工资数额是有限的，而且要受到劳动生产能力的限制。这些决定劳动生产能力的力量，与决定工资合同中一般条件的力量存在相同之处。所以尽管从表面上看，劳动力市场斗争混乱无序，在这些想象的后面，确实有一个深奥的自然规律在积极地发生作用。

正如前面所述，工人无论以何种方式与雇主进行议价，他们从雇主那里得到的工资数额要受到自身生产能力的限制。如果我们研究关于工资方面存在的规律，那就有必要以劳动者本身所拥有的生产能力为对象进行探究。在以往观点的支撑下，为了使研究更加顺利而有效地进行，我们提出一个假设，即在自然规律能够充分发挥作用的情况下，从事任何生产职能所应该分配的收入都应有一个衡量标准，这个标准就是实际生产出来的成果。如果以另外一种方式来表述，那就是：自由竞争存在一种倾向，在这种倾向下，收入总额将被分配为几个部分，资本家获得资本生产的部分，劳动者获得劳动生产的部分，而企业家则获得调和所生产的部分。

从这个方面来说，如果对分配进行全面研究，就等于通过对个别生产进行研究，寻找财富的三个生产要素各自对它们所共同生产的产品的贡献程度，来分析其创造财富的功能。分配规律是存在的，因为在参加生产的过程中，每个生产要素在作出贡献的同时，也获得了相应的报酬。这个假设的正确性关系重大，很多诸如社会维持现状或创新的必要性等重要问题都建立在这一假设之上。这个问题的重要性不可低估，所以，我们要用大量的篇幅和复杂的论述来验证它。

第二节 分配的公平问题

社会是否按照每人应得数额而给予他应得的部分，是值得研究的。如果工人生产的数额与其获得的收入相等，那么，每个人的收入与其所生产数额相等；利息等于资本的产出，利润与调和工作的产物相一致，因此，财产权在它产生之初就得到了保障，这样，社会就相对公平，社会制度和国家便有其存在的理由。

工人阶级的收入水平决定了其福利情况，而他们对其他阶级所采取的态度，以及可能会引发的社会问题则受到其生产和收入是否匹配的制约。即他们生产出来的财富尽管很少，但若是全部归自己所有，他们也许不会产生革命的心思；如果他们产生出的财富很多，而自身得到的仅仅是其中一小部分，即自己的财富被剥夺了，那么，工人阶级就有革命的权利，而工人阶级中的一部分人就极有可能成为革命者。很多人都说，工人阶级的劳动成果常常被剥夺。但这种剥夺是在法律的保护下，以竞争的自然作用实现的。因此，他们指责当时的社会制度，认为其剥削劳动。如果上述说法正确，那么，产业制度就应该改革，而参与改革产业制度热情的高低，可以作为衡量一个人正义程度的标准。更进一步说，在此情况下，每一个正直的人都应该变成社会主义者。然而，作为一个谨慎的研究者，为了弄清事实的真相，必须进入到生产的领域来验证上述说法的正确性，进而对竞争的结果是否按照每个生产者所生产出的财富额进行分配等重要问题进行探讨。

即使在产量和分配数额完全一致的情况下，我们还有很多工作要做。这些工作包括：研究各个部分的收入量是绝对的增加或是减少；明确社会进步是否在提高劳动生产力的同时也提高了它的报酬，或是相反的情况；探讨社会进步在生产力和报酬方面对企业和资本的作用效果；还有就是资本所有者和使用者的境况随着社会进步的变化情况。要做好这些工作，我们必须首先测试社会的公正情况，采用的方式可以是通过验证社会是否按照每人应得数额而给予其应得的部分。我们还应该考察社会分配给每人应得财富数额的变化，因为只有这样，才可以看出社会的存在究竟是为了人类的福利或是其他。我们不但应该知道自己有权利容许自然经济所产生的力量按照现有状况继续发挥作用，而且还应该从效用方面考虑容许这样做的正确程度。进行这样的思考意义重大，因为社会的公正是现存社会制度存在的前提,而造福人类的程度则影响着现存社会制度的发展方向。如果它不能为人类造福的话,那么,这个制度继续沿着现有方向发展无疑是个错误。

在全世界人口中分配的无疑是全世界的收入,但由于个人之间的分配额是由另外一种分配所产生,所以决定每个人分配额的因素并不是关于分配论的科学。在这方面的研究中,真正属于经济学范围的内容仅仅是一部分,而将全部社会收入分为利息、利润和工资的方法无疑是在这部分的范围之内。因为来源不同,这些收入中的每一种,都与其他种类在性质上存在区别。一方面,存在个人收入分别来自所从事的劳动、供给资本、调和资本与劳动的因素的情况;另一方面,收入来源也存在某种程度混合的性质。在现实生活中,资本家往往会从事某种劳动,而工人常常会拥有一些资本,企业家则往往既拥有资本又从事某种劳动。因此,个人收入水平要受到各种因素的影响。这个问题涵盖的范围非常广泛,超出了本书的研究范围。本书所要探讨的仅仅是决定纯粹工资标准、纯粹利息标准和纯粹利润标准的因素。当这些标准被确定之后,某一个人能否获得收入以及收入的多少,就要看其提供劳动的数量、用于投资的资本数额,或在投资的同时提供了多少劳动。一个普遍而较为纯粹的经济规律作用并决定劳动或资本所能产生及其最后获得的工资数量,而这在某种程度上超出了人力操纵的范围。

这样,虽然我们把研究范围仅仅确定在决定利息、利润和工资这三种收入数额的自然力量上面,但如果我们的研究能够成功,那么,将人类划分为敌对阶级的问题就会得到解决。因为,当我们发现决定工资标准、利息标准、利润标准的规律之后,某个人是否有正当理由对另外一个人抗议和采取其他行动将会有衡量的标准。尽管我们还没有研究出这两个人收入差异巨大的原因,但是,我们研究出了决定这些收入是否应当归这两个人所有。这两种不同的分配概念虽然联系紧密,但却有不同的特点。

对于个人之间的分配,首先关注的是收入的数额,而不会关注取得收入的方式。例如,给某甲一年分配5千美金,给某乙一年分配5万美金,给某丙一年分配50万美金,至于他们三人取得收入的方式则不加过问。机能分配,是指决定用某种方式得到多少收入。它会事先规定好一个标准,如:不论谁从事这种劳作,每天工资都是10美元;不论谁拿这个利息,利率都是每年10厘。由此可见,这两种分配尽管在某些方面存在某种关联,但却是有重大差别的。从机能分配来看,某个人可能从几个方面都获得一些收益,所以,如果以某个人的收入作为被除数,利息、利润和工资便可以被划分出来。从个人之间的分配来看,如果以社会工资总额作为被除数,那么,这个总额便可以被分为每个人各得一份的工资。

有一点我们需要注意,尽管抽象的利润对于同样抽象的工资并不负什么责任，但是，一个赚到利润的企业家对其雇佣的工人负有责任，权利总是对人类来说的，只有有意识的人类才有权利和义务。同理，如果每天从每个工人的工资中拿出1角钱放到雇主的收入里面，公平问题就会被提出，尽管工资从每天1元降到9角无所谓是非问题。在各产业阶级中存在一个尚未解决的问题，即雇主是否将原本属于工人生产出来的什么东西拿走。如果某个阶级每天都将一定数量的财富交给另外一个阶级，那么，这个数目是否被人接受？这种原则是否对一切人都公平？这种原则是否有存在的必要？如果我们解决了纯粹机能分配原理之后，就可以解决这些人与人之间的重大问题。

如果获得的每种收益与其生产的数额相等，则每个人的收益与其所生产数额相等。无论他从事劳动，还是提供资本，或是担任调和劳动和资本的职务，他都会获得与付出相等的收益。在现实生活中，一个人总不外乎利用这些方式。也就是说，无论采用何种方式，他得到的数额与付出都相一致，如果公正原则决定了利息、利润和工资，那么那些从事协作生产的工人都得到了公平的对待。如果生产的数量决定了生产机能的报酬，那么，从事生产的每个人得到的生产数量都会与自己所生产的数量一致。通过以上探讨，我们可以看出，虽然是人与人之间的问题，却可以通过机能的研究去解决由于分配所牵涉到的权利问题。

如果从纯理论来探讨的话，还有一个问题可以被提出。那就是：依据最高理想，给予某人自身所生产的产品数额的原则是否符合公正原则呢？部分社会主义者认为"各尽所能，各取所需"才是分配上最理想、最公平的公式，而前者并不能达到公正的目标。如果"各尽所能，各取所需"的原则成立，我们就要提取社会上一部分的收入，来分配给另外对此需求更大的一些人。如果这种方法被施行，则公民的财产权将会被侵犯。因为我们要研究的是经济上的实际问题而不是纯粹伦理上的问题，又因为上述办法只是一个纯粹的伦理问题，所以，这不是我们的研究范围。经济意义上的实际问题涵盖面很广，例如，如果按照自然的分配，人们的所得与其所生产的数额是否一致？我们的实际财产是否最初便是由生产得到的呢？我们的所得、法律给予我们权利所保有的东西是否由于制造权而归于我们呢？这些都是一系列意义重大的问题。

当某个工人以合法途径离开工厂时，法律承认他带走的工资是属于他的。但是在他离开工厂以前，就已经是当天劳动所生产出的部分财富的真正所有者。按照决定他收益的经济学规律来进行推理，我们可以发现：这份工资究竟是否符合当天他所生产的那部分财富数量，或者是他实际生产的那部分数量是否被强迫留下一些呢？如果答案是肯定的话，这就是一种对财产权的合法侵犯。因为，如果一种制度强迫人们把根据创造权而获得的属于他们自身的财产留给雇主，就是一种赤裸裸的掠夺。

我们需要解决这个问题，因为这是一个实际的经济问题。在雇主给创造价值的人支付工资的时候，就是财产开始占有的时候。如果财产分配所必须根据的原则发生作用，每人占有的财产数量与其生产数量相一致，我们就应当在现有形式的基础之上将其改善，以避免特殊情况的发生。与此同时，我们还可以用其他方法来处理与制度本身无关的掠夺。如果要将财产确立在生产者对所生产财富的要求上，我们就需要在产生所有权的时候就确保这个权利。如若不然，则将会有某些爆炸性的因素埋伏在社会组织的基础中。这些因素一旦发作，整个社会组织必将遭受破坏性的摧残。如果一个国家强迫它的工人将自己的财富交给厂主，而且这种财富是工人依据创造权获得，那么，国家就会在某些关键时候以失败告终。因为，维持财产权是国家存在的理由。如果工人的实际工资与其所付出劳动相等，利息等于资本的产出，利润与调和工作的产物相一致，就说明财产在它产生之初就得到了保障。通过此类的分析可以看出，研究分配问题，就可以验证一个国家对它所施行的主义是否一致。

第 2 章
分配在经济学中的地位

　　传统的经济学分部的划分虽然明确了经济的流程,但却无法从社会现实中清晰地揭示这些分部的界限,经济活动的形态和模式造成了这种旧有划分方式的互相交叉和渗透。为了更有体系地介绍经济现象、经济规律以及分配与生产和交换的密切关系,特别为了解析经济形态以及明确各种经济现象,本章将按照一种全新的标准将经济学划分为三个分部:第一个分部讨论财富的一般现象,研究的是所有社会形态下关于制造财富和消耗财富的内容;第二个分部讨论静态的社会经济,研究的是在社会组织形式和生产方式固定的条件下,社会所生产财富的变动;第三个分部讨论动态的社会经济,研究的是在社会组织形式和生产方式发生变化的情况下,社会所生产财富的变动。新标准下的第二个分部包括了交换论中的价值问题以及分配论中的自然工资(静态工资)和自然利息(静态利息)。新标准下的第三个分部包括价值的变动和分配中的动态。

第一节　经济学的传统四分部

　　社会生产是一个庞大而繁杂的系统，经典经济学将经济几大分部划分为生产、分配、交换和消费四种流程，这种划分有利于了解对生产要素（包括生产资本和劳动）的安排，以及对生产能力和力量的调度。但这种划分只适用于在一种理想模式的经济状况下进行，往往无法解决现实经济社会的问题。在传统的经济四大流程中，除了消费，其他三个流程都属于生产的范畴，特别是分配和交换，是在社会化大生产的语境下的显著特点。在分配上起作用的那种力量，可以决定各个团体能吸引多少资金和劳动，并力图使各种行业的产品生产达到一种均衡，所以分配也是宏观上的社会生产的组成部分。

　　经济学中最典型的四个流程是生产、分配、交换和消费。这种划分方法是经典经济学对经济几大分部的划分，但遗憾的是，这只是一种理想状态下的划分，因为这四个流程之间往往呈现出一种互相渗透和交叉的状态，没有一个明确的界限。最明显的例子就是，在社会组织生活中，生产财富的过程，就包含了分配与交换的过程。所以为了研究方便，本章将着重对经济学的各个分部按照一种新的标准进行划分，不同于以往的四大流程，这种新的划分方式将更加贴近实际。但是值得注意的是，本章提出的对经济分部切割的新标准是在对以往的四大流程进行细致研究的基础上进行的，而并非对这四个经济流程的推翻。事实上，新标准更需要考虑这四个流程的流动性和发展性。而且如果说以往的划分只是为了便于描述而将经济过程按照大致的流程作一个并不太规整的切割，现在的对经济分部的新划分则是在生产、交换和分配的密切关系中自然而然地体现出来的。所以，这是经济学的自然区分。

　　在社会组织中，生产其实是一个涵盖众多内容的繁杂过程。一件商品的生产过程不仅仅包括以往意义上的生产制造，还包括了分配和交换的过程，必须调动众多社会分部共同合作完成。在原始社会中，生产或许是单一部门的工作，但是人类越接近文明社会，生产所必需调动的人、事、物就越多，也必然会涉及各个部门的分工合作，这就是社会化生产的必然形式。从经济学的观点来看，一件商品在满足消费者需要之前都不能算是生产完成，只有把制成的物品出售，社会生产才算完成。实际上，现在社会的生产必然会存在交换的过程。商品的交换过程其实已经融为商品生产过程的一部分。商品交换到不同的人手中，使社会能够生产出更多的各种各样的商品。因此，整个社会才是完整的生产者。而交换已经变成生产过程的一个必要组成部分，也成为社会化生产的一个必要环节。

社会化生产也呈现出新特点。它将人与人之间的关系从生产上的互相平行、互不干扰变成一个纵向的联结，从事不同工作的人变成社会大生产、大组织中的不同环节。不变的是人与自然之间的关系，人们对大自然所提供的原材料加以改造和利用，比如要生产农产品必须依赖土地，就如同史前人类要收获农产品也必须依赖土地一样，无论社会形态发展到何种水平，这一点是不会改变的。所以社会化生产的新特点主要体现在人与人之间的关系上。

经过上述分析可知，现阶段商品的生产往往是由整个社会共同完成的。下面把研究的关注点转向产品价值的衡量上。当人们生产出某种物品时，该如何衡量这种商品的价值呢？在经济学中，交换比率就是用来解决这个问题的。但还需要考虑交换比率这个概念是不是放在此处讨论最合适。

从宏观上来看，除了劳动者个人的收入，行业整体的收入也是由该行业与其他行业对比而成的分配方式所决定的，行业之内的资本家、企业家和劳动者的行业整体收入都由这种分配方式所支配。而这种分配属于社会化生产中总分配的中间环节，由价格决定。农产品的价格决定农业生产部门的收入，当农产品的价格上涨时，农业生产部门的收入自然也上涨，可能会比其他行业的收入更高；而当农产品的价格下跌时，农业生产部门的收入也就自然下降了，与其他行业比起来或许更低。由此可知，某种商品的"市场价格"（此处往往是指现阶段一定数量的该商品的价格）支配着生产这种商品的行业的整体收入。同样地，如果陶瓷的售价上涨，则会有大量的收入流入到生产陶瓷的行业，陶瓷行业的企业家、资本家和雇佣工人等都能受到这种收入增加的影响，这是陶瓷行业内部的微观分配。此处暂且不研究微观分配，而是把陶瓷行业作为一个整体来考虑。宏观上来说，行业的整体收入是以整个产业部门为对象、以物价为决定因素的一个社会收入分配环节，而且这是一个初步分配环节。

从更宏观的角度来看，社会的全体收入是由各个不同行业的整体收入组成的，而这些收入可以等量换算成各种被用作分配的商品。这些商品都可以按照某种约定的规则分成若干份，行业中的资本家、企业家、劳动工人都可以按照约定的分配条件获取与自身相应的那一份。但是，这些分配条件必须是事先约定的，如果这些商品制成并拿来出售之时，分配条件还未确定，则此时分配不得不依赖于国家机构或者其他不是市场的强制性因素的硬性规定。在这种情况下的分配方式也不是常规的分配方式了。而实际上，自然的分配方式是在商品还在制造的过程中甚至是之前就已经决定了的。也就是说，这些商品被制造的同时，它们的分配方式已经形成了。

社会大生产是以一种系统的方式进行的，整个社会从事着一个巨大的综合的生产。各种不同的团体进行各自的生产活动，出售商品之后的所得也同样在团体内部进行分配。在成本不变的情况下，商品的售出价格越高，生产该商品的团体获利就越多。也就是说，生产团体的收入是由所生产商品的价格所决定的。一个生产团体又可以按照各自不同的体系分成若干个小团体，每个小团体负责生产过程中的某一些环节。按照以上所述，这些小团体也就属于大的生产团体，其收入也是由生产商品的售价决定的。例如生产一件服装，包括农民、纺织工人、设计师、制衣工人等众多小团体都参与了服装的生产过程，则各个小团体都能从大团体的收入中分配到属于各自的那部分收入。小团体的分配标准也由各自的产品价格所决定。如果棉花原料的价格较高，则农民群体的收入也较高；如果棉花原料与纺织品之间的差价越高，则纺织工人的获益也越多。总而言之，市场价格能左右生产团体的收入。

市场价格具有强大的力量，但即便如此，工人的工资和利息却不是由市场价格直接决定的。决定它们的是分配方式，而且是在生产小团体内部的分配。相对于前面所讨论的分配方式，这种起直接决定作用的分配方式更为微观，也更为精确，是对具体每个人工作的衡量。这是生产团体内部的第三次分配，也是最后一次分配。由此，我们可以清晰地梳理出脉络，社会财富的分配存在三次分配过程：第一次分配、小团体的分配和小团体内部的精确分配。第一次分配主要决定了各个生产大团体的收入，第二次分配决定了生产大团体内部的各个小团体的收入，第三次分配则直接决定了小团体内部每个工人的工资和利息收入。无论是哪个级别的分配，收入都是由物价所决定的。为了更好地表示这个过程，可以参照下图：

$$X_1 \Longrightarrow X_2 \Longrightarrow X_3$$
$$Y_1 \Longrightarrow Y_2 \Longrightarrow Y_3$$
$$Z_1 \Longrightarrow Z_2 \Longrightarrow Z_3$$

在此图中，分别用 X、Y、Z 代表不同的行业，例如用 X 代表服装行业，要生产一件服装，原材料就是农产品棉花，通过纺织加工把棉花织成纺织布料，再经过设计剪裁把布料制成成品服装。假设 X_3 是服装成品，那么 X_2 就是纺织布料成品，X_1 代表的是原材料棉花。服装的生产过程就是从 X_1 到 X_2 再到 X_3 的过程。同样的，可以用 Y 来代表食品行业，用 Z 来代表另一种行业，每一个行业的生产过程都经过不同的环节，分别用 Y_1、Y_2、Y_3 和 Z_1、Z_2、Z_3 来表示。经过对服装行业的分析可知，服装行业这一大的生产团体的收入取决于 X_3 服装的售价，Y 行业和 Z 行业也一样，整个大团体的收入都取决于最后成品的物价，即取决于 Y_3 和 Z_3 的售价。而 X_1 与 X_2 之间的差价则代表把 X_1 棉花制成 X_2 纺织品的这个小团体的收入，即是纺织业的收入；X_2 与 X_3 之间价格的差异则代表制衣厂这个小团体的收入。由此可知，无论是制衣厂的收入、纺织厂的收入，还是种棉花的农民的收入，都是由价格决定的。将这个论断推广到 Y 行业和 Z 行业，道理都是相同的，价格决定了整个大的生产团体中每个小团体（或者是每个分配环节）的收入。

经过前面的分析可知，价格决定了各团体的收入，对每个生产环节的分配起决定作用。但决定价格有两个方面的因素：市场价格和正常价格。人们往往将决定收入的所有目光都集中在市场价格上，其实不可以忽视另一个对分配起支配作用的重要因素——正常价格。正常价格为市场价格提供一个标准，在分配过程中，总会有某些力量使得市场价格趋向于某种正常价格，而最为重要的是，这些力量往往是各个产业的人们为了获得他们的最大利益而进行的努力。所以，市场价格是分配的前提标准，而正常价格则是分配的结果。

正常价格意味着劳动付出和收入回报相匹配。相同的劳动和资本，投入到不同的产业中，如果能够获取不同的回报，则说明还未达到正常价格。只有当相同的劳动或者资本无论在哪种行业中都可以得到同样多的收入时，才能表示这些商品（包括面包、服装、钢铁等）的价格已经达到了正常价格。

在经济学的定义中，自然价格被描述为与生产成本一致的价格。同时，人们往往把生产时所付出的钱当做成本，而把出售商品所获的钱当成收入，按照这种理解，商品的售价往往会由于团体内部的竞争而有接近成本的趋势。如果跳出狭隘的语境，商品的正常价格确实就是其成本，只不过这种正常价格是由整个社会生产系统所决定的，而不是由这件商品所在的生产团体和产业内部决定的。使面包的价格趋于正常价格的力量并非来自面包厂或面粉加工行业，而是宏观的社会生产系统，在系统内部各种力量的共同作用下，面包的价格才会达到所谓的正常价格。同样，服装或是钢铁的正常价格也是由整个社会生产系统的共同作用决定的。从社会的整体观点来看，行业内部对价格的调节只是一种狭隘语境下的调节，而只有整个巨大的社会生产系统才是真正使得每种物品的价格趋于正常价格的力量。

具体来分析这一问题，假设已经达到了正常价格的情况下，商品的成本与其收入相等，也就是说商品的成本价格等于生产该商品所付资本的利息和工人的工资。在各个产业的单位收入都相等的情况下，无论从事哪个行业，他们最终的收入都按照比例取得均等的利益。在这种理想状态下，可以清楚地看到，成本价格导致均等收入的价格。

要衡量是否是正常价格，最准确的标尺不是团体的收入，而是这个团体的相对收入。以纺织业为例，如果相同的资本投入到包括纺织业在内的若干行业中去，而投入到纺织业的单位资本的回报最高，则此时布匹的价格必定不是自然价格，而是超过了自然标准。由于资本的逐利性，其他资本和劳动会源源不断地涌入到纺织行业中来，最后经过市场的自然调节，最终使纺织行业的成本和收益达到均衡。这个时候，布匹的价格也就回到了正常价格，资本和劳动市场也会发生变化，其中的一部分从纺织行业退出进入其他产业领域。有一点必须指出的是，在布匹价格处于高价阶段时，（即便高收入全部用于支付纺织业工人的工资和资本利息，而企业家只能获取与成本相等的收入，）布匹的价格还是超过了自然标准。由此可以看到，在生产团体系统内部的劳动和资本的收益与成本达到均衡状态时，该团体所生产的商品价格也达到正常价格。在正常价格的情况下，单位的劳动和资本无论投入到哪种产业，获得的产量相同，所能取得的利益也相同。

从纺织品行业的例子可以看出，一个产业的高收入趋于不明显的过程，是资本和劳动逐渐从该产业退出，转而寻找新的高收入项目的过程。也就是说，当团体分配是自然的时候，价格也趋于自然。为了达到正常价格的状态，社会必须将资本和劳动按照某种标准分散于各个产业中，这样每种商品的产量都刚好满足需求，不会多也不会少。当然，这只能是一种经济学中的理想模式。在理想状况下，每种商品的产量都是正常的，从而能带来分配的正常和价格的正常。但是在现实生活中，总会存在着波动，为了获得最大的利益和收入，资本和劳动总是会向能获得高于正常价格的产业转移；当该产业获得的价格趋于正常价格的时候，再向另一些高回报的产业转移。这是团体分配的作用。分配的力量使得社会生产状态发生有规律的波动，交换价值在这种情况下是正常的。如果把目光延伸到交换价值的研究上来，决定交换价值的直接原因是生产状态，而能够对社会生产状态起支配作用的，无疑还是对社会收入和社会资本劳动的分配。很自然地，从这一角度来看，交换价值可以放到分配的语境下来研究。

当团体的分配趋于正常时，各个产业的收入（简化为工资和利息）保持一种均衡的态势，价格也因此趋于正常价格，交换价格（在很多情况下表现为市场价值）也变得趋于正常价格。

按照人们在生产过程中的不同作用，交换会被划分为不同的群体，交换的过程就是商品在不同团体之间转移的过程。产业社会的组织形式在商品的交换过程中得以形成。从原材料开发到可以上架出售，商品经过了不同产业团体的加工和创造，这是产业社会中一种最为自然的表现形式。在越发达的产业形态中，对商品的线性加工步骤就表现得越明显，分工也越细致和专业。而这一切对生产环节的拆分和产业分工，都是交换造成的。交换将一件商品的制造过程拆分，由此形成了若干个小的产业团体，在社会产业化程度越高的情况下，这些小的产业团体又被继续细分为更小的团体，当然，这些团体在生产商品的过程中所发挥的作用是由自然规律决定的。

社会生产是一个庞大而繁杂的系统，但是对生产环节的拆分有利于对生产要素（包括生产资本和劳动）进行有组织的安排，通过对生产能力和力量的调度，可以发挥最大的生产力。在传统的经济四大流程中，除了消费，其他三个流程都属于生产的范畴，特别是分配和交换。在分配上起作用的力量，可以决定各个团体能吸引多少资金和劳动，并力图使各种行业的产品生产达到一种均衡。所以，分配也是宏观上的社会生产的组成部分。

有一种分配特别值得注意，那就是各个产业内部的分配。如果服装制造业可以获得高额的收益，那么这部分收益该怎么分配呢？资本家该获得多大比例，产业工人可以获得其中的多少收益，企业家可以获得多少，这都是最直接的分配问题。无论什么产业，内部的分配必然会涉及到这些问题。当大的分配结束之后，小团体内部必然会产生最后一次分配，这次分配与每个人的收入息息相关。

实际上，小团体内部的最后分配是有章可循的。如果在正常的自然规律下，工人在企业内部工作所能换取的收入刚好可以与他独自进行生产所付出的劳动相匹配，而资本投入所换取的收入刚好也可以与其独自所起作用的那部分相匹配。也就是说，小团体的收入可以按照工资、利息和利润的划分进行分配。所以，分配和交换的问题都可以放在生产过程中加以分析和考量。简言之，分配在社会生产活动中可以看成是一个拆分系统的过程，首先是找出每个大团体在社会生产总数中所占的份额，其次是找出每个小团体在其中所占的份额，最后找出每个单位的劳动或是资本在小团体中所占的比例。

综上可知，这些组织化的经济过程完全可以放到宏观的生产中去考察和研究。也就是说，对经济分部的划分完全可以有不同于传统四大分部的划分模式，而且新的划分标准也许脉络会更加清晰。要研究纺织工人的工资问题，首先要明确他的身份是纺织工人，属于纺织业这个生产小团体，而纺织业又是属于由棉花种植、纺织、服装生产组成的大的生产团体的一个环节。所以，纺织工人的收入是纺织业这个生产小团体收入的一部分，又是整个大的生产团体收入的一部分。当然，在具体研究工人工资的时候，是在社会生产的范围内进行的。如果撇开大环境的影响，首先从微观上研究小团体内部的收入分配，考察工人收入是否与其生产数量相等；其次在更小的范围内研究到底是什么因素决定了工人的生产能力，这是对分配最后阶段的研究。

在传统的经济学四大分部中，生产、分配、交换的过程都是属于大的社会生产的范畴，无法离开社会其他生产力量和团体的互动与合作，只有消费这一环节属于可以个人进行的过程。也许消费也可以与其他人产生互动，比如可以一起购物，一起吃饭，但是这些并不是构成消费的必要特点。也就是说，消费这个环节没有必然的团体制度，没有必然的互动与合作，而这些都是生产中不可或缺的。消费不纳入生产的过程，它是属于社会经济过程中个人的部分。所以严格来说，生产是社会经济的组成部分，而消费不是。

但是，如果从人与自然的关系来考察，生产与消费就显示出相同的特性，两者都与自然产生联系。生产的过程是人们通过劳动影响自然的过程，比如种植小麦获取收入；而在消费的过程中，通过对谷物的摄取，人们在劳动中所消耗的能量得到补充，这是自然影响人的过程。所以从人与自然的关系角度来看，经济活动可以概括为：人创造财富，财富养活人。这一点在原始人的生活中就已经得到了很好的印证。他们自给自足，捕猎动物，采摘野果，然后自己消耗掉猎物和果子，只与自然发生联系，完全不涉及任何的交换与分配。在人类文明进步的过程中，逐渐产生了交换和分配，人们开始有组织地生产，开始买卖商品，各取所需。直到今天，经济活动都是由生产和消费所构成的，所有的财富现象都在这两者范围之内。

要研究分配问题，必须正视这些事实。首先应当注意研究范围是处于社会生产领域之中；其次，人们所熟知的价值理论其实就是团体分配理论的另一种说法。

第二节　新标准下的经济学三大分部

通过前一节的讨论，有必要对经济学的分部按照一种新的标准进行划分。从社会形态出发，可以把经济学分为三部分：一、财富的一般现象，即所有社会形态下关于制造财富和消耗财富的内容；二、静态的社会经济，即在社会组织形式和生产方式固定的条件下，社会所生产财富的变动；三、动态的社会经济，即在社会组织形式和生产方式发生变化的情况下，社会所生产财富的变动。三个分部对经济现象和经济规律的研究由简到繁，层层深入。

经济学领域需要进行一种全新的划分，使得对分配问题的研究可以兼顾分配与生产和交换的关系。人们通过生产活动来改造自然界，自然通过满足人们的消费需求来影响人类生活。这种生产和消费的过程，不要求改造自然并接受自然影响的人们有什么组织，而是只要求每个人消费自己所生产的物品。但是，现阶段的经济生活远远超过这种意义，要求人们在系统的组织中进行有序互动的生产活动，然后再进行消费。

自给自足的社会中没有分配。因为在较为原始的经济生活中，强调的是人与自然的直接联系。人们为了获得必要的消费品，自发地进行生产活动，从而改造物质环境，而改造后的自然环境也提供物品直接供人类消费。人们的经济生活完全依靠自然进行，并不与他人或者其他团体产生互动或者分工合作，因此不会产生分配问题。

但是，即便在最为简单的经济生活中，还是可以从中找出一些经济规律的痕迹。因为这些经济规律是最为基本的经济规律，并不依赖社会组织化生产而产生。例如一个农民通过种地来达到自给自足的目的。在他的生产活动中，不包括有组织的社会化生产，不过却依旧包含了最基本的经济规律。一方面，他也使用资本和劳动，他所拥有的财富同样可以分为固定资本和流动资本。另一方面，他所生产的小麦、棉花、蔬菜等农作物同样具备在组织化生产的社会中销售的特质。为了御寒，他需要种植一定量的棉花来纺纱织布做衣服；为了充饥，他还需要种植一定量的小麦。由此也可看出，即便不是组织化生产，这个农民种植的作物也会受到某些因素的调节，他必须保证小麦与棉花的种植比例，不至于一种太多而另一种太少。也就是说，他的消费也存在有最普遍、最基本的经济规律。无论是在较原始的社会经济状况下，还是在较先进的社会经济状况下，这些基本的经济规律都在发挥作用。另一方面，财富的生产和消费总是受一般条件支配，无论社会经济发展到哪种水平，财富本身都保持着这一特性。鉴于生产、消费以及财富的这种普遍特性，可以把财富的普遍规律、一般的生产规律以及所有的消费规律作为经济学第一个自然分部的内容。

第二分部的内容则是侧重讨论经济学的社会规律。

在进步的社会中，生产越来越专门化和产业化。按照在生产中所从事的工作，社会被划分为各种不同的产业和小团体，形成了纺织业、农业等不同的专门生产团队，各个生产团队之间必然产生交换现象。与简单的社会生产形态不同，这种状况不单单是人与自然之间产生互动影响，更重要的是人与人之间的互动与影响，当然，这是前面阐释的人与自然的普遍经济规律所不能解释的，所以，交换现象自然引发了对新的经济规律的需求。交换引起决定价值的问题，而价值则决定团体分配的条件。

当然，交换现象并没有停留在物物交换的阶段，各个团体和产业陆续出现了资本家、企业家和工人。资本家投入资金，工人付出劳动，企业家支付工资和利息，社会经济的组织性更加明显。在分工日益细化的情况下，产生了分配。在前面部分，从宏观到微观的层面详述了分配问题，首先讨论了因为交换引起的大的生产团体的分配问题，其次是在大生产团体内部讨论小团体的分配，最后讨论小团体内部具体的每个人的财富分配。最后这个层次的分配就涉及到工人的工资、资本家的利息和企业家的利润。当然财富的分配是狭义上的分配，广义上也可以将产品和劳动的交换纳入到分配问题上来考虑。当人们开始讨论生产团体之间的产品交换和团体的制度这种广义的分配时，实际上就是在讨论经济学中的社会规律。

在考虑社会规律时，前提是承认产业的团体制度，各团体间约定互相交易的条件以及各自所能获取收入的标准。在此基础上，团体内部再来讨论该如何分配其所得的收入，工人获取劳动的那部分报酬，称为工资；资本家获取资本所得的那部分报酬，称为利息；企业家获得剩余的那部分收入，称为利润。只要有社会生产的存在，人们之间便发生联系，团体之间也产生互动，这些在经济角度上产生的社会关系都必然会引发"分配"问题。但是并不能用"分配"来为经济学第二分部命名。因为分配是属于广义的生产范畴，在人们既有的认知概念中，强调分配意味着将其从生产问题和交换问题中切割出来单独讨论，这对经济学分部的划分和研究是没有益处的，所以此处对于第二个分部的定位为对经济学社会规律的讨论，以便既区别于第一分部中的一般规律，也表明这一分部是关于人与人之间、团体与团体之间互动作用以及互相产生的影响。

要验证社会规律是否适用，可以首先简化经济活动。假设在一种静止的社会生产状态中，无论社会水平发生何种变化，人们依旧采用同样的方法和同样的生产工具生产同样的物品，组织形式不变，生产模式不变，在这种状况下，人们可以生产同样数量的财富。不难发现，即便在这样一种静止状态下，社会生产过程仍然存在着分配的过程及其相关问题，各个团体仍然交换各自的产品，并且收入（包括生产团体的收入和团体内部工人的收入）还是取决于所生产的产品价值，大团体的收入仍然在内部的小团体中进行分配，工人、资本家、企业家也还是按照原先的分配模式分别获得工资、利息和利润。

为了研究的方便，经济学通常在静态社会的模式中来讨论动态社会中的各种力量。这种静止状态其实是一种理想模式，符合李嘉图提出的理想社会的运作方式：产业完全自由，劳动和资本可以自如地从一个行业流到另一个行业。这种理想的静态社会，既有着完整的社会生产组织，又不受社会进步的影响，从中可以清晰地看到一个自然价值、自然工资和自然利息的制度。商品永远围绕着自然价值波动，各个产业部门的工资和利息也永远围绕着自然工资和自然利息波动。但在实际社会中，不可能存在这种理想的静止状态，社会进步必然会对经济生产带来影响，特别是在现代社会，社会变动对社会生产方式带来的影响更是异常显著。劳动和资本几乎一刻不停地在各个行业穿梭，追寻利益的最大化，由此带来明显的生产技术和生产方法的变化，产品数量和产品种类也在发生翻天覆地的变化。人们可以看到，那些在静态社会中起作用的力量依旧存在，而且静态社会中的经济规律和理论也适用于不断变化的现实社会。在动态的现实社会中，虽然实际价值、实际工资和实际利息不可能与自然价值、自然工资和自然利息相等，但是还是按照规律围绕着自然标准上下波动，并且一直都接近自然标准。

回顾前述经济学的两个自然分部的界限。在第一个分部中讨论的是一般的经济现象和经济规律，即无论在社会组织化的生产形成前或形成后都成立的经济规律。第二个分部主要说明静态社会的经济现象，即在社会化生产形成后，无论社会变革与否都成立的那些经济规律。按照这种逻辑，不难得出第三个分部的研究内容，就是研究那些只有在动态社会才成立的经济规律，特别是针对变化的社会的经济规律。第三个分部所要研究的内容解答了静态社会的理想模式中存在的问题，也更符合现实社会本身的状况。当生产方式发生改变、社会结构发生变化时，一些特定的经济规律会在这种情况下出现。

社会变化必然带来社会生产模式的改变，财富种类和数量的生产也随之发生变化。从生产原料上来看，不断有新的能源和动力被开发使用。从生产工具上来看，工业方面表现为从手工操作到机器流水线，农业方面表现为从刀耕火种到机械化大生产，随着新技术的发明，机器也在更新换代，生产的效率也在不断提高，企业模式也在发生改变，破产并购时刻都在发生。尽管有这些变动，自然价值的规律和自然工资、自然利息、自然利润的规律却依旧成立。于是，人们会发现，实际的价值以及实际的工资、利息、利润一方面受制于社会变动的影响，另一方面也遵循自然的经济规律，这两种力量共同作用，互相制衡，最后才产生实际的价值、工资、利息和利润。

在第三分部中，对社会变动的考虑使得在这个分部必须研究一种对静态社会的自然标准起制衡作用的力量，并且必须在第二分部静态社会研究的基础之上，研究这种不同方向的制衡（包括干扰和阻碍）的力量。需要指出的是，和李嘉图学派的理论一样，此处的研究必须采用演绎法。

在第二分部的讨论中可以清楚地看到，在存在竞争的情况下，静态力量可以决定价格升降的标准，而第三分部中所重点讨论的动态力量则可以决定价格的实际升降幅度。静态力量决定标准，动态力量引发变动。以价格为例，如果在静态力量的影响下价格呈现一条水平线，则动态力量则会使实际价格离开这条线，而围绕其上下波动。如果明确静态力量的性质，则这条水平线的位置也可以得以确定。当然，这条水平线必然是条虚线，因为这是在静态力量单独对价格起作用的情况下测定的。在现实社会中，还有另一个力量会左右实际价格，那就是动态力量。在动态力量的参与下，实际价格有时候会在水平线上方，有时会在其下方。同样，两种力量也共同作用于工资、利润和利息。

动态力量所引发的变动绝不仅仅发生在既定的水平线上。实际上，动态力量往往会使水平线的位置发生很大改变。社会变革很大程度上是生产技术的变革。人们用机器流水线为棉花去籽、纺线、编织而最终生产出的布匹，与原始生产环境下人们手工生产的布匹相比，价格已经完全不同了，那条代表价格标准的水平线已经不能画在原先的位置上。当社会变革引入新的技术和生产工具时，布匹的自然价格发生了变化。因此，动态力量不仅仅使得实际价格围绕着自然价格上下波动，更重要的是，它完全改变了自然价格的标准。同样，由于动态力量的影响，自然工资、自然利息、自然利润的标准也发生改变。由此人们可以看到，在第三分部动态经济学中，不仅包括经济的变动和制衡的理论，更重要的是其中的社会进步的理论。正是由于动态力量的影响，在一个不断进步的社会，社会的自然财富总是在增加，工人的工资水平也总是在提高。

至此，经济学的三个分部的划分界限已经非常明确：第一个分部讨论财富的一般现象，研究的是所有社会形态下的关于制造财富和消耗财富的内容；第二个分部讨论静态的社会经济，研究的是在社会组织形式和生产方式固定的条件下，社会生产财富的变动；第三个分部讨论动态的社会经济，研究的是在社会组织形式和生产方式发生变化的情况下，社会生产财富的变动。与传统经济学四个分部对比，可以发现：新的划分标准下的第一分部主要讨论一般普遍的经济现象和经济规律，其中包括了消费的问题，这是由于消费是个人的行为，无论在何种社会条件下其规律都不会发生变化；新标准下的第二分部包括了交换论中的价值问题以及分配论中的自然工资（静态工资）和自然利息（静态利息）；新标准下的第三分部包括价值的变动和分配中的动态。三个分部对经济现象和经济规律的研究由简到繁，层层深入，而且只有进入到对第三个分部的研究，该理论才完全符合现实社会。

第 3 章
分配的依据

　　社会生产过程中有生产、分配、交换、消费四个环节,四者之间相互联系、相互制约。本章主要研究分配环节,并分析分配所遵循的社会经济规律。分配规律可以划分为静态规律与动态规律,它们各自发挥着不同的作用。经济社会中存在最基本的经济规律和依赖于一定社会环境和社会组织的经济规律,两者存在一定的差异。

第一节 分配规律与交换

分配规律分为静态规律和动态规律，涵盖了经济学领域大部分内容。没有交换现象的活动不能称为"经济"活动，因为这样的活动既不能促进生产工艺改进，更不会出现专业化生产。价值、工资和利息是分配理论研究的三个主要内容，价值决定了团体收入分配，而工资和利息是收入在组织内的分配形式。

动态分配规律和静态分配规律

分配环节有其遵循的社会经济规律。一般来说，分配规律包括交换规律，主要揭示经济社会中生产团体和生产团体中工人、资本家和雇主的形成过程，以及相互之间如何实现交易。

分配规律分为静态规律和动态规律。静态规律提供了各个经济团体和经济主体收入的分配依据。动态规律说明实际所获收入与静态规律提供自然标准的差异以及自然标准随经济环境发生变化的情况。

通常，自然工资和工资标准会随着社会进步而逐步提高。工资标准可分为自然标准和理论标准。随着社会的进步，工资实际标准会随着理论标准上升而上升，但也有例外存在。动态分配规律主要研究工资标准上升速度以及形成实际工资和工资标准差异的动因。动态分配规律和静态分配规律涵盖了经济学领域的大部分内容，各种动态活动也受静态规律支配，而我们主要研究分配的静态标准，如工资、利息和利润等。在实际社会中，工资遵循一定的静态规律，并会在标准工资的一定范围内上下波动。即使不存在静态标准，两者之间差异还是存在一定规律的。例如，原始社会也存在经济制度规律，人们依靠自身力量可以从自然界获取生活品，形成人与自然面对面的直接关系。

经济规律、交换和财富

经济学研究领域存在范围吗？要回答这个问题，我们必须把经济学与社会经济学进行明确划分。经济学是社会经济学进行研究的基础。例如，经济学中一般规律如何影响价值论、工资论等。

经济学基本规律产生于人与自然的关系中，例如供求规律、消费基本规律、没有交换条件下的生产规律。这些基本规律诠释了财富的含义、种类和来源等，还有劳动与资本以及固定资产与流动资产的差别。经济社会基本规律，为我们研究社会问题奠定了坚实的基础。在研究经济社会问题过程中，没有必要专门论述大家熟知的基本规律，但是对于某些争论的问题，必须采取明确的立场，并说明采取这种立场的原因。

价值、工资和利息是我们研究的主要问题，它们的本质是一种社会现象。价值决定了团体的收入分配，而工资和利息便是收入在组织内的分配形式。

经济学就是关于交换的理论，没有交换现象就不能称为"经济"活动。在经济领域中，如果没有交换，人类文明程度可能还不及有些动物，如蜜蜂、蚂蚁等，因为它们的生产是有组织和协作关系的。对于人类，如果取消产业组织和相互交换，社会将不再进步，人们必须直接和自然接触，亲自制造自己所需物品。因为相互之间没有交换发生，不会促进生产工艺改进，更不会出现专业化生产。但这种生产方式依然是一种经济生产活动，受到一定规律的支配。

经济活动，是以自然物质为手段、为自己服务的过程。在任何经济环境下，人们必须借助一定物质媒介为自己的生产服务。生产者在改造自然过程中，最终目的是使自然环境有利于人的发展。在原始社会，人们都使用财富作为媒介为自身服务。原始社会为满足自身需求而制造的物品，在某种程度上可以说是一种财富形式，物品之间的区别与商业社会财富与非财富的区别类似。

财富被定义为当增加时会让人觉得更加富有，减少时会让人感到拮据，不像空气这样的自由品，增加与减少不会对人类造成影响。凡是外表上是具体的、可以成为一个人专有的，而且对个人来说是有用的物品，就是经济商品。它们是商品，或是财富的具体形式。如渔民的渔船和船中的鱼，以及航行在大洋中的轮船和它所载的各种各样的商品等。

第二节　最后效用原则和特殊生产力原则

通常，在经济社会里都会发生物品的交换，为交换所付成本多少的衡量标准是最后效用。最后效用规律不仅支配现代市场的购买行为，同时支配独立个体的劳动生产以及整个社会生产能力，并实现生产领域转移。特殊生产力原则也会在不同经济社会中发挥作用。

一个物品效用大小因人而异。一件物品可以对某一个人有用，同时对另一个人也有用，当使用这件物品能给某人带来最大效用，而某人也愿意付出一定成本得到它时，这就实现了交换。在经济社会中，都会发生物品的交换，这是物品所具有的特性。想得到物品的人应付出多少成本，衡量标准是最后效用。最后效用是一系列同类物品中最后一个单位物品所具有的效用。例如，人们饥饿时会选择食用馒头，但食用量因人而异。假定某人的摄入量为五个单位，随着单位数量从一增加到五，效用也会随之递减。当增加单位物品时，所愿付出成本一定会大于最后一个单位物品带来的效用。通常，人们在使用相同物品时，获取每一个单位物品都必须付出相应的代价，物品效用会随持有数量增加而减少，所付代价要视最后一个单位物品的效用而定。

通过以上论述，我们可知一般经济和社会经济的差别在于，一般经济是说明最后效用的原则，而社会经济说明最后效用原则在价值论中的应用。由于原始经济不存在交换，所以不能在市场中有效测验最后效用。

品种丰富的消费品形成了一般消费规律。原始产业很难实现多样化生产方式，也就很难生产多样化的物品。如果一个人生活所需物品全部由自己提供，他就必须涉及很多行业，从而导致生产效率低下，而多样化物品带来的好处难以弥补为生产它们所付出的成本。如果只生产单一物品，当生产数量过多时会丧失一定的积极性，因为这时物品的效用降低了。当一种产品数量增加到一定程度，效用无法弥补所付成本时，便会转向生产别的物品。

作为理性的经济人，在进行买卖取舍时，会遵循最后效用规律，他会把单位货币消费在能给他带来最大效用的物品上。同样，在出售劳动时也以最后效用规律来判断其合理性。因此，最后效用规律不仅支配现代市场的购买行为，同时也支配独立个体的劳动生产。

交换经济与原始经济是有差别的，其差别在于一方以市场、价值为主，另一方则是支配价值的消费规律。最后效用规律是交换经济和原始经济所共有的。在交换经济中，这些规律决定社会对产品的需求，同时在原始经济中决定了人们如何节省生产力。

当一个人拥有某一物品，便有了制造最后效用较高的其他物品的动力。市场和价值为生产转移创造了条件。整个社会生产能力在最后效用规律的作用下也会实现转移，即从某一物品制造领域转向另一物品制造领域。交换经济理论有效解释了转移的产生。

只看到个别现象，而不去了解事物的全貌，就很难理清错综复杂的关系。如果市场上存在某一供过于求的产品，说明社会对这种产品的喜好程度下降了，对于整个社会来说是供给过剩。价格作为一个信号，通过降低向整个社会传递信息，使得生产力发生转移。当我们把社会看成一个个体，社会和独立个人会在效用递减规律作用下采取完全一样的行动。在市场上给某件物品定出价格，这是集体组织为估量该产品对它自己的重要性而进行的工作。不过从理论来说，除非是全社会的力量，否则不能使任何一种物品的价格发生变化。劳动和资本，从产品价格下降的产业转向产品价格上升的产业，是整个社会力量作用的结果。这样有效节约了社会生产力，实现生产力转向收益最大的领域，转移的动机源于经济个体，最终是整个社会受益。个人为了追求利益最大化会采取有利于自己的行动，个人行动的结果会影响社会整体的行动，在这其中，效用递减规律发挥了一定的作用。

工资和利息收入形式由产业团体的最后分配决定。雇主雇佣工人，购买原材料，生产社会所需产品，实现销售，形成销售收入，扣除材料成本，剩余便可以支付工资与利息。这样就实现了一次完整的分配，而这样的分配过程只存在于交换经济社会中。在原始社会中，把集体收入分成若干份的分配形式是不存在的，但支配社会经济的分配原则还是会发挥一定的作用。

所以，现代社会存在一个普遍适用的原则，市场的价值由最后效用原理决定。把一个产业团体的收入分为工资和利息是一个社会现象，但特殊生产力原则会起支配作用。

特殊生产力原则在不同的经济社会中都会发生作用。通常，工资高低由劳动的特殊生产力决定，工资的标准由单位劳动对产品的贡献决定。利息的高低由资本的特殊生产力决定，利息的标准由单位资本对产品的贡献决定。劳动和资本合作生产某一产品时，会确定单位劳动与资本对产品的贡献。劳动和资本耗费，都会产生一定数量的财富。

在原始社会里,个体可以通过劳动来生产满足自身需要的产品。单位劳动既可以制造独木舟以增加捕鱼量,又可以制造农具以生产更多的粮食。在两种可供选择的劳动方式中,选择哪一种方式会获得较高收益,存在衡量劳动生产力的方法和现代社会分配依据规律。个人消费商品所获效用随着商品数量的增加而递减。同样,生产者进行生产所用各种要素的生产力会随着消耗数量的增加而递减。人们可以把一定资源用于制造生活必需品,也可以用于制造生产工具,如何实现有效分配,生产力原则起了支配作用。

一般情况下,固定资本数量,增加劳动使用量,劳动生产力会随之下降。资本也会出现同样的情况。无论什么样的经济模式下,生产力递减规律都会发生一定的作用。例如,在原始社会里,不存在工资与利息的支付形式,也没有必要了解市场环境,但生产力原则依然发挥着作用。而在现代社会里,生产力原则决定了产业内的工人数量和资本使用量,在社会经济理论中,它成为分配论的根据。

在没有市场的荒野里,最后效用规律会发生作用。在原始社会里,存在着资本和劳动的最后生产力规律。由此可知,基本的经济规律和依赖于一定社会环境和社会组织的经济规律存在区别。

知识链接 KNOWLEDGE LINK

使用价值、交换价值

使用价值就是物品的有用性或效用,即物品能够满足人们某种需要的属性。交换价值是一种使用价值同另一种交换价值相交换的量的比例或关系。商品的使用价值与价值是统一的,价值的存在要以使用价值的存在为前提,使用价值是价值的物质承担者。如果物品的使用价值不能决定交换价值,物品就不能成为商品。例如,空气具有使用价值,但是由于空气的使用价值不能决定空气的交换价值,所以,空气就不能构成商品价值。政治经济中心城市土地的使用价值可以决定土地的交换价值,所以,政治经济中心城市的土地可以构成商品价值。使用价值不但可以决定交换价值构成商品价值,而且还可以决定商品的价格构成商品的买卖。商品的价格随商品的价值波动,就是商品的使用价值在起作用。商品的交换价值形式:社会必要劳动价值=1只绵羊=2把石斧=3只野鸡=4个陶器=5个贝壳,是商品的使用价值决定的。社会必要劳动不是价值,社会必要劳动量也不是价值量;社会必要劳动,是劳动过程不是劳动成果。真正的价值和价值量,是使用价值和使用价值数量。使用价值是交换价值的物质承担者,是构成社会财富的物质内容,是真正的商品价值所在,价值是抽象的使用价值。哪怕是耗费了大量社会劳动的物品,如果没有使用价值是不能成为商品的,这种没有创造使用价值的劳动只能属于无效劳动。

第 4 章
分配的影响因素

　　人类经济社会起源于交换的产生。经济社会在受基本规律支配的同时，还受到新的力量的影响。这些力量所引起的变动，改变了社会组织结构，并进一步影响了经济社会的发展。在交换经济学中，我们称这些力量为动态势力，包括了人口的增长、资本的增加和生产技术的提高等。动态势力使劳动和资本在生产团体间发生流动，带来了生产要素的重新安排。但是在经济社会中，起优势作用的依然是原始社会的基本规律，也就是交换经济学中所说的静态势力。静态势力的作用不会改变社会的组织结构，但却使社会生产中各种要素的收入在发生动态变动之后仍向着静态社会的标准接近。李嘉图政治经济学派将这些标准称为自然标准，并通过建立"经济人"假设对自然标准进行了分析，为现代动态经济学的研究提供了明确的理论计划。经济史是一门专门归纳经济社会发展历程的历史学科。它是动态经济学中最为繁琐的部分。动态经济学通过归纳经济社会中的重大变化及影响，并加以演绎，总结出影响经济社会发展的静态和动态规律，为社会的经济发展提供了理论基础。

第一节　交换经济与生产组织

专业化生产形成了社会分工，并催生了生产团体的诞生。人们可以仅参加一个生产团体就能生产出多于分工之前的社会产品。随着生产产品的增加，社会成员之间开始出现交换。交换是对社会产品进行的再次分配，它可以使人们能够公平地享受专业化生产带来的经济成果，丰富了人类社会的经济生活。通过交换，人们可以仅从事某一产品的生产就能满足自身的需要。

交换经济

交换的兴起使原始的经济生活兴盛起来，但却无法削弱基本规律在经济生活中的支配作用。这一基本规律不仅适用于原始经济，而且在之后的任何文明社会中都一直延续下来，支配着人们的经济生活。人们需要去征服自然，获取原料，以创造财富并进行消费。正是这种延续性的存在，才使这些基本规律具备了研究的价值。

原始经济生活中，这些一直支配着经济生活的基本规律单独发生作用，我们可以对它们加以区别，并分别进行探究。但在现代社会，除了这些基本规律外，还有交换等其他影响经济生活的力量值得研究。交换，虽然从结果看来，似乎个体的经济活动不再依赖于自然，例如工人，他提供了生产要素之一——劳动，并从资本家手里取得了收入，一切看似与自然无关，但从本质来讲这一过程依然依赖于自然，因为这个收入实际上是他自己的劳动产品，是自然给予的报酬。

交换经济就是专门研究交换这一经济活动的经济科学，它研究交换区别于支配经济生活的基本规律而特有的事实和原则，并探讨这些事实和原则对文明社会经济生活的作用。

交换的产生

前面我们曾提到：一个单独的个体如果从事很多工作的话，将会导致生产力的损失。因此为了提高生产力，获得更多的利益，个体会倾向于从事原先多种劳动中的几种甚至是一种。因此，引起交换的根本原因就在于分工带来的利益差异。所以关于分工的新原则指出：从事多种劳动会带来损失，只做几种甚至是一种劳动反而能够获得利益。

任何一个个体，当他从事的劳动过多，必然有两种结果：第一，生产效率低下，产品质量低劣，即生产力的损失；第二，生产工具笨拙，生产技术得不到提高。而实现了生产工作的专业化，个体集中于一种或者少数几种产品的生产，产品的品质以及生产力水平都将得到提高。不但如此，专业化程度的提高也会使得生产工作越来越迅速。

专业化的生产形成了社会分工，从事不同产品生产的个体组成了生产团体和小团体。由于这种社会组织的出现，人们可以通过从事某一种生产来满足自身的需求，从而使整个社会的需求也得到满足。

例如，在专业化生产实现之前，某人制造自己需要的所有生活物资，如鞋子、衣服、食物。根据前面的原则，他的生产无法满足自己更高的需求。现在，某一部分人把除种植粮食之外的工作交给另外的群体去做，自己专门从事粮食种植。在这样的情况下，他们便组成了一个生产团体。同样的道理，把另外的工作分别交给一个特定的生产团体，这样不同的生产团体便形成了一个初步的、最普通的社会组织。当这样一个社会组织形成后，整个社会的产品可以增加好几倍，也就是说，分工实现了利益的提升。但是由于每个产品的价值不同，从事不同产品生产的个人收入也会有所不同，其结果将使人们从报酬较低的生产团体向报酬较高的生产团体转移，每一种商品的价格也将接近一个自然的标准。任何社会，只要价格保持正常，每个生产团体的收益之间就不存在差异，同时，每个生产团体的收入实际上便是他本身生产的产品的价值。虽然每个个体的产品并不是都留下来满足自己的需要，但他们却通过分工获得了自己所需要的各种产品，这些产品的价值等同于自己所生产的产品的实际价值，且高于分工之前自己生产的产品的价值。

生产专业化的深入与交换经济

继续上述例子，假设生产专业化的程度进一步提高，每一个生产团体的生产工具都得到改进，拥有了自己的劳动和资本。以种植粮食的农业部门为例，生产的专业化使农业机械成为生产过程中的常用工具，因此必然会出现一个新的生产团体为农业部门提供农业机械。如果将这一分工过程进一步发展下去，呈现在面前的将是一个高度细化的社会结构以及一个分工和再分工的动态过程。在这样的社会结构中，出现了提供不同生产要素的阶级，包括提供劳动或资本的阶级，假如社会中的各个小生产团体安排都正常，那么提供劳动和资本的阶级的收入本质上都是他们各自所生产的产品，即劳动与资本。但由于错综复杂的社会情况掩盖了交换的作用，所以很难看出交换使每个生产要素的收入和它的产出趋于一致的一般规律。因此，交换经济学有必要对社会生产制度的结构和作用进行广泛和深入的研究，并对包括价值、工资和利息在内的整个生产过程进行详细的分析。

第二节　社会结构与生产制度

社会分工促使各种生产团体的产生，从而使社会形成了相对复杂的组织结构。在这样的经济社会里，原始的基本规律不再是影响社会生产的唯一力量，各种新的力量时刻影响着社会的组织结构，促使经济社会发生变革。这些力量包括人口的增长、社会总资本的增加等，我们将这些变动归纳为下文中的五种变动。五种变动中的任何一个发生，都会使劳动和资本在社会团体间发生流动，改变社会生产团体的相对大小，从而对社会组织结构发生作用。因此，我们不仅需要对静态势力进行研究，更有必要对这五种动态势力进行详尽的分析。

社会进步

随着分工的深化和完善，社会的经济生活不断发展，并由此带来了更加先进的生产方式，比如日益高效的生产工具、愈加完善的生产和管理方法。人们对于自然也有了更为深刻的了解，在先进的生产方式下利用分工协作，可以从自然中获取更多的资源，进而壮大和丰富社会经济。在这个持续不断的过程中，新欲望得到了满足，生活水平得到了提高。此外，经济社会不断壮大的同时，其结构也在不断改变，劳动者之间的联系更加紧密，生产团体本身的效率也有了很大提高。

社会动态与生产制度

社会动态是指劳动和资本在经济社会中发生变动，一些小的生产团体扩大，而另一些小的生产团体缩小。在这一过程中，劳动和资本在小的生产团体之间的比重发生了相对变化，劳动和资本有可能从某个小生产团体流向另一个小生产团体，或者一个小生产团体的劳动和资本不变时，别的小生产团体获得了新的劳动和资本。当这样的相对流动发生时，社会结构就不能不发生变化。社会结构发生变化，又使劳动和资本进一步流动。在流动和变化中，社会的生产能力不断提高。

在经济社会发展的进程中，有以下五种变动在不断地发生，劳动和资本在小生产团体之间不断地发生着相对流动，对社会的组织结构发生作用：一、人口持续增长；二、人们不断产生新的欲望；三、社会总资本不断增加；四、生产组织形式不断地变化，产业内发生优胜劣汰；五、生产技术不断改善。

这五种变动无论哪种发生，都会使劳动和资本在生产团体之间发生相对流动，改变生产团体的相对大小，从而影响社会组织的结构。

继续使用前面使用过的图表：

A	B	C
A_1	B_1	C_1
A_2	B_2	C_2
A_3	B_3	C_3

其中，A_3、B_3、C_3 是最终产品，A、B、C 是原材料，A_2、B_2、C_2、A_1、B_1、C_1 是中间产品。一组工人将 A 材料加工成 A_1，并交给第二组工人，第二组工人将其加工成 A_2 并交给第三组工人，第三组工人将其加工成最终产品 A_3，等待别人采购。B、C 经过类似的过程被加工成最终产品 B_3、C_3。

假定 A 是牲畜身上的皮，那么 A_1 就是准备运到制革厂去的兽皮，A_2 是已经制好的皮革，A_3 是靴子。假定 B_3 是毛织的衣服，那么它是从羊身上的毛，通过类似的变化，才成为毛织的衣服这一完整的形态。假定 L_3 是面包，那么它是从种植小麦并经过整个制造过程的各个阶段才制成的。所有从事自 A 到 A_3 这一系列生产的人，组成一个小的生产团体，而完成整个生产过程的所有人又组成了一个大的生产团体。可见，大的生产团体是由多个小的生产团体组成。

上述例子经过了简化，实际上，社会中等待销售的商品远不止三种，一种商品从原材料到最终成品也不一定是经过了四个阶段，并且，生产一种商品所需要的原材料一般也不止一种。通过这个例子，我们可以清楚地看出产品的生产过程。当然，实际的生产过程要复杂得多，在适当的时候有必要加以讨论，目前只要注意以上所说的五种变动对社会结构的影响就够了。

以薯条的生产过程为例，当农业生产技术得到提高，农业生产普遍使用机械化作业时，负责马铃薯种植的劳动力必然会发生流失，向薯条生产过程中的上游产业或下游产业移动，甚至向其他产品的生产部门流动。这时，负责马铃薯种植的生产团体的规模缩小，而其他生产团体的规模则相对扩大，社会的组织结构发生变化。因此从交换这一行为来看，社会的发展过程中会形成一个动态的、发展的社会组织。经济社会的发展是一个动态的过程，在这一过程中，上述五种变动，无论发生哪一种，都会对社会结构带来影响，带来生产团体相对大小的变动。我们可以将社会动态总结为这样的一种形态：在经济社会发展过程中，劳动和资本在社会生产团体间发生相对流动时，一些生产团体扩大，另一些生产团体缩小，生产团体结构的相对变化，使社会组织结构发生变动。

在经济社会发展过程中，劳动和资本不断在生产团体之间流动，生产团体之间发生量的变化，但这种量的变化并不是动态社会的本质。劳动和资本的流动，目的在于提高生产效率，这样可以用更有效率的生产方式来生产更多数量和种类的商品，而实现这一目标的根本途径就是改变社会的组织结构。社会结构的改变，直接体现在生产团体量的变化上，表现在对大生产团体和小生产团体的体系进行一定的重新安排，以生产更多的产品，或者创造出新的商品。因此，社会动态的本质不在于生产团体量的变化，而在于社会生产能力的提高。

在社会生产中，每天不断进行着各种各样的活动。在每一片耕地上，人类、农具、土壤和大自然都在不停地活动；在工厂里，机器在工人的操作下不停地运转，原材料变成各种各样的商品。但并不是所有这样的活动都是社会动态的一部分，只有这种改变了的社会结构，才算是社会动态。

假设有这样一个社会：人们每天早出晚归，勤勤恳恳地完成着自己的工作，地里的粮食丰收了，便继续下一次的耕种，而不会去开垦新的土地；工厂里的工人每天操作同样的机器，生产同样的产品，而不去尝试改进生产技术；使用的农具或机器坏了，人们便制造出一个一模一样的来替代它；人们在世代相传的土地上，因袭世代相传的生产和生活方式而毫无变化。这样的社会活动在不停地延续、活动，虽然这并不是一个沉闷的社会，但却看不到任何社会结构的变化，生产方式也停滞不前，没有新的技术，也没有新的财富，这样的社会就是静态社会，静态社会每天都重复着这种没有创造性的活动，进行着一成不变的生活。

当然，这样的社会只是存在于假设之中，实际上是不可能存在的。人类具有其他动物所不具有的学习能力和创造能力，并创造出一个高度文明的人类世界。虽然在现代社会，国与国之间存在着一定的差距，但也仅仅是进步速度上的区别，完全没有进步的国家是找不到的。这种差距会促使进步慢的国家学习先进国家的知识、经验，加以改造，变成促进本国发展的新的力量。这样的学习每时每刻都在进行。

人类社会一直是一个动态的经济社会。但是在静态社会中发挥作用的力量，同样影响着动态社会的发展，甚至有着更为强势的作用，我们不久就可以看到这种力量的作用。

产业的形成

在经济社会的发展过程中，构成动态的五种变动时刻都在进行，影响着文明社会的发展进程。人口和资本增加了，必然要分配到社会生产的各个生产团体之中。但是这样的分配不会是平均的，每个生产团体在经济社会中的产业特点都是不同的，因此，有的团体分得多，有的团体分得少。人们有了新的欲望，新的产品被发明出来，经济社会中又出现了新的生产团体，原有的生产团体要分流出劳动力和资本分配给新的生产团体。在文明社会的发展过程中，机器的出现也是一个重要的变动。机器使原先依赖人力的产业节省了大量的劳动力，这些劳动力转移到别的部门又促进了新的产业的发展。研究动态经济，必须要说明这样的分配是如何进行的。

　　这五种变动，无论哪个发生，都能从它对社会组织结构的影响中证明其自身的存在。在研究中，我们需要将产业和产业的成长变动区分开。正如在货币学中，对货币本身和货币的流动必须分开研究一样，产业本身只是社会维持其存在的一个现象，而产业的成长和变动则是动态经济社会发展的一个复杂问题。因此，研究经济发展中遇到的问题，我们不仅需要研究动态经济，更需要对发挥重要作用的静态势力进行单独深入的研究。

第三节　影响社会发展的力量

在经济社会的发展过程中，资本和劳动总是在不同生产团体间流动，从而改变各个生产要素的位置。但是这种流动并不是盲目的，它具有明确的目标性。静态势力同样影响着动态社会的发展，甚至起着更为强势的作用。正是如此，静态势力为劳动和资本的流动明确了方向，使劳动和资本向着静态规律在变动发生时所要求的位置流动。这个位置就是在没有动态势力的静态状态下，资本和劳动的理想位置。当然，由于动态势力的存在，劳动和资本永远无法到达理想位置。动态势力不仅使实际的生产要素安排无法和静态社会要求的安排相同，并且使不同时间的社会理想状态也不相同。

社会进步

人类文明总是在不断地进步。经济社会中发生的变动，不仅带来了人类社会的进步，更影响到社会中每一个成员的经济生活，尽管由于个体的差异，每个人所感受的变化不尽相同。

社会变动最显著的表现就是劳动和资本的流动。当人口以及决定社会形式的各种因素不变时，社会中每一个生产团体内的劳动力规模相对稳定。但当人口增加时，从事社会生产的劳动力总数也相应增加，社会生产就需要对生产要素重新进行配置，劳动力在各生产团体之间移动，这样新增的劳动力就能够被安排到适当的工作地点。在单纯的静态势力作用下，这些地点就是劳动力所在的理想位置。在劳动力流动的同时，资本也将随之转移。可以看出，劳动和资本从一个生产团体向另一个生产团体转移的过程，就是社会进入一个新状态的过程，而这个新状态是静态规律在变动发生时所要求的。动态势力和静态势力的共同作用使经济社会实现了生产力的提高。

静态势力

经济社会中，如果动态势力不再发生作用，那么社会将会处在这样一种状态：劳动和资本找到并保持在生产团体中的位置，并且，每一单位的劳动和资本所生产的产品都是相同的。

竞争在劳动和资本的分配过程中发生着重要的作用。竞争使每一单位劳动的生产力趋于一致，资本配置趋于平衡。在竞争的作用下，劳动和资本自然地分配到各个生产团体中，每个团体的收益能力也趋于一致。但实际上，生产团体中每个成员的生产能力并不相同，例如一个熟练工人的生产效率比非熟练工人要高得多。工具的生产效率也有所差异，优质的生产工具也比粗劣的工具有更强的生产能力。因此，这里有必要对资本单位和劳动单位进行说明：虽然劳动和资本单位究竟是什么在这里很难界定，但我们可以给出一个参照标准，即以非熟练工人的劳动作为劳动的单位，以粗劣工具所代表的资本作为资本的单位。因此，一个熟练工人所代表的劳动比非熟练工人多得多，高于一个劳动单位，优质工具也比粗劣工具代表更多的资本单位。竞争倾向于把每一单位的资本和劳动分配到收益相同的位置上，因此各个生产团体中劳动和资本的生产能力趋于一致。

动态势力的作用将扰乱社会的静态状态。但是如果动态势力并不是经常性存在，而只是在一个时段内发生作用然后便立刻停止活动，我们便可以发现，一种静态状态被打破后，经过一段时间，经济社会又会形成一种新的静态状态。再进一步设想，如果动态势力的作用是间歇性的，并且间歇的时间很长，那么社会的静态状态会不断地发生变化，形成无数个不同的静态状态。这种现象就是静态的象征：有着完全的活动性，却不会自主地发生活动。静态社会中，各个生产团体的生产力趋于一致，社会生产处于均衡状态，在这样的情况下，社会组织结构并不存在发生变革的阻力，但也没有发生自主变革的动力。就像处在平静水槽里的水，不受阻碍地流动，但当它受到的各个方向的压力均等时，便不会流动。

但是如果对水槽中静止的水施加外来的压力时，这种静态状态会立即被打破。我们打开水阀，水管中的水不断冲到水槽中，槽里的水立刻活动起来。动态势力的出现打破了原有的静态状态，但是却没有削弱静态势力的作用。我们将水阀关闭，停止加水，槽里的水会逐渐恢复到新的静态状态。在新的状态下，每一滴水都会处于新的状态给它安排的位置上，不再发生活动。将上述的活动循环进行，我们会发现，无论发生多少次变动，槽里的水都会在每次变动停止之后重新回到静态状态。甚至我们还可以这样设想，如果将注入水的过程无限细分，将每一滴水从进入水槽到完全融入原有的水中的过程，看做是动态势力的一次作用过程，槽中水的状态都会从那一滴水还没有滴入时的静态状态，变成那一滴水完全融入后的新的静态状态。

工人就跟水槽中的水一样，受静态势力的作用。如果无论在哪个生产团体他获得的收入都是相同的，那么他会选择保持在原来的位置，而不会从一个生产团体转移到另外的生产团体。社会资源配置也是如此，当社会处在静态状态时，劳动和资本会保持在原来的位置上，社会处于均衡状态。但是人类总是对财物有着强烈的占有欲，总是愿意转移到可以获得最大收入的生产团体中。当动态势力发生变动时，原先的静态状态便会被打破。如社会人口增加了，社会必然会对劳动和资本重新安排。一些生产团体的工人增加，另一些生产团体的工人却比以前减少了。劳动力向着可以获得最大收益的生产团体流动，而这种流动正是动态势力的象征。假如人口停止增加，社会又重新进入一种新的静态状态。显然，这种状态和人口增加之前的状态是不同的，但与之前的状态相同的是，工人们从每个团体获得的收入又变得相同了。

动态势力的作用

我们现在将水持续不断地注入水槽中，槽中的水也随之流动，在静态势力的影响下，每一滴水总是向着自然位置（或者说是静态状态下的位置）流动，假设在某一瞬间突然停止注水，槽中的水滴的位置却和它的自然位置有一定的距离，并且水滴在这一瞬间的自然位置与下一瞬间的自然位置也不相同。

在经济社会中，劳动和资本的情况也是如此。五种动态势力和静态势力共同发生作用，每时每刻都影响着生产的安排。在这种共同作用下形成的社会生产制度与仅仅受静态势力作用形成的社会生产制度是不同的。无论哪个时候，社会中的每个成员都有一定的自然位置，即静态状态下他所在的位置，但在动态势力和静态势力的共同作用下，他绝对无法转移到那个位置。假设某一时间，动态势力突然停止作用，每一个人都处在一个位置上，这个位置虽然与自然位置接近，但不会和自然位置完全一致。这是因为动态势力在发生作用。静态势力虽然在社会的发展过程中起着主要作用，但是动态势力却使经济社会在不断向自然状态接近时无法完全与自然状态一致。这也是为什么人类总是对财物有着强烈的占有欲，但实际所得却无法满足自己的欲望的根本原因。

动态势力不仅使社会的实际状态与自然状态存在差异，而且使不同时间的自然状态间也存在差异。这是动态势力作用的另一个影响。发展中的文明社会出现过无数不同的理想模式，并努力向这些模式发展。但是无论何时，社会的形态虽然与之逐渐接近，却不可能完全一致。另一方面，随着社会的发展，每个历史阶段的理想模式也不尽相同。社会的发展形式总是随着理想模式的变化而变化，但无论如何都赶不上理想模式的变化。

静态势力在实际社会的变化过程中发挥了强势作用并非夸大其词。当我们往水槽中加水时，水面不会是平静的，而是在不停地波动。但是通过观察可以发现，无论水面如何波动，总是倾向于平静。因为水槽中的水在波动过程中总是受到种种条件的约束，如重力、水滴之间的压力、槽壁的限制，这些约束条件就是静态势力。重力使新注入的水不会激得太高，水滴之间的压力使水槽里的水不会流动太快，槽壁则使水的波动尽量维持在水槽之内。这些静态势力使水槽内的水面即使在不停注水的情况下也尽量保持平稳，逐渐恢复平静。

社会也是如此，存在着类似的静态势力，如竞争等。这些静态势力使社会在动态势力的作用下依然向自然形态接近。每个人在社会中的位置虽然无法与理想状态下的位置完全相同，但会遵循理想形态的安排去逐步接近。

至此，我们可以说，静态理论主要研究任一时期的社会理想状态；动态理论则是确定动态势力的两个影响：一、不同时间，社会的理想形态都不相同，二、在任一时间，社会的实际形态和它在那时的理想形态不同。

第四节　李嘉图政治经济学派及其理论

以李嘉图为代表的政治经济学家曾对静态社会进行过研究，并提出"经济人"假设。但这样的研究是在无意中进行的，并没有建立起系统的理论。如果他们能在完成对静态势力的研究之后，继续对动态势力进行类似的研究，那么他们的理论将会更加完善。

"经济人"假设

李嘉图认为，作为确定商品价格正确依据的"自然价值"是存在的。如果没有"扰乱的势力"，商品的价格将与其自然价格相等。土地将获得与自然租金相等的实际租金，工人也可以获得与他生产的产品相当的工资。为了剔除"扰乱的势力"的影响，李嘉图学派提出了"经济人"假设。"经济人"，顾名思义，是以追求经济利益为唯一目标的。"经济人"大胆地追求经济利益，知道如何不受阻碍地增加自己的收入。当目前工作所获得的收入不如其他工作时，他会立刻离开去从事其他的工作，即具有不受阻碍的流动性。在这种情况下，价格、租金、工资和利息就被认为是自然的，并且市场价格也围绕这个标准变动。

在实际经济社会中，"经济人"是不存在的。在现实世界，除了对经济利益的追求之外，还有各种各样的干扰因素左右着人们的选择和流动。因此，"经济人"只存在于古典政治经济学家的理论中，基于"经济人"假设的社会也是空想社会。古典政治经济学家在"经济人"假设条件下，得出很多看似合理的理论，但却不适用于现实社会。在多种势力的作用下，现实社会的租金不会与"自然租金"相等，工人也无法获得与他所生产的产品相当的工资。基于"经济人"假设的社会形态，实际上就是静态社会。李嘉图学派虽然没有两种不同势力作用的观念，但却对静态经济理论作了深入的研究。可惜的是，他们没有能够进一步对那些"扰乱的势力"，也就是我们所说的动态势力，进行系统的研究。

李嘉图学派所提的"自然价格"就是静态状态下的价格。我们可以作这样的大胆假设，在商业社会中，一部分商业中心瘫痪下来，改变了商业社会的结构，人口和资本停止增加，社会生产中能够改变社会生产方式和社会组织结构的各种活动也停了下来，但是产业活动依然继续，竞争也继续进行，这样的社会便处于理论的工资标准和实际工资相符合的状态，正常的工资和利息的标准也就实现了。如果李嘉图学派意识到他们是在试图研究一个静态社会，并且一直进行这种研究，那么他们所建立的理论体系，便会更切合实际。假如他们大胆地撇开一切其他势力，只单独对另一种势力进行研究，虽然得到的结论一定是片面的，但不一定不切合实际。如果他们在研究静态势力后，也单独对动态势力进行研究，使得出的结论更完善，那么他们就会建立一个完整的、合乎现实的理论。不过，他们始终没想到这一点。

在自然状态下，企业家和商人只能按照"自然价格"来售出自己的产品，这样，他们只能得到他所付出的劳动的工资，和所提供的资本的利息。也就是说，在自然状态下，利润是不存在的，这样一个没有利润的社会与静态社会完全相同。由于不存在利润，社会生产中的每一单位劳动所获得的收入是相同的。因此，自然状态下的价格便是静态价格。没有利润的收入制度就是使每一单位的劳动收入均等的制度。古典政治经济学家对自然工资的研究，即便取得成功，也只是为劳动收入提供了一个静态的标准。

古典政治经济学家试图通过研究来获得利息的自然标准。他们认为，利息是根据供求关系来进行调整的，但是他们却无法说明供求关系如何将资本收入限定在一定范围，只是在无意中触及到静态社会的利息标准。这样的研究是不完整的。

动态分析

古典政治经济学派在开始研究时提出了科学的理论计划，但他们的研究却给我们一种不切实际的印象。因此，我们在按照他们的理论计划进行研究时，必须更加慎重更加大胆。在研究自然规律时，我们必须撇开一切动态势力，使劳动和资本具有绝对的流动性，并使竞争能够完全实现。这样，我们可以获得一个完全静态的社会，扫除任何阻碍。而正是存在这些阻碍，使古典政治经济学派所说的自然规律不能发挥作用，劳动和资本也不能在各个生产团体之间自由流动。在完全静态的情况下，工人在每个生产团体中获得的收入都相等，吸引工人到一个生产团体的力量与吸引他到另一个生产团体的力量也相等。这样，工人可以自由地从一个生产团体转移到其他的生产团体。

动态变化引起了生产要素的流动，而这种流动又会阻碍自然规律发挥作用；那么在静态社会下，便没有这种"扰乱的势力"。因此，我们假设使生产要素变动，并使重新安排它们位置的五个根本变化完全停止，这时所形成的社会状态就是完全的静止状态。虽然在这一社会中，经济生活仍然继续，但没有实际社会完备，而且，在这一理想社会中，不断起作用的势力，正是在实际社会中起作用的势力，如工作继续进行，工具也在使用等，不过工作的方法和工具的形式却没有变化。此外，在这一社会，价值、工资和利息的标准，就是实际社会中价值、工资和利息围绕它而变动的标准。

接下来的研究，我们就必须将刚刚剔除的动态势力恢复，也就是单独地研究动态势力的影响，这可以使我们的研究更加完整。之前，我们分析了静态势力，以及在静态势力作用下形成的价值和价格标准。这样的标准虽然在实际生活中并不真实，但却给价格提供了一个变动的标准。而实际价值、工资和利息与自然标准之间的差异就是由动态势力的作用产生的。因此，我们可以将动态势力的作用作为单独的研究对象，通过对比实际社会与静态状态下的社会，研究发生的变动以及变动中所遇到的阻碍。动态势力不仅是经济生活中的"扰乱的势力"，也是经济科学中的一个重要要素，实际上，经济生活本身就是动态的。

在进行初步研究时，我们假设动态势力的五种变化是完全停止的。在这样的静态假设下，社会生产方式没有变化，产品也一成不变。因此，劳动和资本的价值不变，形成的价值、工资和利息标准便是自然标准。但是，在研究实际社会时，人口和财富不断增加，社会生产能力不断提高，新的产品也不断被发明出来，价值的变化使劳动和资本不断地在生产团体之间流动。因此，我们可以完整地看到影响经济社会的全部势力，并建立起一门切合实际而又完整解释经济生活的科学。

第五节　动态经济学与经济史

经济史作为一门专门归纳并记载经济社会发展历程的历史学科，其自身的历史并不长，但经济史的研究却引起了人们极大的兴趣。它专门记载人类社会发展过程中不同阶段经济生活的变化，并估量这些变化所带来的利益。例如近代史上的三次科技革命给世界经济带来了巨大进步，经济史将这些进步记录下来并分析其所带来的利益。动态经济理论，负责寻找获得这些利益的深层次原因，并说明经济演变的原理。经济史和动态经济理论的紧密配合，使人们更有把握去推测经济社会的发展趋势。

广义的动态经济学并不仅限于演绎经济社会的变动，更重要的是归纳总结这些变化。因此，经济史也包含在动态经济学之中，并且需要从事动态经济理论研究的经济学家们付出巨大的劳动。经济学家在进行经济史的研究时，总是倾向于先研究静态规律，但动态规律的研究更为重要。研究动态规律所要做的工作，就是衡量经济社会中各种动态势力的影响，例如，机器的发明对劳动收入的影响有多大，就比"机器发明对劳动收入有没有影响"要复杂得多。

社会在发展，人们总是希望能够了解，在发展过程中产生的新的变动会带来怎样的结果，并希望将这种结果量化。要解决这个问题，就必须首先分析这些变动的性质。经济史学家需要逐一分析使世界面貌发生变化的每一次变动，确定每一次变动所产生的影响，以及变动发生的过程。这种研究虽然没有将变动的结果量化，但却给经济学家们开辟了新的研究方向：经济社会发生的这些变动对人类是否有利，增加的收益在社会各成员间如何分配，机器对工人产生什么影响，法律如何随着这些变动而变化，加速增加的人口如何实现就业。归根结底，动态经济学必须解决社会进步过程中收益如何进行分配的问题。在解决这些问题之后，经济学家们紧接的任务就是将答案进行量化。这是非常繁重的研究工作，经济学家们要用统计学和数学的方法衡量各种动态变化的影响。

动态经济学的研究是长期而又艰巨的工作。这种研究必须以经济规律为基础，利用经济规律来指导研究，从而对未来的社会经济生活作出贡献。

第二篇　劳动与资本

　　劳动同商品一样具有价格，工人工资即是劳动价格。资本是重要的生产要素之一，利息是资本的价格。工资和利息由劳动和资本的最后生产力决定。劳动的最后生产力即为边际生产力，存在着静态和动态两个原则。前者为工资收入倾向于与边际劳动生产力相等，后者为劳动者队伍的增大和减少分别带来边际产量的减少和增加。劳动的最后单位并非由某一特定的劳动群体组成，而是存在于边际劳动区域。该区域的劳动对于雇主来说意义不大，不能为其带来收益，也不会使其遭受损失。各行业的边际区域逐渐融合为一个统一的边际区，工人的工资即为边际区的劳动产品。这些均以劳动力市场的自由竞争为前提，竞争使劳动力和雇主之间进行双向选择，因为这将使二者都获得利益。现实中的许多障碍使竞争常常不能自由进行，这使工人工资围绕边际工人的劳动产出上下波动。

　　资本和资本货物是经济学研究中需要明确区分的两个概念，二者的区别主要为永久性和易损性、流动性与固定性。同时二者也有一定的联系，资本货物是资本的具体体现。资本是财富的源泉，可以通过加速流动资金周转率实现财富增加。利息是资金的增长百分比，租金是资本货物的收益；社会财富由工资总额、利息总额和利润总额三部分构成。节约是增加社会财富的有效方式。劳动和资本都具有永久性的特征，永不消逝，永不停息，二者构成社会劳动生产力。

第1章
劳动的特有产品

　　商品价格取决于生产成本价格,这是物价形成的标准。同商品一样,劳动力也是一种特殊商品,这种商品的价格就是工人工资,决定工人工资的标准是边际劳动工人的工资。边际劳动区域指对一个雇主可有可无的劳动力需求。对整个社会而言,劳动力边际区指剩余劳动力市场。剩余劳动力的价格决定了劳动价格。在边际区,工人的加入和离开对雇主没有损失,因为边际区工人的劳动所获等于其劳动产品,不为雇主创造利润,也不让雇主亏本。各个行业边际区的等价性和流动性使行业各部门之间的边际区逐渐合并为一个统一的边际区。这样,所有工人的工资都按照这个统一边际区的工资标准获得报酬。竞争的存在使工人可以自由选择雇主,雇主也可以自由选择工人。驱使工人从一个雇主转移到另一个雇主的动力是后者能为他提供更多的报酬,而驱使雇主雇佣一个工人的动力是他意识到雇佣这个工人可能给他带来利润。工人对雇主的选择和雇主对工人的选择都将促使工人工资趋于和边际工人劳动的产出相等,即使工资符合一般工资标准。但是,各种阻力的存在使竞争总是不能完全自由进行;同时即便竞争都能自由进行,它终将使工资围绕工资标准上下波动,但不变的是工资标准始终取决于边际工人的劳动产出。

第一节 从商品价格到劳动工资标准

劳动力就像商品一样拥有价格，这个价格就是工人的工资。商品的价格取决于其成本，等于成本的价格称为商品的自然价格。成本价格是物价形成的标准。在资本的原始积累以前，人们的工资就是劳动的全部所得。劳动产品来源于劳动者自己的生产资料，劳动产出即工资。从农业社会到工业社会的过程中，农业工人的工资决定了社会其他行业工人的一般工资。移民造成的土地价格变化会最终影响到社会工人的一般工资标准。人口增加，政府不得不对土地加以管理，要耕种优质土地就必须缴纳租金。耕种无地租贫瘠土地的农民的产出决定了社会工人的一般工资。

"自然价值"是指由人们本能欲望所产生的对于一件物品的价值。人类受自身逐利欲望的支配而从事商业竞争，竞争使商品价格成为自然价格，并且是一种为社会服务的活动。因为商人为了获得报酬，往往用低于他的竞争者所提出的价格出卖商品，他们所出售商品的价格越低，和其竞争者相比，他给社会带来了比他的竞争者所能带给社会的好处。尽管商人原本的动机是谋取自身利益，但当他们都为自身利益而参与竞争时，每人便自发为社会贡献了力量。竞争的结果是商品价格被限制在合理范围内，自然价格在竞争中逐步形成。

在竞争顺利进行的情况下，商品的价格就是自然价格。但实际上由于受到各种因素影响，竞争总不能自由进行，因而不可能有自然价格。比如，某种商品的生产和经营由国家控制，价格由国家规定，而非由市场竞争决定；再如，某些专利产品的价格由专利公司规定，其价格和自然价格也有所不同。在此类因素影响下，劳动和资本等生产要素不能自由流通，因而按照人们本能欲望进行的竞争不可能顺利进行，商品价格不可能是自然价格。

从某种意义上讲，经济学中的"自然"和"正常"这两个词等同于"静态"。如果阻碍竞争自由进行的市场动态变化等阻力得以消除，竞争可以自由进行，商品价格都是自然价格，相应的市场竞争就是自然和正常的。在早期经济学著作中，经济学家们并没有区别社会活动的动态与静态，也没有刻意把社会作为一个静态系统来研究，然而在这些著作中，价格标准是一个重要的概念。古典经济学家经过观察发现,如果市场中流通的某种商品的价格能够偿还生产商们生产该商品的成本,价格就是自然价格,亦即静态价格。他们称这种价格形成机制为价格标准。显然,这是一个正确但不完整的概念。

成本价格除了能偿还生产商生产该商品的劳动工资和资本利息外,不能给生产商带来任何净盈余利。然而在动态变化中,价格的波动使商品价格和成本价格有所不同。商品的市场价格高于其成本价格,则产生"价格盈余"。市场上商品价格总是处于动态变化中。和竞争一样,价格的动态变化也是一种自然现象,并且是和竞争相互矛盾的:竞争导致自然价格,市场动态则阻碍自由竞争,打破自然价格。如果能够消除扰乱市场自由竞争的因素,使市场上各种商品的价格等于其成本价格,让市场处于一种理想的平衡状态下,那么商品的实际价格就是自然价格。如果商品交换都以自然价格进行,则不同商品的生产商们获取的收益仅仅是收回生产成本,在获利多寡上是平等的,他们支付给同级工人以等量工资,支付相同的资本利息率。可见,自然价格或成本价格实际上消除了行业间的利润差别。

假设我们能够消除阻力,使资本和劳动在社会上自由流通,则静态价格总是可以实现的。比如钢铁制造商和货车制造商之间存在某种材料依赖关系,这种依赖关系使两个行业间的劳动力和资本不能任意流转,从而前者在某些方面成了限制后者发展的障碍。如果能消除这些障碍,那么两个行业的优劣差别也得到消除,二者获得报酬就将一致。但市场总是变化的,如前所述,这种变化往往成为实际价格偏离静态价格的原因。假设这些变化停滞下来,而阻力继续存在,静态价格仍然能以其他方式出现。这里不可忽视的是竞争的作用。市场竞争的作用之一是使商品实际价格趋于自然水平。在自由竞争条件下,劳动力和资本都会向着报酬更高的地方移动。但是实际市场中存在一些阻碍这种移动的力量。这种阻碍力量不能完全消除竞争的自由度。或者说,即便存在阻碍力量,竞争仍然具有一种使实际价格趋向静态价格的能力。这种能力和阻碍力互相抗衡,最终决定实际价格水平。假设阻碍完全消除,劳动力和资本能够自由移动,社会生产就进入到"标准状态",然后不再有任何变化,价格也永远停留在同一水平。

由此可知,决定商品价格的两种因素包括市场动态和价格阻力。假设不存在市场动态,但存在阻碍价格形成的力量,那么"按照成本形成的商品价格"的价格标准就成为了不变的标准。这样,实际价格经过一段时间的变化与调整后,达到价格标准形成决定的价格,然后不再变动。在另一种情况下,阻碍价格形成的力量得以消除,而市场动态依然存在,尽管物价会变动,但是其始终按照价格形成的标准在变,因而实际价格和自然价格相等。为了考察纯粹的静态价格,我们假设市场动态和价格阻力都不存在。这样,劳动力和资本流向收入较高的领域，这种移动也使得各种价格和当前静态价格相符。其后，由于没有改变这种价格的力量，实际价格就固定等于自然价格。同时，决定商品的自然价格标准也没有变化。这样，社会生产和交换就处于完全静态。

与商品的自然价格标准类似，工资也可以建立一个理论上的自然标准。比如，在雇主和雇工之间为工资而进行的交涉中，我们能否看到类似商品的自然价格标准的、使工资围绕着它而变动的标准呢？我们立刻就可以看到，由古典政治经济学家所区分的商品的市场价格，和工资的市场标准两者之间有相似的地方。现在，暂不管那个工资长期围绕着它而变动的标准，只考虑一个短时间内的工资标准是怎样决定的。我们可以看到，决定这个工资标准和决定现行的物价有类似之处，接着，我们还可以看到，工资和商品价格两方面的市场标准，总是围绕永久的标准而变动的。

假定存在一个"劳动力市场"，或者我们先借用这个名词，暂不去研究该名词在这里的合理性。从某种意义上讲，和商品供求关系一样，在劳动力市场上，劳动力的供求关系决定了一个劳动力的价格。这和物价自然标准有些相似，劳动力价格形成的依据是工资标准。

亚当·斯密认为：在土地私有化和资本原始积累之前，没有地主也没有雇主来瓜分农民的劳动成果，农民的劳动报酬包含了自己全部劳动产品。地主和雇主的产生，使工资直接来源于雇主的资本，而不是劳动产品本身，所以雇员的报酬实现方式不再直接是自己的劳动产品，而是工资。

可以认为，工资和劳动产品大体一致，因而劳动产品短期内为工资的形成提供了一个标准。工资围绕这个标准而波动。很显然，某种劳动产品的归属权不仅仅在工人手上，也包括提供生产这种产品的原材料和机器设备。因此在市场竞争完全自由的情况下，工人的静态工资就是劳动产品中属于工人的那一部分。因此雇佣关系下的生产让我们看到了劳动产品的实质，也看到了工人工资的形成标准。

即便是最基本的产业模式下，劳动产品也不可能完全归工人所有。因为没有一种商品的生产能完全脱离资本的存在。但是我们应该看到，劳动的全部产品和产业的全部产品之间的差别，因为产品的最终形成总是劳动和资本相互结合与相互作用的结果。

假定有一个独立生产者，他的劳动产品的实质很难说明。如猎人，他自己制作猎枪和其他捕猎工具，从野外打猎获取一些猎物，比如一头野猪和一只山羊。那么，对于猎物的等价换取方式就有两种观点：其一，野猪是由猎人的努力换来，而山羊是他用猎枪等捕猎工具换取；其二，野猪是由猎枪换来，而山羊是由猎人劳动换来的。但是很显然，这两种假设都不能成立。对一个独立的生产者而言，劳动产品与资本和劳动力混在一起，没法区分劳动产品中多大比例是由资本换来的，以及多大比例是由劳动力换来的。

实际上，如上例所述，"猎人打猎"的生产方式是在没有资本积累的情况下发生的，劳动产品形成过程中也没有资本和雇主的参与，劳动者的"工资"就是他劳动产品的全部。事实上，产业系统中虽然不存在这种绝对的原始生产，但还是存在一些类似的生产。亨利·乔治认为，在这种状态下，劳动者的工资就是其劳动产品的全部。然而下述例子又有所不同。一个迁居美国的自耕移民，耕种的工具是他的资本，同时拥有属于自己的土地，说他的工资是他的全部劳动收入就不合适了。

乔治说，要是土地无限多，以至于雇主雇佣工人就不得不给工人以经济补偿，以偿还其因放弃土地而受到的损失。在这个时候，工人工资的标准就是当地农民种地的收入。同时，工人还享有种地的收入。而那些仅靠种地为生的农民的收入，只是他耕种农作物的收入——来自土地产生的增值。因而工人享有比耕地农民更多的收入。

刚开始农民种地的净收入只是作物自然生长带来的增值。然而随着人口的增加，人均占有的土地量自然减少，从而土地价格上升，原来占有土地的农民则因为地价的上涨而获得额外的收入。

有人认为拥有土地所有权的工人的工资等于他种地创造的价值，这似乎有道理，但这能否作为工资标准呢？答案是否定的。一个人所获得的收入，除大部分来自土地外，可能还会有一小部分来自在工厂做工获得的报酬。耕种土地所得收获占总收获的比例如此之大，以致一般情况下农民不愿去工厂做工，除非工厂提供比耕种土地更多的收入。人口的增加导致土地价格上升，土地增值为拥有土地的移民提供了足够的收入。同时，工厂里的工人由于没有完全脱离土地，除获得雇主的报酬外，也能得到土地增值带来的利益。因此，土地增值的结果是各行各业的人收入提高，受此影响，工人工资基本取决于耕种土地的收益。

原来移民拥有土地的所有权，占有土地增值收益。然而，土地资源是有限的，移民要想继续从政府那里获得土地的所有权越来越困难。当然，土地还是需要人来耕种，所以，通过向政府租赁土地，移民获得的仅仅是土地的使用权。这样，移民的收入不再包含土地的增值部分，而仅仅是劳动获得的收益。所以，工资的形成标准也随着移民的增加和土地的相对减少而有所改变。

如果一块土地贫瘠，没人愿意去收租金，那么这块土地就可以被无偿使用。耕种这块土地的人所获得的收入就是他的劳动产品，他所处的地位，和亚当·斯密所说的原始工人的地位，是相同的。原始工人是在资本还没累积以前从事劳动，那时没有跟他争夺利益的地主或雇主，他的收入全部归自己所有，完全是劳动产品。有人认为，这种收入指出了把完全由劳动生产出来的产品，和其他一切产品分别开来的办法，使它可以成为单独衡量的、独立的部分，这是一切工资标准的理论。

如何证明劳动生产的产品可以作为工资标准呢？假如工资普遍来自于耕种没有租金的土地的收入，那么雇佣工人想知道自己从雇主那里得到的工资是否合理，就必须以占有不能租用土地的人的收入为参考。换言之，工人劳动的平均工资等于占有一块贫瘠的、不可出租的土地，并耕种这块土地所得的劳动产品。

在劳动工具不计入资本的前提下，占有不需缴纳租金的土地的人，全部收入都由劳动得来。这就使得劳动和资本以及劳动产品和资本产品区别开来。但是占有无租金土地的人毕竟是少数，所以这个假设显然是荒谬的。

折中的办法是寻找一个没有地租的地方，占有这块土地的人起初一无所有地来耕种这块土地，因为他没有任何资本，所以劳动的全部产品就是他的工资。产品有多少，工资就是多少。而其他工人的工资标准也以此为参考。

第二节　劳动力边际区域与工资标准

商品价格总是取决于最近一次进入市场的商品数量。最后进入市场的商品叫做边际商品。同样，工资就像劳动力价格，在劳动力市场上，也存在一种决定劳动力价格的区域，该区域就是劳动力边际区域。劳动力边际区域的工人不必向雇主缴纳生产工具的租金和资本利息，他们的工资就是其劳动产品的全部。边际工人的工资可以作为工资的标准，因为所有工作能力相当的工人拥有同等的收入。该区域的存在也使工人工资能够有所调整，达到某种一致，最终总体上符合工资标准，这就是工资标准的规律。

就商品的市场价值而言，决定该价值的重要组成部分即边际价值。同样，边际工人的劳动产品提供了工人工资的标准。同商业中的理解一致，我们认为劳动本身就是一种商品。我们知道，商品价格总是取决于最近一次进入市场的该种商品的数量，这就像美国的大豆价格以英国的大豆价格为参考一样。实际上，英国大豆和美国大豆的价格都是由生产大豆的劳动者用来出售的剩余大豆量来决定的，并不因国度的不同而有所差异。只不过从英国运送到美国的大豆价格，还包含了运费和经营费用。

然而，劳动力这种商品不像一般的商品那样容易找到销路。比如一个小城市，人口容纳力是有限的，如果强行注入一定量的人口，势必造成当地人们生活资料的缺乏。但就世界范围内的工人劳动而言，尽管所处的行业各异，他们的收入仍然可以作为衡量一般工资的标准。世界劳动力市场具有伸缩性，因为从其他地方转移而来的劳动力会使一个地区的工资水平与世界一般工资水平产生微小差异，这正如最后进入市场的商品最终决定局部价格一样。所以，就一个地区而言，工资一般标准就是转移而来的劳动力生产的产品。

必须肯定的是：确实存在一个调节工资的边际区域。该区域在容纳外来劳动力的同时，为工人提供了工资标准。如果找到了这样一个区域，工资背后的规律就自然而然地出现。而这一区域就是剩余劳动力市场。剩余劳动力市场能够无限地接受剩余劳动力，同时决定工资。转移而来的劳动力没有任何资本，也没有属于自己的基本的劳动工具，是不能进行生产活动的。但是，企业家看到的是这些一无所有的劳动力能给自己带来利润，于是借给工人土地和劳动工具，让这些一无所有的人为自己劳作。只要工人创造的劳动产品减去付给工人的工资和补偿管理费用以外能够有盈余，企业家就会毫不犹豫地去追求这份余额。在商店、棉纺织业、钢铁等行业，这都是再正常不过的现象。

劳动力市场的边际区域主要取决于不收租金的劳动工具。如果全部劳动工具都不收租金，那么劳动力边际区域将会更大。例如某个工厂有100个工人，工人的劳动和机器的磨损换来劳动产品，从产品中提取一部分来支付机器的租金。如果工厂从外面引进10个工人，由于他们的加入并不需要增加机器设备就可以继续生产，工厂主对这10人不收机器租金，因而这10人的工资就是他们劳动产品的全部。

上述例子中的10个工人就是劳动力的边际部分，这10人的工资取决于他们的劳动产品的全部。那么，是否就能说他们的劳动产品的全部，就像最后一次追加到市场的商品可以决定商品价格一样，可以树立一个工资标准吗？如果能，至少得满足两点要求：首先，所有工作能力相当的工人拥有同等的收入；其次，边际工人的工资就是他们自己生产的产品的全部。这其实已基本接近工资规律本身了，但还不是工资规律的全部。

第三节　怎样识别劳动的特有产品

　　在劳动力边际区域，耕种贫瘠的土地和使用废旧的机器，劳动者不需缴纳租金。这是边际工人劳动和一般工人劳动的差别，也是二者工资的差别。不仅在劳动力边际区域，其实各行各业工人的工资都等于劳动产出。各行业工人实际工资的不平等，使工人自动向工资水平高的行业迁移。一个工人离职后，雇主为了尽可能保持原有利润水平，会调节用人方式，调换工人们原来的职位，最终达到任何工人的转移只相当于边际工人转移的效果。因此，工人们的生产能力就只能用边际劳动力的生产能力来衡量。雇主对工人的选择，造成了雇佣工人平均利润的下降并最终消失。一般的工资标准是不能给雇主带来利润的工资。边际区域不断变化，表现为边际区域劳动者数量的增减。这种变化取决于资本容纳劳动者数量的能力。通过改变社会资本的形式，可以实现劳动者数量的无限增加。

　　在竞争完全自由的情况下，劳动者的工资等于由工人劳动创造的全部产品。在劳动力边际区域的分析中，处于边际区域的工人的报酬绝对等于其劳动产品。但是，是否存在一个更大的具有伸缩性的类似区域呢？这个区域里的工人独立工作，不必向地主或者工厂主缴纳租金，他们的劳动产品完全归自己所有。

　　没有人自愿把自己的劳动所获交给雇主，但又不得不交，否则将被解雇。在土地上，除了地主雇来的人耕种外，在其边缘地带，可能由于土地的荒芜和贫瘠，地主不愿花费财力去经营，但那些穷得没有办法的人却愿意在这上面耕种，他们不需要向地主缴纳地租，他们的劳动产品的全部就是工资。而那些工作在土地"非边缘地带"的工人，从雇主那里得到的工资足以补偿他们的劳动消耗。

　　有些工厂设备陈旧，运转效率低下，工厂主得不到任何利益。但是并不会因为工厂主无利可获工厂就会停产，只要工人坚持劳动，创造的价值足以让管理工人的人有利可图，那么机器将继续运行。如果工资标准提高，工人的实际工资不足以支付工人的劳动消耗，那么尽管社会上可能存在不需要租金的机器和土地等生产资料，工人也不会去劳动。相反，如果工人通过劳动可以获得等额的报酬，那么那些可能被丢弃的设备和土地，由于其使用不必缴纳租金，仍将得到利用。陈旧设备和土地是否被利用的另一个因素即人口。移民使人口输出国的劳动力相对缺失和人口输入国的劳动力相对过剩。输出国劳动力减少，没有多余的劳动力去利用废弃的机器，而在劳动力过剩的国家，被废弃的机器将被利用起来。

不用缴纳租金的工具是很少的。机器、房屋、车辆等劳动工具在被使用的过程中逐渐消磨损耗，直到最后不能再为雇主带来任何利益。这一过程如此漫长，以至劳动工具总是物尽其用。一种工具虽然破旧到不能给雇主带来利益，但还可以让工人使用，并且工人因此而创造的劳动产品足以报答自己的劳动，那么这些工具就将继续被使用。如果一个地区的人口增加，则原来被废弃的机器可能再次被利用起来，这样，机器的寿命自然被延长。最终，这些机器将会被消磨到只能给工人带来等额的工资，不能再为雇主创造利益的时候，才被抛弃。

利用破旧的设备进行生产劳动，工人无须缴纳租金，所获的收入是其劳动产品的全部。这种模式符合工资的一般标准。显然，使用无租金工具的人，如最后进入市场的商品能决定价格一样，最终决定了劳动力的价格。不同的是，使用无租金土地或工具的人，并不能构成边际劳动力区域的全部，显然还有一部分工人尽管也在使用有价值的土地或工具，他们却不必向工厂主缴纳租金。

亨利·乔治认为，工资标准是由工人耕种无地租的土地所获劳动产品决定的。工人失业之后，不得不使用没有价值的土地和工具，就和乔治所说的情况相符。这里需要修正的是：处于非边际区域工人的工资，其实也和边际区域工人的工资相等。当然，一个人实际的工资水平高低还和他所处行业的性质有关。

就农业领域而言，同样是边际区域的土地，有一部分被密集耕作，而一部分仅被大致耕种。如果有人把耕种区域从好地推广到无租地带时，便有许多人在他曾经深耕过的好地上工作，而好地耕得越密，耕作的人所得的报酬就越少，这就使好地的一部分劳动力转移到土质较差的土地上去。所以，这些人是从密集耕地的中心被挤出去的。在好地再增加劳动力的数量便无利可图的地方，就叫做密集耕作的边际。好地曾容纳了一批批的劳动力，可是现在如果再有一批劳动力到这里来，他们的收益已赶不上在土质较差的土地耕作所获得的收益了。

例如，在一块好的土地上，两个人足以耕种，只是在农忙时会比较累。如果增加一个人就可以使收成更好，那么由三个人来耕种这块地就可以获得更多的收获。这新加入的第三个人就是边际劳动力，他获得的报酬就是因他的加入而增加的土地产出。第三个人的加入使得土地利用更加充分，增加了一个就业机会。但是如果由于他的加入而增加的土地产出不足以回报他的劳动消耗，那么他就会到较为贫瘠但是耕种人数更少的土地上去劳动。

如果劳动力市场的自由竞争受阻，则在边际区域上劳动的人就不一定能获得等于其劳动产品全部的工资。相反，如果劳动力市场完全自由，工人有权选择为一个雇主做工，也有权选择为另一个雇主做工，那么他就会选择能给自己带来更多利益的雇主。然而在现实社会中，阻碍自由竞争的力量总是存在的。所以，这里研究工资的一般标准仅仅是一个理想化的假设，是没有任何竞争阻力的社会的工资标准，也就是工资要和完全由边际劳动所生产出来的产品相符。

在肥沃的土地上，后续进入的劳动力不需要地主追加资本和工具就可以进行耕作，这些劳动力就是边际劳动力。也正是有了后续劳动力的加入，额外的产品（即边际劳动产品）才得以出现。在完全自由竞争条件下，边际劳动产品被作为工资发给边际劳动工人。

不仅在农业中存在边际区域，在其他所有产业领域里也都存在边际区域。在工厂、矿山、航运等行业中普遍存在的一个规律是：边际劳动工人的工资等于劳动者自己的劳动产品。假如10人可以维持一座矿山的开采——这10人的劳动完全可以为矿主带来足够的利润。当然这10人向矿主缴纳了采矿设备的租金。但是如果再增加2人来维护矿山的安全，减少了意外矿难事故的发生，为矿主减少了损失，那么矿主就不对这两人收取设备租金，而是让他们直接加入原来10人的队伍。新加入的2人，当然也创造他们的价值——为其他10个工人提供更加安全的采矿环境，所以他们得到相应的工资报酬。这里追加的2个工人就是边际劳动力，他们的劳动区别于其他10个工人的劳动，其实质不在于安全工作和采矿工作的区别，而在于不缴纳租金和缴纳租金的区别。

必须看到各个行业的一点差别：每个岗位的劳动力接纳能力并不一致，甚至有些岗位没有接纳第二个劳动力的可能。在农业和采矿业中，一个岗位可以多容纳几个劳动力而不会改变土地或设备的数量和性质。同样，在商业领域，一堆商品可以由一个人来出售，也可以由几个人一起出售——雇佣销售人员数量有很大的灵活性。但是有些产业却没有这种灵活性，一个岗位只需一个工人，多加一个就必须增加一台机器。这就是说不具有容纳劳动力的伸缩性。

在产业系统的某个行业里，假如这个行业里的两家企业都拥有100个工人，并且如果再增加或减少一个工人，不会影响企业的生产经营，也就是说，增加或减少一个边际工人，不会有机器设备等劳动资料的增加或减少。于是在雇佣劳动力市场便存在一个活动的区域，在这个区域里，雇主可以选择多一个或少一个工人。同样，对于一个处在该区域的工人，他可以离开自己的企业去另一家企业工作，只要另一家企业的雇主提供更丰厚的报酬。可以看到，该区域实际上就是产业系统中的劳动力流动区域。但是无论工人为第一家还是第二家企业劳动，他的工资都大致等于他的劳动产品，这个事实是不会改变的。

一个不可忽略的问题是：一个工人离开一家企业到另一家企业，他的转移对第一家企业造成多大的损失，而又给第二家企业带来多大的好处呢？如果这是一个很普通的工人，他的转移不会给两家企业带来影响；但是如果是一个专业技能很强的工人，这种影响就不可不计。

假定一个企业中所有人具有同样的工作技能，只是所在工作岗位对企业的重要程度不同而已。再假定企业的工人按照所处岗位对企业的重要程度分成不同的级别：第一级的工人对企业最重要，第二级的次之，最后一级的最不重要。现在，有一个第一级的工人要离开这家企业，企业主为了弥补工人离开造成的损失，可以从最低一级的工人中随意提取一个来替代离开的工人。最后一级工人的缺位造成的损失基本可以忽略。因为所有工人具有同等技能，所以最后一级的工人也能胜任第一级工人的工作。可见，每个工人尽管处于不同级别的岗位，看似对雇主有着不同程度的重要性，但实际上每个工人对雇主实际的重要性是相等的，因为雇主可以调换工人岗位，使那些能为自己带来更多利润的岗位尽可能不要留空。

在上面的例子中，劳动力可以互换，因为所有人都具有相同的劳动技能。实际上，工人们不可能具有完全相同的劳动技能，但是当最高级别的工人离职时，企业主当然不会让这个职位空缺，而是调派别的工人顶替。一番调整之后，剩下的是边际劳动力需求。不过，职位的调动会给雇主造成一种特殊的损失，这种损失可以衡量离职的高级工人的特殊价值。但是其余所有工人的劳动还是由边际劳动标准来衡量。

在可互换劳动力的情况下，工人的实际生产力是完全一样的。如果甲从事的工作是必不可少的，而乙从事的工作可能不是那么重要。甲离职，可由乙替代。这样，甲离职对工厂造成的损失和乙离职造成的损失是一样的。工人的实际生产力可以由他离职对企业造成的损失来衡量。但是从雇主的角度看，任何一个工人离职后，经过职位的调整，最后只相当于最不重要的那个岗位工人的离职，或者说任何一个工人实际的生产力都等于最不重要级别的工人的生产力，亦即边际劳动生产力。

劳动力边际区域里的工人不能为雇主带来多少好处，也不会有什么坏处。因此边际劳动工人的去留对雇主并不重要。所以这些人的去留取决于一些和雇主利润无关的细小原因——比如雇主可能仅仅因为某个工人的长相而决定他的去留。如果我在你的工厂工作，给你创造劳动产品的同时拿走一部分工资；如果你给我的工资不足以补偿我的劳动消耗，你有利可图，那么你会雇佣我，相反则放弃雇佣。但是如果我的工资刚好和劳动消耗相等，你是否会雇佣我呢？这就要看利润之外的一些因素了。同样，假如我已经在你工厂里工作，显然在我还能为你带来利润之前你是不会解雇我的。但是如果你雇佣我是因为当初你生意很好，急需人手，那时你雇佣我，我能为你创造一些利润。后来，你的生意不再那么好，而我可能实际上只能为你创造负的利润时，由于你的某种惰性，并没有解雇我，我当然不会主动离职。

在所有的企业中，惰性和阻力总是存在的。但是前面讨论工资自然标准时，我们忽略了各种阻力。尽管存在诸多阻力，边际劳动产品决定工资标准的事实还是不会改变的。

总之，边际劳动区域的劳动就是边际劳动，由边际劳动生产的产品数量是衡量工资的标准。那些耕种贫瘠的无地租的土地的人是边际劳动力，开动不需要缴纳租金机器的人是边际劳动力。不管是哪个行业，能使资本利用效率达到最高的人就是边际工人。边际工人创造了一定的财富。竞争使他们获得自己创造的全部财富，竞争也使非边际工人获得等于其劳动的财富。如果边际工人的数目和比例达到某种程度，以至他们可以任意自由地交换工作岗位，那么工厂里每个工人的劳动报酬就等于边际工人的劳动产品。一个工人离职后，雇主可以调换剩下工人的职位，以使损失减小到最低。当然，调换岗位行动本身会有一定的损失，这里姑且不去讨论这点损失。可见，在没有阻力阻止工人从一个企业到另一个企业的情况下，每个工人对企业具有同等的重要性，他们得到的工资都等于边际劳动创造的产品的数量。

为了得到工资的一般标准，我们假设：有两家企业创造的边际产品数量相等。比如有两家制鞋厂，一家机器破旧，厂址位于偏远山村；而另一家设备先进，又位于交通便利、人口众多的城市。显然，第一家鞋厂生产的鞋子少，而且销路不顺，因而工人工资即便等于边际劳动产品数量，也没有第二家鞋厂工人工资高。因此乡下那家鞋厂的工人就会流向城市里的鞋厂。他们不管是使用城市鞋厂里更好的工具还是使用其旧弃的工具，都会使城市鞋厂的平均生产力下降。这样下去，就使得两个鞋厂的边际劳动创造的产品趋于等同，两个鞋厂的边际区域就实际合并成为一个边际区域。工人可以自由地从一家企业流向另一家企业，如果竞争自由进行，一个工人在任何一个企业的生产力都将相同，因而他在两个企业的工资标准也一样。

更进一步讲，不同行业部门之间也存在这样的一致性倾向。制鞋企业和炼钢企业的边际劳动力区域由于这种倾向而合并，航运企业和炼钢企业的边际劳动区域也合并……最终，我们发现确实存在一个全社会都适用的边际区域，这个区域里没有行业之分，有的只是不同的工人具有相同的生产力和工资。当然，这只是一种趋势而已，各行各业的实际情况有所差别，同一行业的不同部门也有所差异。边际工人从一个部门流向另一个部门，使不同部门的劳动生产力相等。工人离开一个企业时，该企业经过职务调整，放弃生产效率最低下的工具，非边际工具从而成为边际工具。这样，边际工具比原来更加高效，从而增加了边际劳动工人的劳动效率，提高了一切边际劳动的产出量。但是这个工人所进入的企业情况则完全相反。因而，随着边际工人转移数量的增加，边际工人转移的意义越来越小。或者到最后转移的意义——获取更多报酬——完全消失，转移也就随之消失。这样，社会各行各业里具有相同劳动力的劳动者劳动的可互换性，保证了每个劳动者劳动产量相等。所有劳动者的工资标准是一致的，雇主雇佣边际劳动区域的任何一个劳动者没有任何差别。

从劳动者角度来讲，土地也好，机器设备也好，资本和工具对他们而言意味着机会。有了土地和工具，才有劳动者实现其生产力的可能。一个工厂中不同等级的工人占有不同的工作机会。如果用一个金字塔来表示这种机会，处在塔尖的工人就是那些有固定工作的熟练工人，他们对工厂的重要性是所有工人中最高的。挨着塔尖的下一层是对工厂重要性稍次的工人，以此类推，处在最底层的是那些边际工人。塔底的单个人对塔而言是可有可无的。那些塔底的工人，雇主给予他们的工资等于他们的劳动，没有从他们身上获得利润。如果一家企业主付给某个工人的工资低于工人的劳动价值，那么别的企业主就会以更高的工资来雇佣这个工人。当然前提是劳动力市场的竞争必须充分自由。这种竞争只有在雇主雇佣工人预期利润降低到零的时候才会停止。

巧合的是，商品的价格遵循类似的竞争下降趋势规律。我们说过，商品的自然价格就是仅能偿还生产该商品的生产成本的价格。这个价格包括了工人劳动工资、管理者的劳务费用、企业主的投资利润等。显然，在自然价格条件下，企业主没有利润可赚。为了收回投资，他们会竞相降低自己的产品价格，争着出售产品。这样，产品价格就低于自然价格，没有任何利润。

但是这是短期现象。因为价格总是时高时低、不断波动的。长期来说，价格还是等于成本价格的。一段时间内可能高于自然价格，然后自然下降，直到低于自然价格的某个限值又上升，然后又下降，如此反复。但是波动始终围绕一个中心，就是自然价格。没有利润的自然价格提供了商品价格的标准。当商品价格高于自然价格时，企业家获得利润，竞争具有消灭这种利润的力量，即竞争会使得价格恢复到自然价格水平。同样，当价格低于自然价格时，竞争也要将价格拉回到自然价格水平。但是必须看到，竞争使价格返回到自然价格的过程总是有阻力的，我们后面会继续研究这些阻力。值得注意的是，当价格完全等于自然价格时，企业家就没有任何利润。

劳动力市场和商品市场一样受到竞争机制的作用，像降低产品价格以期卖出更多产品获取利润一样，雇主为了获得更多利润而雇佣更多的工人。工人数量的增加必然导致雇主从每个工人身上获得的利润减少。但是雇主看到，只要每个工人都能为自己带来利润，他就会不断提高付给工人的工资，雇佣更多的工人。同样一个工人，雇主甲出 100 元可以雇佣，雇主乙愿意出 110 元雇佣。尽管乙从这个工人身上获得的预期利润会更少，但实际上他还能从这个工人身上获得净利润，而甲最终没能从他身上获得利润。这样，雇主乙宁愿多花10元雇佣工人，尽管相对雇佣其他工人而言，自己的净利润有所减少，但总比没有利润好。所以雇主在劳动力市场上的竞争，最终导致了工人工资的上升。直到工人工资等于边际劳动产出，雇主没有任何利润为止。当然雇主之间对劳动力的竞争，也不是一帆风顺的，所以工人工资有时高于工资标准，有时又低于工资标准。但是边际工人的工资对雇主而言就是没有利润的工资，在竞争机制中，边际工人工资围绕这个标准波动。

以上所述的工资标准似乎只对边际工人适用，其实不然，所有工人的工资实际上都是按照上述标准变化的。因为不管工人是否是边际的工人，他创造的实际价值最终通过边际工人的生产力和劳动产品来反映。所以没有利润的工资就是工资的普遍标准。

边际区域的变化来自几个方面：利用废旧的工具和贫瘠的土地，这是从深度和广度上加大劳动边际区域；此外，增加工人数量当然也能增加边际区域。增加的工人所得工资等于其劳动产品的全部，并以这个数量作为工资的唯一标准。显然这是不公平的，因为边际区域的形成包含了这里三个因素，如果只用第三个因素所形成的边际区域来代替整个边际区域，显然是不合理的。

边际劳动的产品是工厂产量增加的部分。产量的增加来自两种方式：其一，工厂的资本不变，通过增加工人数量来实现产量的上升；其二，工人数量不变，通过增加资本量来增加产量。如果一个工厂的容纳力大于现有工人数，那么就可以通过前一种方式来实现产量的增加。企业家增加产量的欲望就是工人使用自己劳动力创造价值的机会。

很多行业里，在不改变资本形式的前提下，可以增减工人数，而不影响产量。这一点很重要。在一定资本形式下，工人数量的改变不影响产量的性质，是因为该行业劳动力市场具有可伸缩性。一块地由一个人耕种和由两个人耕种没有区别。也许一台本来一个人可以操作的机器，现在由两个人来操作，就显得劳动力有点多余。但是，在某些行业里，对一定的资本而言，可以通过改变资本形式来增加劳动力的接纳能力。不同的资本组合形式有不同的劳动接纳能力。如果可以自由组合资本，企业家可以使用两倍、三倍甚至更多倍数的工人，而不增加资本的投入。换言之，如果资本总能按照企业家的愿望变换组合形式，则工人的数量可以无限制地增加。

这样一来，必然造成工人在行业之间的流动，且较之资本形式固定情况下的流动性大大增加。在后一种情况下，工人可以在边际劳动力区域自由流动。设想有两个行业，各自拥有100万工人和50亿资本。那么如果有5000名工人从一个行业转移到另一个行业，因为他们都是从一个行业的边际区域转移到另一个行业的边际区域，所以他们的转移对于两个行业来说不会造成什么影响。但是如果资本的形式是单一不变的，则要想将 10 万名工人从一个行业抽调到另一个行业，那是绝不可能的。因为 10 万的数目远远大于两个行业边际劳动力区域的工人数。假设这 10 万名工人从甲行业转移到乙行业，那么甲行业工厂的机器没人开动，而乙行业工厂的机器旁则围着多余的人员。但是我们不得不承认，劳动力的转移是无限自由的，所以要想建立一般的工资标准，就必须放眼全社会：整个社会的资本能够不断变换组合形式，从而能够无限容纳劳动力。这样，各行各业的工人都能找到统一的工资标准，以向企业主争取到自己的合理工资。社会资本形式的可变性，决定了它对社会总体劳动力需求的无限伸缩性，这样，不同企业相同边际劳动力生产的产品数量将没有差别。

第 2 章
资本与资本货物

在经济学中,资本和资本货物是两个重要且容易混淆的概念,正确理解两者的关系有助于我们建立合理的工资标准,促进分配问题的解决。资本和资本货物的主要区别在于:资本是永久存在的,资本货物则容易由于受损而消亡,土地是唯一一类不必损毁的资本货物;资本具有流动性,可以被看做永久存在于可以经常变更的具体生产资料中的生产财富,而资本货物则无法随意流动;资本要由具体的资本货物来体现,可以分为固定资本和流动资本。世界上所有的资本都是处在劳动生产过程中的工具,加快流动资本的周转、减缓固定资本的周转可以有效地创造财富。如同劳动的产品的价格体现为工资一样,资本的产品的价格体现为利息,但对各种具体的资本货物来说,由它们所获得的收益称为租金。租金是各资本货物所挣得的总收益,而利息实际上是表示这些资本货物的永久资金所挣得的相对该资金的百分比。在静态社会下,社会的总资本不会增加,而节约导致社会总资本的增加是一种动态现象。节约所得资本才是真正增加的资本,它是增加社会财富的有效方法。

第一节　资本与资本货物的比较

如同资本货物一样，资本也具有物质性；资本会永久存在，而资本货物则易受损；资本具有完全流动性，而资本货物则难以自由流动。资本的收益是利息，资本货物的收益是租金；资本和产品的生产周期无关，资本货物则与此相关。

工资理论的要点概述如下：社会劳动总是与一定数量的社会资本伴随使用，社会各行业的劳动工资与社会劳动的边际产品相一致。要明白这句话的含义，必须对"资本"与"资本货物"之间的异同予以详细说明。

1. 资本具有具体性、物质性

资本具有具体性、物质性。它由客观存在的生产工具构成，这一事实极其重要。由于资本具有物质存在性，因此我们不把工人后天获得的能力看做是生产财富的资金的一部分，这一观点比很多古典政治经济学家要更进一步。为了能谋取有用的职业，人们花钱接受培训教育，但并未使自己的资本增加。事实上，通过接受培养教育，他可以使自己的生产力得以提高；同时，为得到此能力，他又不得不减少现在的享受，履行节制。虽然投资于接受教育培训或购买生产工具，两者的结果具有某种相似性。但在资本一词的使用上，我们必须严谨，人类自身的生产技能绝不属于资本范畴。世间的资本，只是人类改造自然界的各生产要素外面包裹的一层盔甲而已。

2. 资本具有永久性，而资本货物则易损

永久性是资本的另一特点。资本的永久存在，是事业富有成效的保证。如果你的一部分资本受到破坏，你也必将遭受损失；如果你所有的资本都被损毁，那你就得竭尽所能依靠劳动谋生。然而，为了使资本避免遭受损失，人们不得不磨损毁坏资本货物。如果为了保护资本货物而不去使用它们，那么最后将遭受更大的损失。比如，把工厂里先进的新机器统统保护起来，使其免遭磨损和锈蚀，这样的做法丧失的是资本的生产力功能。等有一天机器变成了古老无用的废铁，无法再加以利用，那时，资本自身也被毁灭了。

资本货物不仅可以被毁坏，而且必须被毁坏，这是保证产业永久进行的基础，也是保证资本能永远有效存在的基础。如同为了生产小麦，就必须毁掉小麦的种子。用于生产的这部分财富至关重要，必须保持它完整而永久，故把其称作资本。资本是永远存在的，而绝大多数资本货物容易受损，这是两者之间最明显的差别。

土地不必损毁，但能使它代表的财富永久存在，它是唯一一类不必损毁的资本货物。资本必须保持完整性和永久性，这与流动收入形成了鲜明的对比。流动收入可以用于一个人的基本生活，也可以用于消遣享受，资本则不行。把资本用于放高利贷，得到作为利润的高利贷收益，这部分收益可以随意花掉且安全无事；但不能毫无顾虑地花费资本。保全作为产业中主要要素的资本的策略，就是要损毁几乎所有体现资本的生产资料。

3.资本的完全流动性及其作用

另外，资本具有完全流动性，资本货物则不具有这一特性。正常情况下，我们可以毫不费力地从一个企业的资本中抽出 100 万转入另外一个企业，这并不会造成什么损失。但是，如果我们想把一个企业的生产工具搬移至另外一个企业而中间过程中不产生损失，这显然难以实现。例如，我们把投资于新英格兰捕鲸业的资本抽调一部分出来投资于棉纺业，但投资于捕鲸所用的船只则很难再次应用在棉纺业中。但是这些捕鲸船带来的收入资本可以投资于棉纺工厂，而不是再次去购买新的船只。通过这一过程，可将蕴含在船只中的资本转移到棉纺厂中，实现由一个事物到另一个事物的转移，但资本本身并没有消失。因此，资本具有一种巨大的力量，可以通过在不同事物间的转移而改变作用。

通过上面的解释，我们已经明白了一种财富生产的有效方式。为什么大家一谈到资本就会想到"钱"？比如，我们问一个商人他的资本是什么，他通常会回答说："我投资在生意中的 10 万元就是我的资本。"他之所以这样说的理由是这"10 万元"代表了一种可以永久存在的东西，除非生意赔本破产。他明白，自己的资本并非金币银币等各种实物货币，而是体现在货物中的长期存在的东西。所以，只有不会做生意的商人才会把自己的资本放在抽屉中，或者锁在家中或银行的保险箱中。人们总是下意识地用钱来表示生产财富，而实际上各种存货、设备以及别人的欠账都是自己的生产财富。钱可以被存起来，也可以用在各种投资当中。资本可以体现为一种价值，一定数量的生产财富，或者是一笔钱，但是无论体现为哪一种，这些概念都是抽象的。我们只有从它所代表的具体的事物来理解，才能化抽象为具体。尽管商人会把自己的投资看做实实在在的东西，他能够不假思索地指出自己投资的"10 万元"所代表的具体事物，然而，他又习惯于用"资本"这一抽象名词对别人解释。

按照商人的理解来解释资本，便于我们对资本进行更加科学的探讨，防止孤立而抽象地理解资本。因此，资本可以被看做永久存在于可以经常变更的具体生产资料中的生产财富，这样，资本就可以随着生产资料的改变而改变。如果其他条件固定不变，资本的生命力会随着具体表现形式的加速而更加旺盛。

我曾在美国经济协会1888年5月出版的《资本及其收益率》的特刊中指出资本和资本货物的区别，并把运用于生产资料的永久基金称作"纯粹资本"。"纯粹"的意思是指不包括任何生产资料等具体的东西，但实际上，我认为离开这些具体东西就很难理解资本的本质。正如我们所说，"资本只会在各产业间发生转移，而永远不会消亡"。资本可以发生转移，改变自己在生产中的作用，这样，纵然生产工具被毁坏了，资本却可以安然无恙。资本具有抽象性，它会在物质资料的更替中永存，而物质资料的存在则是短暂的。"纯粹资本"在今天可以是这种物品，而在明天又转变为另一种物品，它蕴含着一种可转移性，体现着某种价值。所以我们可以把"纯粹资本"称作抽象资本，尽管客观上我们并不会抽象地理解它。"一切资本货物均会走向灭亡"，这并非指世间所有的资本货物都会消亡，而是指某种特定的资本货物最后必然消亡，必然会被新的资本货物所替代。当我们说资本货物的时候，应当清楚地指明其具体性。作为生产资料的物品都不能永远存在，最后必然消亡。而资本可以永远存在，具有永久性。本章所指的资本和上述特刊中所指的纯粹资本是相同的，它们的外在表现形式可以改变，都是可以用价值来衡量的一定量的生产资料。

在各个思想领域，都有这种以抽象形式来解释具体东西的现象。比如我们前面所举的关于"水力"的实例，力本身并不具体，但用一滴滴下落的水珠来解释这种力，则显得很具体。就"生命"二字来说，其实也是抽象的，但我们想到每一个鲜活的生命，人类世世代代繁衍不息，这就很具体。再比如说生产力的概念，如果按照一定的单位或者钱来计算，则显得比较抽象，但如果我们把生产力看做是生产的一系列具体的物质，这就具体化了。故而，资本可以被称作一系列不断改变的有价值的商品。从这个意义上说，资本也可以被称作投资于不断变化的资本货物中的长期存在的"钱"。

上面对资本的所有表述中，采用最后一种说法，可以最简洁明了地说明资本的永久存在性。商人购买水不断流过他的水管的权利，其实他所购买的是水力。人类新陈代谢，生死轮转，但生命永存。生产工具在使用中逐渐走向报废，而蕴含于其中的资金或者生产财富却永远存在。正如前面所讲，只有土地是唯一的例外。投放在土地上的资本表现为土地，它可以永久存在，而不必改变外在形式。

4. 对资本和资本货物含义的深层次探讨

由于资本和资本货物的含义中都有不少问题值得探讨，所以经济学著作中常常会对它们加以研究。在一些经济学文章中，资本既指我们所说的资本，也包括资本货物，它代表了所有的生产财富。这种做法常常会引起混淆。例如，工资基金学说观点认为，工资是由资本来支付的。此处所说的资本意味着什么？如果是指用于生产财富的永久基金，那么由此可以推断，随着生产的进行，基金会被逐渐用掉。从目前来看，这好像是在减少，但事实并非如此。再来看看早期经济学家是否把资本等同于资本货物？如果他们所指的资本即资本货物，那么他们就认为工人赚取的工资和自己家里所消耗的日常费用都取自于商人的存货。在这些存货没有被提取消费掉以前，它们是商人的资本货物，但在被提取后，这些资本货物就是消费品了。但是商人手中的资本并不会有损失，只是资本的外在表现可能发生了变化，被别的资本货物代替了。

利息和租金

1. 利息和租金的定义

资本由器物、建筑物、原材料等生产工具构成，这是很多早期经济学家对资本的理解。并且，由于认识上的不清晰，他们认为资本中还包括食物这种消费资料。不过除了食物之外，他们很清楚地把资本定义为器物、建筑物、原材料以及其他辅助劳动工具。但是在说明利息的问题时，按照这一定义则难以解释，只有用对资本最普遍的认识——钱，才容易进行解释。例如，投资房屋所花费的"钱"每年可以获得5%的收益，但是我们无法获得一所房子本身的5%作为该房子的年收益。

那么，什么叫利息？是一笔财富的永久资金所获得的年收益吗？通俗地讲，利息就是100美元一年所挣得的5美元。利息一般以百分比表示，而百分比则是用价值单位来度量的资本本身和其年收益的比值。一座房子、一台机器、一艘轮船，它们的价值在一年后会比现在多出来20%吗？现实中，体现在各种建筑物、轮船、机器中的资本确实按此增长。对资本而言，它所赚得的收益称为利息；但对各种具体的工具来说，由它们所获得的收益称为租金。

准确地说，租金是指具体的工具所能获得的收益。例如，被出租的房子可以获得租金，作为房子地基的土地同样可以获得租金。其实，该房屋里的每一台机器和原材料也都如此。因此，租金不用百分比来表示，它代表的是一个总数。任何资本货物，如农场、房子、轮船，或者某种工具，其出租所得收益都是租金。通俗地说，每一件可以出租的东西，所获得的收益都叫租金。编制一个包括全世界所有生产工具及其辅助生产物品的表格，记下每个物品一年总共所得收益，最后，把每一项收益累加起来，就可以算出全世界有产阶级一年的租金总收益。还用上面的表格，只是把每个资本货物对应的价值标在下面，对每一项价值求和，就可以算出世界上永存资本的规模。再用这笔资金一年内的增值额除以原来的价值总额，算出的就是理论上的利息率。最后，求出这笔增值额的实际美元数，你就得到了利息的绝对总额。这就是以利息形式所表示的有产阶级的总收益，它代表的不是投资于容易被消耗的工具所得的收益，而是永久资金所获得的收益。租金和利息只是以不同的词来表示同样的收入，这种对词的应用不仅科学，而且符合实际情况。租金是各资本货物所挣得的总收益，而利息实际上是表示这些资本货物的永久资金所挣得的相对该资金的百分比。

2. 利息和租金的关系

只有先算出所有工具能够挣得的绝对总收益，才能进一步算出利息。在某些时候，利息可以用租金总额除以资本总额来计算。更深层次的理解为，租金受利息的影响。某种工具被使用数量的多少，可以决定这种工具能够赚取的收益。如果工具的使用数量增加，相应每件工具的收益就会减少；反之，则增加。而利息率则会决定每种工具被使用的数量。每种投在机器、厂房、工具等方面的资本的预期收益，会趋向于资本投资于其他方面所赚取的相同比例的收益，如果这个比例不平衡，那么投资方向就会调整，直到投资在每个工具、机器、厂房等方面的资本取得相同比例的收益。这种调整的驱动力，会使资本货物的供给数量一定，而供给的数量又会影响到租金水平。如果投资于新的车床所获得的收益低于该资本投资于其他工具所得收益，那么资本就不会再向车床投资，转而寻找新的投资方向。一般来说，租金影响利息，利息是由一定量的资本货物所获得的租金换算成百分比得来的；但本质上，利息决定租金。我们一定会把手中的永久资金投向这样的资本货物，因为投向这种资本货物所获得的租金不会比投向其他资本货物获得的租金低。后面会对此观点加以深入探讨。

第二节　资本与节约

节约，其实是放弃对提供娱乐的产品的消费，而投向能够使财富得以增加的物品的消费。保持原来的资本和补偿被消耗掉的资本不需要节约，除非要产生全新的资本才需要节约。节约所得资本是真正增加的资本，它是增加社会财富的有效方法。人们节约资本，是为了用节约所得的资本进行生产，而卖出产品可以使他的资本得到增值。在静态社会下，社会的总资本不会增加，资本从它被创造出来的那一刻开始，将永续存在。节约导致社会总资本的增加是一种动态现象。

一切资本终归会消亡，这是约翰·穆勒资本理论的核心所在。穆勒认为，由原材料加工成的产品、工具和房屋，最后都会损坏消亡。其实，穆勒没有分辨清楚资本和资本货物的真正含义。虽然资本货物会逐渐走向消亡，但资本却不同，除非遭遇不可预测的灾难，否则它会永久地存在下去，这正是它之所以被称为资本的原因。

另外，穆勒认为，节约是产生（永久）资本的原因。但是，人们往往会误解节约的真正含义，对此，我们须加以注意。我们通过节约，一方面会减少购买一些东西，同时我们获得了投资于其他方面的能力。但是我们减少购买的东西，和节约下来所获得的东西具有本质差异。前者往往以个人生活或者享受为目的，是消费品，而且常常是必需的消费品，而非资本货物；但是对机器、房屋等物品则不同，我们不会担心造成磨损就将它保护起来，反而我们常常会通过节俭娱乐方面的消费，来获得对这些东西的使用。我们的节约行为只是减少了对供给娱乐性产品的物品的消费，这些东西我们暂时不需要，所以实际上也就没有生产。一旦我们有此需求，它们就会被生产出来。节约，其实是放弃对提供娱乐的产品的消费，而投向能够使财富得以增加的物品的消费。

节约所得资本才是真正增加的资本。我们拥有资本货物，是为了用其产生新的物品，增加我们的净资本，绝不仅仅是为了替换旧的资本货物。一个人用节约所得来购买新的工具，就使他的真实资本增加了。但是，如果新购买的工具也被用坏了呢？此时，实际上新购买的工具已经又生产出了更新的工具，虽然事实上并不一定会体现为更新的工具。值得注意的是，从第二个工具起，它们可以不通过节约来产生，而由前一个工具来创造。例如，一部年久落后的纺织机，用起来生产效率低下且不方便，如果想买一部新的机器来代替它，那么并不需要节俭花费，这是因为这部织布机在其全部的生产过程中已经挣得了购买新机器的费用。因此，除非要生产属性不同的全新的资本货物，否则我们根本无须通过节约即可实现。对于同一系列的资本货物而言，只要第一个被生产出来，后面其他的都可以由前面的资本货物产生。总之，节约可以产生新的永久资本。

在当代经济学中，资本和连续生产过程中的一个个阶段相联系。按照把连续生产划分为几个阶段的理论，每一部分资本都应当存在于劳动生产和消费开始之间，但实际上，资本货物存在于每个阶段。劳动和劳动所生产的产品能够带给消费者的效用，被资本货物从时间上分割成了几部分。但资本却不同，它可以使劳动和劳动产品共存。从劳动转化为劳动成果的过程中，某一资本货物所处阶段时间的长短，可以作为衡量生产阶段长短的标准。人们可以主观估计制造某一商品要付出的代价和时间，以及享用该商品能得到的收益，将其作为衡量标准。此外，生产阶段还可以用工具的使用期限来界定。如同人的生命过程一般，辅助劳动工具的寿命也被分为成长期和成熟期。在成长期中，它被工人逐渐制造出来；在成熟期，它在工人的使用中被磨损，并逐渐走向消亡。

每一资本货物都会有自己的生命周期，但它们会新陈代谢，代代相传。资本则不同，它在时间上没有间隔性，会永续存在，行使着自己的使命。我们只是人为武断地把资本按照某种标准分为几个阶段，但实际上资本的生命是连续存在的，不会间断。可以根据功能对资本货物的生命周期进行分期，但却不能以此标准对资本分期，因为资本既没有开始，也没有成熟和消亡，更不用说被新资本取代了。永久资本永远不可能直接用来满足人们的需求，它永远不会成熟，不成熟是资本的本质。资本货物却可以逐渐发展，满足人们的直接需求。至此，资本货物走向了成熟，可以被人们使用，并且不再代表资本，它由生产资料变为了消费资料。

在前面提到的水流的例子中，每一滴水流过水槽都需要时间，水滴从水池的一端流入，经过水槽，最后缓缓地注入水池。这些水滴流入池中，可以使池中的水保持恒定的水位，维持推动水轮的木头的高度。但它流经水轮后，一瞬间就流入了水轮下面的池中，它的生产功能也就立刻终止。该滴水就按照这样的过程完成了生产的使命。相对而言，水力则很难按照生产阶段来划分出各个时间段，也许只有在固定的时间段，我们关上控制水流的开关，停下水轮的转动，才能人为地划分出来一个生产阶段。但如果水力的作用对象是夜以继日连续转动的发电机，那么我们就无法人为地对此加以分段，因为水力永续存在，不会间断。

在最近的一些讨论中，有人认为节约等同于"等待"，"等待"与某种资本货物从生产开始到最终消亡的全部过程紧密相连。按此观点,一个人在节约的过程中,他就是在为自己生产某种具有一定寿命的工具,这种生产工具可以用来为主人生产消费资料,最后被磨损消亡。由此看来,这个人好像是先估算出了生产该消费品所需的时间,然后再衡量此过程的得失;如果这个时间段没有完成,他便无法进行该项消费;如果他要生产一个新工具来代替这个使用坏了的工具,那么他就需要对这些进行重新估算。照此理解,某种工具的生产时间越长,得到相对应的资本所用的等待或者节约也就越多;相反,如果时间越短,所需等待或者节约也就越少。

如果消费资料果真是经过一个又一个的"等待"生产出来的,那么也许节约可以被看做是在个别生产工具的生命周期中对消费资料的等待。但事实并非如此,消费资料是从某种工具被投入到生产中起作用时就被连续地生产出来。水轮由水流冲击而不停地转动,但我们并没有必要关注某一加仑的水如何流下,如何冲击水轮,直到如何流出;工厂主也不会站在水池旁来观察计算这一加仑的水的整个作用过程。实际上,资本货物的生产过程也是连续的,中间不需要人们去等待。生产过程中各个阶段的情况时时刻刻都在出现着,我们并没有必要等待着某一阶段的结束,或者期盼下一阶段的开始,至于水流要多久才能流入水池实现池中水的更新,这根本不重要。

A_3	B_3	C_3
A_2	B_2	C_2
A_1	B_1	C_1
A	B	C

我们并没有必要把原料 A 变为产品 A_3 的过程分开来看,我们无须计算从原料 A 投入生产,直到最终变为产品 A_3 各个阶段所需的时间。其实,A 同 A_3 是并行存在的,每当资本家把原料 A 投入生产时,就伴随着资本家出售一定量的产品 A_3,即消费者可以享用到一定量的产品 A_3。因为这些可以直接被用来消费的已经构成了一种生产流,因此在初始时刻我们就没有必要计算原料 A 的产出时间。即使生产时间很长,这对消费者的影响也不大,他们并不需要等这么久才消费该物品。实际上,消费者对某种商品的购买享用,和与该商品相关的资本货物所决定的生产资料的生产时间并无任何联系。一加仑的水如果流入一个很大的水库里面,那么它从一端流入又从另一端流出所需的时间就会比较长,反之则比较短。但不论水库的容积怎么样,只要流入一加仑的水,必然会有一加仑的水溢出,而推动了水轮。

我们再举一个例子。假如我们种植了一片森林,其中的树木要 50 年才能成材。再假定这些树是一排一排栽种的，而且每年只栽种一排。也许在这个初始阶段我们需要静心等待，但这并不能说明对任何期待的收益都要等足够长的时间。这些小树苗在逐渐长大的过程中也有其价值，这个价值可以看做是我们的劳动收入，并且在劳动还没有完成时就给了我们回报。但是我们现在还不能使用这份收益，我们想要烧柴火，至少要等到50年后小树长成大树后才能实现这一需求。到第50年，我们就可以砍伐了，但只能砍伐一排树木——第一年种下的那排。同时，砍伐完这排后，我们必须及时地补种另外一排。从此时起，等待树木成长的漫长岁月对我们的需求来说就将变得毫无意义。现在新栽种的这排树和50年前栽种的一排树所代表的意义完全不同，因为现在栽树的同时可以砍伐树木，就好像我们种下去的树马上就变成了木材，中间不需要时间似的。这样即伐即种，就可以使森林所代表的资本永续长存。如果这些树木需要500年才能长大，那么只要我们栽种500排这样的树木，照样可以实现这种结果。在这种情况下，我们也同样不需要等待更久的时间，我们所要等待的时间并不会比种下一颗橡树的种子然后施以魔法使它立即长成参天大树所需的时间更久。所以，当我们不再仅仅靠几棵树木的成长来获取所需的时候，种下的树木到底需要多长时间才可以使用，已经变得没有什么意义了。每年我们都可以砍伐一排树木，然后再种上一排同样的树木，只要这些树木能够一如既往地成长，我们就可以在满足需要的同时，又保护了森林不被破坏。如果照此往复循环，这片森林将万古长青。我们年年种下一排，再砍伐一排，花在这上面的劳动是相同的，并不需要再耗费额外的等待时间。只要等待到森林达到它能够生产的状态，这个过程就可以循环进行。

假如前面表格中所列出的A、B两类企业，A类企业要使原料A变为产品A_3需要50年的时间，B类企业只要一年就可以实现相同的过程。但是只要生产安排得当，每天都会有一个A和一个B投入生产，同时，每天也会有一个A_3和一个B_3供消费者享用。以此来看，消费者要享用A_3和B_3所需要等待的时间是相同的。总之，保持原来的资本和补偿被消耗掉的资本均不需要节约，除非要产生全新的资本才需要节约。需要节约多少和资本各部分的生命周期几乎没有任何联系。就像我们所明白的那样，制造第一个工具需要付出节约的代价，但以后再制造相似的工具则不需要付出这种代价，虽然看起来并不明显，但实际上第一个工具可以生产出以后的工具。比如纺织厂里面的织布机，当第一台织布机已经被磨损不能用、需要买新的织布机时，其实所有者并不需要节约，不需要从股东的口袋里再拿钱来买新机器。在这台织布机的生命过程中，它一方面为股东们赚取了股息，另一方面也产生了可以购买新机器的基金。如果这台织布机在生产周期内把所有的收益都提记成了股东的股息，并没有按正常情况提取出购买新机器所需的基金，此时，购买新机器的费用就得从股东们手中来收取了。

股东们因此也就需要重新节约，他们必须舍弃对一部分物品的消费，将节约的资本用来购买新机器。

> **知识链接**
>
> **股票**
>
> 股票股息是以股票的方式派发的股息，通常是由公司用新增发的股票或一部分库存股作为股息，代替现金分派给股东。股票股息是股东权益账户中不同项目之间的转移，对公司的资产、负债、股东权益总额毫无影响。一般来讲，上市公司在财会年度结算以后，会根据股东的持股数将一部分利润作为股息分配给股东。根据上市公司的信息披露管理条理，我国的上市公司必须在财会年度结束的120天内公布年度财务报告，且在年度报告中要公布利润分配预案，所以上市公司的分红派息工作一般都集中在次年的第二和第三季度进行。股东一年能分到的股息和红利有多少要看上市公司的经营业绩，因为股息和红利是从税后利润中提取的，所以税后利润既是股息和红利的唯一来源，又是上市公司分红派息的最高限额。在上市公司分红派息时，其总额一般都不会高于每股税后利润，除非有前一年度结转下来的利润。由于各国的公司法对公司的分红派息都有限制性规定，如我国就规定上市公司必须按规定的比例从税后利润中提取盈余公积金来弥补公司亏损，所以上市公司分配股息和红利的总额总是要少于公司的税后利润。

节约并不是要减少消费，只是把本来计划在享受方面的消费减少了，转而加大了对生产工具方面的消费，这样做能够产生全新的资本。就如我们不选择用来代步的马而选择拉货的马，不选择买豪华游轮而选择运货的船，不选择富丽堂皇的别墅而选择生产用的工厂——节约，只是把相同的消费转移向生产资料上而已。通过节约，森林、一加仑的水和A、A_1、A_2、A_3等资本货物就可以放在可以使用的状态。一定程度上看，人们会自动地保持某一系列的资本货物的存在。厂房、轮船等资本货物的生产和消耗是并行不悖的。所以，在静态社会里，资本货物的生产并没有停止，每时每刻都可能有极多的资本货物被生产出来，但是人们的财富并没有相应增长，即社会的总资本并没有出现净增长。而在动态社会里却不同，完全动态社会里有一个显著的特征，即社会的总资本是在增长的。一定数量的资金如果被一个人用来消费，那么这个人将会获得某种享受服务；但如果他厉行节约，舍弃享受，那他可以把这笔钱用在生产工具的投资上，最终他将得到利息收益。除非遭遇灭顶之灾，否则，这笔新增的资本可以产生出一代又一代的新产品。

把节约看做"经济美德"的人们，认为取得利息是理所当然的事情，我对此说法不以为然。一切社会资本在永久的静态环境下都蕴含着生产财富的内驱力。持有资本的人如果一直将其持有下去，那么他必然会得到代表这些资本的一切资本货物；但如果别人从他手中贷款，即这个人借出资本，其实就是借出资本的产物，所以，理应得到相应的收益。

如果某人的收入所得有余留，他要如何消费这部分余留，并非是规章制度所能决定的，而是自然选择的结果。他可以把这部分盈余挥霍一空，也可以投资在生产工具上,这样该工具所产出的物品就是这个人的收益。政府绝不会单独去告诉一个猎人:"追捕猎物有两种方法,可以赤手空拳地去追捕,也可以借助弓箭,并且后者可以捕获更多的猎物。"在捕获猎物方面,弓箭有巨大的作用,它不仅能增加猎人的当前所获,而且由于捕获猎物更加容易,他就会有额外的时间来做新的弓箭来代替旧的弓箭,而新的弓箭能使他进一步捕获更多的猎物。总之,物质产生物质的性质,使得资本有了生产能力。而资本有了生产能力,则它所生产出来的产品既可以供所有者使用,也可以把产品卖给别人。如同劳动产品的价格体现为工资一样,资本产品的价格体现为利息。所以,利息是资本生产产品的功能的体现。

资本可以使人们得到一定量的永久收入。人们节约资本,是为了用节约所得的资本进行生产,而卖出这些生产的产品可以使他的资本得到增值。但是也不是每个人都会用节约所得的资本进行生产。人总有一天会死去,但资本并不会消失,它可以作为遗产留给后代。也许有些后代子孙并没有能力用这些资本进行生产增值,但他们可以把这些资本借贷给有能力进行生产的人,从而实现间接生产的目的,这对他们享受这些资本带来的收益并没有什么影响。获得永久收入是人们实行节约、积累财富的原因所在。不管资本是否由其所有者直接用来创造财富,但其收益大部分是被资本的拥有者所占有,只有一部分归其他人拥有。除非遭遇灾难,否则资本的生命比我们每一个人的生命都要长久。

在静态社会里,我们假定如果资本不会被损耗掉并且总量保持不变,资本的收益也保持不变。那么,利息率将会永久地保持在初始水平上。但是由于欲望的存在,人们消费的意愿往往超出了积累的意愿,这就使得上述情况难以实现。在资本不会增加的静态社会中,人们如果还厉行节约而放弃享受消费,那么他将会毫无所得,所以这种现象根本不会产生。新资本的创造是动态经济学的问题,在这一过程中,人们需要不断地在享受和节约之间作出比较取舍。

在庞巴维克教授所著的《资本实证论》中,利息和产品的生产时间紧密相连,或者说它把抽象的劳动和具体的劳动时间联系起来了。例如,一个人拿起一块未经加工过的石头,然后把它磨成了石斧,那么,这就是劳动时间的起始。最后,当这把石斧劈了很多柴,而石斧本身被磨损得毫无用处的时候,意味着该时间的终止。这个时间段的长短会直接影响利息的高低,时间越长,利息越低,两者负相关。但实际上我们还有很重要的一点没有探讨,那就是第一把石斧除了劈很多取暖用的柴之外,它还可以再创造出第二把石斧来。而第一把石斧中蕴含的永久资本能够继续在第二把石斧上得以体现。所以,资本的生产时间不会随着生产工具的终结而终结,它能够永久长存。我们可以通过创造新资本,找到资本的开始时间,但其结束时间则可能趋向无穷。我们通过劳动创造出了第一把石斧,这把石斧所代表的资本以前是不存在的，它被刚刚创造出来，但却找不出它的结束时间，因为这个时间可能是无穷无尽的。我们创造了第一个简单的工具之后，可以用第一个工具创造出第二个……直到创造出很多现代化的复杂机器，这个过程可以一直持续下去而不终结。但是，除了创造第一个工具时我们必须节约之外，以后各个工具的创造并不影响我们的享受，即在以后各个工具的创造过程中，我们的享受不必中断。其实，由于存在这样不间断的享受，我们可以认为第一个简单工具的经济生命早已结束，即它所代表的资本的生产过程早已终结。但实际上资本的生产周期永远不会终结。静态社会下，资本从它被创造出来的那一刻开始，将永续存在。

要延长代表某一资本的资本货物的存在时间难以做到，但要使资本增加一些数量则容易做到。我们可以用斧头再生产出一把铲子，这把铲子还可以不断地生产出铲子以及其他东西。这样我们就可以创造出一系列新的资本货物，相当于使资本的单位得到成倍的增长。因此，我们可以通过创造新的资本，增加人类的永久财富。

假如我们仅认为某种工具的生产时间只是从该工具被制造出来直到它寿命结束，而不承认后面的生产工具可以由前面一个生产工具创造，则我们需要研究有限生产时间。但是这又会引出一个新的问题，即延长有限生产时间不能使资本一定增加，而资本不增加则意味着利息不会降低。那么一些经济学家所主张的延长有限生产时间，以便降低利息率的做法则不会实现。尽管现实中，利息可能随着生产时间的延长而增长，随着生产时间的缩短而降低。但利息由永久资本的数量决定。永久资本增加，利率降低。许多耐用品包含的资本可能比一些易耗品包含的资本还要少。比如说，一座桥包含的资本和一打渡船包含的资本相等，现在我们用一打渡船来代替那座桥，由于资本量没有变化，所以我们可能还会获得原来的利息率。但是，该资本货物所代表的资本的生产时间将比原来大大减少。

根据庞巴维克教授的观点，生产期限会影响生产效率。期限越长，生产力越低；期限越短，生产力越高。我们认为，随着永久资本的递增，它对产业的贡献率是递减的。另外，由于资本的寿命无法延长和缩短，那么资本的收益将不会受生产期限长短的影响。这就出现了一个悖论：我们究竟以什么标准来测算生产期限？如果生产期限是按照实际资本的寿命来衡量的，那么生产期限是无穷大的；如果我们按照代表某部分资本的资本货物来衡量，那么生产期限就可以变化，但不论如何变化，利息率都不会发生改变。在静态社会下，只有在最初创造资本的时候，才需要人们等待一个可能比较长久的时间，当一系列的资本货物被生产出来之后，可以被直接利用，人们就不需要等待。所以，如果生产期限是以资本货物的寿命为标准测算的，对于资本家等候消费的愉快所需的时间长短不发生影响。总之，节约使人们现在无法享受某些东西，其本质是人们真正放弃了对某些东西的享用。生产更多供使用的资本货物需要消耗时间，而使用资本则不需要等待。在前面我们提到，种下生长 50 年方可成材的树木，必须要等待 50 年才可以使用第一年种下的那排树。但是使用原来的资本，利息的产生并不受影响；资本如果借贷给别人，利息还是会被照样支付，只是借贷者发生了变换而已。资本只需要在创造新资本的过程中等待，一旦资本产生，在以后的使用中都无须等待。

在创造新的资本货物过程中的等待并非是等待收入。在这一过程中，资本家每年都会获得收益，只不过为了获得更高比例的收益，他们选择了等待。如种下的树木的价值会逐年递增，到可以砍伐的时候，它的价值会高于前面每年的总花费，如果价值比前面投资资本的利息还低，该投资将得不偿失。资本家投资于森林、运河等生产工具，那么在制造生产工具期间，他得舍弃消费类收入，但他并不需要等待这些工具的收入，此后也不需要等待消费产品。所有的工具会进行自我更新，以维持其不会消失。随着资本的利用，这些工具会给资本持有者创造出净收益。收入伴随着工作而产生，中间没有等待。

还有一点须特别说明，随着资本的增加，资本货物的平均寿命趋于延长，但两者的增长率一般不相等。资本增加后，使用耐用品会更加经济。按照边际资本衡量，建造铁桥可能比木桥更加经济。因为铁桥的使用年限比木桥更长，它代表了真实资本。但是，假如后一座桥是由前一座桥挣得的收入来建造的，那么对资本家而言，桥的寿命期限的长短则变得无所谓。资本量的大小决定了最后一个单位资本的生产力。

第三节　资本和资本货物的种类

依据不同的划分标准，资本可以分为固定资本和流动资本。效用是划分的根本标准，给予效用的是固定资本，接受效用的是流动资本。固定资本会由于磨损等作用而改变其外形，而流动资本会自发地转变形式，以保证生产顺利完成。通过储藏，我们保证消费的连续，而生产则可以是间断的。

一般的，我们把资本分为固定资本和流动资本。这样的分类方法不仅仅是把资本货物简单地分成两类，更重要的是它对实际资本进行了恰当的分类。按此对资本分类，也符合正式研讨中所表达的意思。但这也会引起对资本和资本货物两个定义的混淆。比如，某商人有资本25万美元，其中5万美元为固定资本，20万美元为流动资本，那么通常5万美元所代表的资本货物和20万美元所代表的资本货物是不同种类的。再比如，房屋、机器等及其他劳动工具被经济学家们归为固定资本，而原材料和绝大多数半成品则属于流动资本。

上述分类所依据的标准是两种工具的作用，因此，也有其科学性。木匠加工木箱所用的刨子，可以被同一个木匠反复使用，因此可以作为固定资本来看待。但是木匠做木箱所用的木板则不同，当木箱被加工好后一般会卖给顾客，所以木板对木匠而言是流动资本。由此看来，某些资本货物具有流动性，另一些则没有，而事实上，前者从本质上看也并未实现流动性。被加工好的木箱所谓的流动，不过是从木匠铺里卖出去，进入了顾客的家，此后则被安放在那里不再流动。这一短暂的流动过程就是木箱所代表的资本货物的整个流动历程，木箱并没有实现本质上的流动。一般的物品，流动越多造成的浪费越大，对整个社会最经济的方法是从生产者手中直接卖给使用者。同样，生产一件商品也必然会经过几个阶段，更换几次生产者，产业分工越细，经过的转移就越多。在一定的社会组织结构下，一种产品的生产方法所需的流动越少，对社会越经济。唯一的例外是货币，硬币和纸币只有在反复的流动中才能更好地实现价值。

约翰·穆勒则是按照另外一种标准来划分的，他把固定资本定义为可以重复使用多次的资本，而流动资本是只可以使用一次的资本。很多经济学家也使用这种分类方法。以木匠使用的锤子和木板为例，他解释说，同一个锤子可以反复用来钉钉子，锤子可以被使用很多年；但是木板被做成木箱卖给顾客后，木板就不能被反复使用了。所以，锤子是固定资本，木板是流动资本。

按照穆勒的分法，我们很难对"一次"进行明确的说明。比如，在锤子的使用上，木匠可以反复地用同一个锤子钉钉子，可以一直使用很多次。同样，他也可以加工一下木板，然后停下一会儿再接着加工，这是否意味着木板被使用了多次呢？所以，正如一些人补充说明的一样，我们对这种定义方法作了更加详尽的规范说明：流动商品定义中"一次"的含义是该商品被使用过一次后它的性质已经发生了变化。在做木箱的过程中，木板的表面状态会发生一系列改变，直到最终被加工成木箱。但是刨子、锤子等工具可以加工很多木箱，自己的外观性质并不发生什么改变。此处，我们按照资本货物外形的改变来划分"一次"，就显得比较合理。为了对两种资本货物进行更加明确的区分，我们把固定资本定义为，代表该资本的物品在其经济地位不变的基础上，可以被反复使用；而只要使用一次流动资本，它的经济地位也就随之改变。

下面，我们从另一方面来理解固定资本和流动资本。

站在人类的角度看，资本货物对我们的生产有两种作用。一类资本货物可以用来作用于另一类资本货物，它们对生产起主动作用。例如，工人手中的工具，它们可以帮助人类更好地改造自然。这一类产品还包括加工物品的机器、运输产品的汽车、堆放物品的房子等。在人类改造自然的过程中，这类起主动作用的工具都会给人类以巨大的帮助。

相对的，另一类资本货物是接受改造的对象，对生产起被动作用。在人类和自然界的斗争中，它们属于自然界一方，被动地接受人类主动工具的改造。它们无法作用于其他工具，只能被别的工具所作用；它们不能改造任何东西，只能被改造。比如，棉花只能作为被改造的对象，而纺锤则是主动的改造工具。照此标准，我们把整个产业链一分为二，所有帮助人类改造自然的工具是主动工具，所有阻碍和防止人类征服自然的材料是被动原料。生产开始前的原材料是被动原料，生产过程中在各个阶段间彼此转移的半成品也是被动原料；被动原料既包括矿砂等原材料，也包括羊毛、纱线、布匹和做好的成品衣服。只要产品没有变成成品之前，都有各种次要的效用，这是商品能够用来消费的前提。

固定资本和流动资本常常根据上述观点加以区分。房屋、工具等固定资本具有主动作用，而流动资本则是被作用的对象。但是这种通俗的称呼，也会引起人们对资本和资本货物的混淆，因为人们一般把固定资本和流动资本对应于不会消失的真实资本的两个方面，而并非资本货物。实实在在的东西，不论在多少人的手中传来传去，最后必然会被使用者持有而不再流动，所以这类东西从本质上讲不是流动的。真正的资本，我们也称之为永久资金，它所代表的东西会不断改变，在这种改变中，它自己并没有消失，所以真正具有流动性。持续的改变正是真正流动资本的特性，改变是其永续长存的基础。

同样的资本货物，由于所处位置不同，其主动或被动性则可能不同。而效用是区分它们的根本标准。以铁锤为例，当它在五金店作为货架上的商品时，毫无疑问是流动资本；但如果锤子被铁匠铺买去用作砸东西，那么它就变成固定资本了。在此过程中，它的经济效用发生了明显变化，即由被动变为主动。用来生产铁锤的钢板是被动的，一旦这些钢板被加工成了铁锤，而铁锤可以用来打铁，它就是主动的了。按照效用来区分被动和主动将变得非常容易。如果是它给其他东西以效用，那它就是主动的；如果是接受效用，那它就是被动的。效用是判别资本货物属于主动还是被动的永恒标准。

不管人们对资本有任何的认识，但只要提起固定资本和流动资本，就总会对此有一定的区分标准。下意识的，人们认为固定资本包括机器、工具、房屋等物品，以及某些不是立刻可以穿的、可以吃的东西，永远不会成熟是这些东西的特点。它们和成熟的水果不同，后者只能被用来补充人们的体能或解决人们的食欲。主动类的东西不管是现在还是将来，都不可能被直接消费掉，也不会在其发挥作用的过程中变成熟。在人类改造自然的过程中，它们可以有效减轻人类的劳动强度，帮助人类进行生产。就如同工厂可以用来帮助我们生产食物，但工厂永远不能被我们吃掉一样。

但是我们不应当取消掉固定和流动等名词，因为永久资本所包括的两个部分可以由此作出很容易理解的表述。根据流动程度的不同，永久资本可以划分为三部分：第一部分，我们希望它能快速流动，并且它是流动不止的；第二部分，我们希望它流动得越慢越好，我们会人为地制止它的流动；第三部分，是根本不会流动的部分。第一部分属于流动资本，第二、三部分则属于固定资本。

固定资本和流动资本的流通速度的意义并不相同。比如，一个商人的5万元流动资本所代表的是他工厂里的成品或者半成品，他必然会对这些产品进行有效处理，使它们变得有价值以便容易卖出去。商人总是希望自己的流动资本能够加快周转，只有这样，他才能够用原来那些产品所代表的资本去购买新的商品，以赚取更多的收益。在其他条件不变的情况下，资本周转得越快，商人赚取的钱就越多，俗话说"周转越快越赚钱"。但是，如果这5万元是固定资本，其作用则大不相同。鞋厂会希望自己的鞋子做得多卖得快，但并不希望制鞋机加快磨损，因为这需要买新的制鞋机。投资在机器上的资本对鞋厂来说是固定资本，它周转得越慢，对工厂的贡献越大。

除了投资土地之外的一切资本，其表现形式都会不断变化，只有这样才能保持资本永存。比如说，现在有固定资本 5 万元：其中投资于土地的部分永远不会被消耗掉；而投资在建筑物上的损耗虽然比较慢，但还是在逐渐被消耗；消耗最快的是投资在机器设备部分的资本。作为投资人，我们根本不希望这 5 万元资本有丝毫的损失，因为不论哪一部分的损失对我们都没有好处。但是无论采取什么延迟手段，总有一天后两部分投资还是会慢慢地被损耗。所以，为了不让体现在这两部分投资上的资本消失，我们只有对蕴含于这些物品中的资本进行转变。高楼大厦可以存在很久，但是不管如何修理维护，终有一天它还是会变得破损不堪。这时我们只能重新建造，它所体现的资本也必然发生转移。由此看来，即使是主动的生产工具所蕴含的资本也具有流动性。所以，按照资本表现在某一物品上绝对时间的长短，以区分固定资本和流动资本并不科学。资本的流动具有两种情况：第一种情况，流动可以促进生产，人们普遍希望能加快这种流动；第二种情况，流动不能促进生产，它只是引起新的消费。例如，破旧的工厂再也无法保证生产的进行，这时就要去建造新的厂房，但这并不利于生产。尤其在工厂主看来，他这样做往往是被逼无奈。而且真实的资本，在主动性的资本货物中，并不比在被动性的资本货物中存在的时间更长。比如，金属和打磨金属的砂轮。金属被砂轮打磨，接受砂轮给予的效用，是被动性资本货物，但它存在的时间更长。而砂轮作为主动性资本货物，却很容易被磨损消耗。同样，工人用煤炭来加热锅炉，煤炭是能量，给锅炉以热量，是主动性资本货物，但它很快就被燃烧完。从资本所有人的角度看，砂轮和煤炭发挥作用的时间越长越好。资本在蒸汽中转瞬即逝，在产生蒸汽用的燃料中可以存在一个小时，在半成品中存在几周，在机器中存在几年，在建筑物中存在几十年，而在土地中可以一直存在。所以，固定资本存在得越久越好，流动资本改变得越快越好。

下面，我们研究资本和资本货物与工资的关系。为了避免许多不必要的麻烦，我们分别研究资本和工资的关系，以及资本货物和工资的关系。在思考这两者的关系时，应该将其分开考虑，明确区分那些常常令人产生错觉的不合理现象，减少许多不必要的麻烦。

现实中是否有一种资本，它的存在只是为了保证劳动的正常进行？亚当·斯密和他的追随者们认为：应该先储藏足够的粮食以供一定时期内的正常生活所需，然后在这一定时期内，应当努力工作，加工出船只、房屋、工具等有用的东西，这就是产生新资本的最普遍的方法。事实果真如此吗？创造新资本的最初资本是什么？是我们先储存起来的足够多的粮食吗？以前面的标准而论，只有这些粮食是作为生产用的原料而不是食物，它们才可以被称作资本。正在被加工的面粉，还在制作过程中的面包，正被烧烤的肉制品，它们都和小麦一样，是被动性的资本货物。如果粮食只是作为一种食物来满足人们吃饭的需求，它既不能作用于别的东西，也不接收别的东西给它的效用，更不是生产的原材料，所以粮食不是资本。而在以前的习惯中，人们却把粮食这种只有唯一功能——满足消费者食欲的物品当做最重要的资本。按照这种观点，我们可以把人、食物和食物中最重要的肉类分别作如下类比，即把人看做机器，把食物看成燃料，食物中的肉类则相当于燃料中的煤炭。这是何其荒诞。

但是，人们生产粮食，然后做成食物吃掉，再生产粮食，再消耗……那么，人们所进行的一切生产活动的目的是什么呢？其实，这个目的就是使用生产出来的物品，获得精神和情感上的享受。比如，一个人所吃过的食物并不会强迫他去工作，而他会自发地去工作，这是因为他有获得更多食物的欲望，以及希望得到由这些食物带给他的享受。食物是自发劳动的驱动力之一，即劳动的原因所在。食物除了是人们每天的必需品，能满足身体正常生理需求外，并无其他作用。生产食物的整个过程在食物被咽下的那一刻，这一生产周期中所有阶段的劳动使命就全部完成了，这也意味着一个生产循环的结束。在以后的日子里，我们会重复前面的生产周期：开始进行新的劳动，生产出新的粮食，再把粮食消费掉……如此周而复始。

仅根据上面的理由，还不能令人信服地说明为何粮食不是资本货物，也不是永久资本的某种投资。我们时常会误认为现实世界中总是存在着个别现象，难以归类在某一类经济理论中，甚至会误认为一些不合理的观点有时也会对现实作出貌似合理的解释。但是，对粮食的认识不应该有这种误区。之所以不认为粮食是资本货物的最根本原因是：全世界没有一个地方的粮食是专门为工人而储存起来的。当然，我们会储藏粮食，比如说每年冬天都无法进行粮食生产，所以要提前储存一部分。但我们对粮食的储存是被迫的、无奈的，所以粮食是被动性资本货物，它所体现的是流动资本。储存的粮食先被很好地保存起来，然后被加工，最后被人食用。在这一系列的过程中，粮食都是被作用的对象，是接受效用的一方。储存在仓库中的小麦，它的价值也在不断地增加，获得的是"时间效用"；当它被加工时，小麦的状态发生了变化，获得了"状态效用"；加工好的小麦在被运往面包烘烤厂的过程中，它又获得了"地点效用"；在被烤成面包的过程中，它的状态再次发生改变，即又获得了"状态效用"。小麦在这些加工的过程中，价值在逐步增加。

对产品进行储藏也有实际的意义，因为生产总会有间断的时候，而储藏品则可以保证消费的连续。哈德莱校长曾经说过，储藏就像水塔，水塔被一次盛满，可以保证以后一段时间里正常用水不中断。而储藏，可以把间断的生产变为连续的消费。这就意味着，开始的储藏可以是间断的，而消费则可以被迅速而连续地完成。比如我们可以让水滴间断地流入水塔，当蓄满之后一次性把水用完；

一些特定的商品,我们只会在一年中的某个时候才会消费它们。7月4日一天所燃放的烟花,可能是烟花厂在一年中生产的。

在经济理论中,储藏的意思和上面讲的并不相同。按照该理论的解释,最原始和最重要的储藏品是供养劳动者的资本,对连续性生产和间断性生产都是如此。因为即使每天的生产和消费都一成不变,劳动者也得靠资本来供养。

亚当·斯密在其经济理论中所指的储藏是为了创造资本,而实际生活中所指的储藏则可能是因为季节性进行的储藏,其意义完全不同。前面一种储藏和季节性毫无关系,它由资本和劳动的相互作用决定,这种储藏是资本家专门为工人准备的。如果资本家以粮食的形式储存足够养活一个短工的资本,那他就可以雇佣一个短工进行其他的生产,使粮食形式的资本转变为其他形式的资本。所以,工人可以使资本的外在表现形式发生改变。储藏粮食的作用则和前者完全不同。如果我们在一年之中每天都可以种小麦,也可以收小麦,那么小麦的储存就变得毫无必要。

所有资本,必然都是处在社会生产过程中的工具。比如,下表中的A、B、C分别代表不同的原材料,各个原材料上面对应的产品则代表生产不同阶段的半成品和成品——第一排分别是各个原材料的成品。资本家和工人在各种工具、厂房和机器的帮助下,先生产出原材料A,再经过其他工人的加工,A变为A_1,最后生产出A_3。同理,B和C也同样需要相应的机器、工具等,最后一步一步转变为最终商品。由于这些最终商品可以直接卖给消费者使用,所以,这些商品就行将结束自己的经济生命周期。当A_3、B_3、C_3被摆放在零售店里等待出售时,它们正处于作为资本货物的最后时刻,它们的资本性质即将发生转变。一旦有消费者来把它们买走,它们转眼间就变成了消费品,而不是资本货物了。

A_3	B_3	C_3
A_2	B_2	C_2
A_1	B_1	C_1
A	B	C

假如在静态社会中,保持资本和劳动的数量一定,生产方法也不改变。那么,人们的收入只能是完全成熟的被动性资本货物A_3、B_3、C_3中的一部分。在这种情况下,人们的收入中不可能再有其他的资本货物。如果收入中有其他的资本货物,那么,必然会引起资本的增加,而这和静态社会假设相违背。本质上,体现流动资本的东西构成了人们的工资收入,这些东西会一直接受效用直到其化为收入为止。现实中,没有一个地方拥有专门为劳动者储藏的粮食本金,这就是我们不承认其为资本的原因。不断成熟的A_3、B_3、C_3,构成了人们各种收入的

全部。收入包含在体现流动资本的物品中,所以这些物品必然会被慢慢损耗,但这些物品所代表的资本并不会消失,因为它又生产出了其他的物品来代替自己。

另外还有一点得加以解释:有一种观点认为,为了供养工人,必须要储藏一定量的商品。按此观点,资本家也必须储藏一定量的资本,以保证正常之需。如果一个资本家天天生产某种原料,并且每天必然会有一定的成熟商品被该资本家消耗,那他每天都需要取得像 A_3 一样的收益。这样,就像工人的食物、衣服和其他用品不能直接来自土地一样,资本家的收益也不能凭空而来,那么,他和一起工作的工人并无大的不同。一切产品的生产都要经过各个步骤才能称为最终可用的商品,在这个过程中,不论资本家还是工人,他们都需要消费一定数量的 A_3、B_3、C_3,而不管正在进行的生产过程是否完成。生产 A 的资本家和工人,也许可以获得一部分刚刚生产出来的 A_3 而无须等待。为了保证部分工人能正常地生产 A 产品,我们需要提前储藏;同理,为了保证生产 A 的资本家能获得收益,我们也需要储藏。如前面所述,静态社会中的总资本不会增加,那么社会中资本家每天的总收入必然会被毫无保留地全部消费完。所以,在资本家每天的消费中,他并不会消耗他的生产财富的永久资金,只是消耗相应的收入而已。除非发生意外情况,资本家才会迫不得已地消费资本。但是这种意外情况并不会发生,因为我们假设的前提是在静态社会下。在这种假设下,资本家和工人一样,都没有储藏生活必需品的必要。

所有的资本货物都可以分为两大类——接受效用的物品和付出效用的物品,这两种物品可以在生产和消费的循环往复中不断地消亡和更新,这就使得资本能够永续长存。

第3章
劳动、资本与生产力

　　劳动实质是由劳动者构成的，其形式随着时代进步而不断发生变化。产业社会中，资本和财富都是永久存在的，不过它们的表现形式不断变化以适应纷繁的现实。工资和利息的收入由劳动和资本的最后生产力决定。工资多少由劳动边际生产力决定。所谓边际生产力，就是劳动的最后生产力，也就是说价值以边际效用作为标准。在一般静态情况下有两个原则：一是工资收入倾向于和边际劳动生产力相等；二是在其他条件不变的情况下，劳动者队伍增大会带来边际产量的减少，劳动者队伍的缩小会带来边际产量的增加。前一个原则决定着每一个时期的工资总量，是静态的；后一个原则是动态的，决定着劳动者的前途。如果劳动不变而资本总量提高，这时的结果与劳动减少资本不变时产生的结果一样。这与劳动力过剩的影响恰好相反，它使劳动者效率增大而不是减少。如果一个封闭的岛上农场变成一个虽封闭但产业和生产工具齐备的社会，那么该社会工资标准一定由其内部决定。劳动力与商品一样受边际估价规律制约。每一种同质商品的最后供应单位估价就是整个种类商品的价格。所谓最后单位不是指某一个或一些特殊的可以挑出来的单位商品。同样，劳动的最后边际单位并不是由某些特定劳动者组成。这样估算出来的工资标准是静态的，可以清晰地显示出一个静态规律，这个规律不但适用于劳动者工资，而且适用于资本利息。

第一节 劳 动

　　劳动由劳动者构成，劳动形式随着时代的进步而不断发生变化。在产业社会里，有两个永久存在的项：一个是资本，一个是劳动。资本和劳动是永久的，然而为适应日益变化的现实，它们的具体表现形式在不断发生改变，只要劳动和资本被联系在一起，它们就必须要彼此适应，形式要作适应性调整，相对的数量需要变化。

　　本书一直从整体意义上来使用"资本"，资本是一笔永久的生产财富的资金，具有投在生产商品上的"财富"的意思，它是永久长存的。与之相同的还有"劳动"这一概念，是永不停息、取之不尽的人力。纵然具体个人或者具体财物会消灭，但劳动和资本却会永存。

　　这时就需要考虑工资问题，工资与劳动的收益能力有关，也启发我们进一步思考：劳动每年所创造并因此而获得的到底是什么呢？如果今后的工资标准上升了，就意味着劳动的生产力将逐年增加。但需要注意的是，这种增加不是因个别工人的利益和权利而增加，而是因永久存在的劳动的利益和权利而增加。

　　劳动不是一个难以琢磨的抽象的东西，它其实就是由劳动者构成。劳动者有广泛的自由，有权利决定自己从事哪一种具体劳动。资本家可以自由支配他的资本，工人也可以自由选择他的职业，做农民还是做矿工，去织布还是去印刷，都取决于他自己的选择，以及他对可能收益的估量。

　　劳动形式随着时代的进步而不断发生变化。1800年的一些种类的劳动，到了1900年可能已经消失了，取而代之的是另外类型的劳动。一代又一代的年轻人走上工作岗位，如果时代没有发生大的变化他们也许会继承父辈们的手艺，然而他们常常也会有一些创新方法；如果时代已经发生巨变，他们就必须学会新的生产技能。劳动和资本一样，都是永存的，又都是形式多变的。正如工具用坏了可以用另一种工具来代替一样，工人退休后可以从另一个岗位调来工人补充到同一项工作中去。人是来来去去去的，而工作却永远继续，当然，人的变更也可能会影响到工作种类的变更。

　　在产业社会，有两个永久存在的东西，一个是资本，一个是劳动。资本能够存在，是因为资本物化形式不断新陈代谢的缘故。劳动也是一样，一代又一代劳动者投入进来，保证了劳动的不断延续。资本和劳动是永久的，然而为适应日益变化的现实，它们的具体表现形式在不断发生改变。

所谓不断变化的现实指的就是动态经济。人类不断创造新的消费品来满足不断扩展的欲望，而这些新消费品多数需要新的工作方法或者工具。机器的发明，改变了劳动和资本的形式，小工厂组合成大工厂，大工厂组合成产业集团，造成产业垄断。劳动本身虽然不会停止，不过具体的劳动形式却会随着时间的发展而被更先进的形式淘汰；资本不会消失，但是资本的某种形式却会随时间的流逝而损耗，并被新的资本形式代替。劳动和资本的形式是不断变化的。

不管在什么地方，只要劳动和资本被联系在一起，它们的形式就必须要彼此适应。两者的形式要作适应性调整，相对的数量需要变化。例如，在资本数量一定的前提下，如果所使用的劳动有所变化，那么资本的形式也要随之变化。如果每一个劳动者都有500元资本，则资金就有了许多不同的形式；如果资本由500元变成了1000元，资金的形式也会随之变化成新的形式，当然劳动也同样会改变其形式。用较少资本进行生产的劳动者，与那些用较多资本进行生产的劳动者，所从事的生产工作肯定是不同的。

知识链接 KNOWLEDGE LINK

看不见的手

"看不见的手"的假设是18世纪英国经济学家亚当·斯密于1776年提出的。其本意是个人在经济生活中只考虑自己的利益，受"看不见的手"驱使，即通过分工和市场的作用，可以达到国家富裕的目的。后来，"看不见的手"演变为表示资本主义完全竞争模式的形象用语。这种模式的主要特征是私有制，人人都为自己，都有获得市场信息的自由，自由竞争，无须政府干预经济活动。

后来的西方经济学家通过均衡理论完成了对完全竞争市场机制的精确分析。在完全竞争条件下，生产是小规模的，一切企业由企业主经营，单独的生产者对产品的市场价格不发生影响，消费者用货币作为"选票"，决定着产量和质量。生产者追求利润最大化，消费者追求效用最大化。价格自由地反映供求的变化，其功能一是配置稀缺资源，二是分配商品和劳务。通过"看不见的手"，企业家获得利润，工人获得自由竞争的劳动力供给决定的工资，土地所有者获得地租。供给自动地创造需求，储蓄与投资保持平衡。通过自由竞争，整个经济体系达到一种均衡，在处理国际经济关系时，遵循自由放任原则。政府不对外贸进行管制。"看不见的手"反映了早期资本主义自由竞争时代的经济现实。

"看不见的手"揭示自由放任的市场经济中所存在的一个悖论，认为在每个参与者追求他的私利的过程中，市场体系会给所有参与者带来利益，就好像有一只看不见的手在指导着整个经济过程。

第二节　工资

　　工资是劳动者付出智力和体力所获得的劳动报酬，探讨工资报酬高低时依据劳动报酬的比例。这种依据有三个不同的尺度：一是劳动者在某一段时间所赚得的货币的数量；二是劳动者赚得的商品的实物量和质量；三是劳动者在自己的劳动成果中所分得的数量份额。工资数额与劳动价格的差别，就是在某一时间内，劳动者获得的收入与完成某一定量的工作的差别。劳动价格及劳动量的变动会使工资数额受到影响。工资会随着劳动强度的增加而提高，资本家的利润也会同步提高。如果把社会劳动假定为由同等劳动程度的家庭成员构成，并且把家庭视为一个单位，劳动价格与工资数额间的差别在这样的假设下就不复存在。

　　现在，我们来测定一下劳动和资本最后增加的那部分生产力。假设有1000名劳动者，连续工作几十年而人数没有变化，同时拥有100万元资本也没有变化，那么一个单位的劳动所创造的物品能否被测量出来呢？答案是：工资和利息收入是由劳动和资本的最后生产力决定的。在这里，可以发现工资和利息所存在的规律。

　　我们可以借用地租的公式来解释该问题。在忽略劳动力耕作时需要的辅助资本的情况下，假定每一个耕作者都只携带一个成本可忽略不计的工具，那么劳动力在土地上劳作所获得的收入，就会以农作物的形式表现出来。这时我们知道，这种计算方法没有把辅助资本计算在内，但这对我们的研究没有什么影响，我们如果用一个比较繁杂的例子，假定工人都有复杂的工具、种子和牲畜等，这一问题也能很好地得到证明。但是，土地上最后一个单位劳动所生产的产品，却是说明劳动的最后生产力原则的最好的例子，而且是最简单的例子。

　　我们需要寻找一个工资的静态标准。假如土地、劳动者、工作方法、工作环境等依旧不变，那么哪些永久收入是最后单位的劳动所得呢？我们有一个最简单的测量方法：从耕作的劳动者中减去一人，并重新安排剩余人的工作，使劳动能正常有序进行。这样，田地和从前一样被耕种着，只是可能没有原来那么深入了，产量也有所降低。相反的，我们也可以在原有劳动者中再增加一个人，并重新调整，使每个人都在合适的岗位上，那么土地的耕作可能会更加深入，同时产量也会增加。

劳动者队伍少了一人所带来的收获减少量,可以成为衡量一个同质的劳动者的实际生产力。测量的时候,被选中的劳动者是随机的,任何一个劳动者脱离队伍,都会减少一个单位的劳动,而重点就在于少了一个单位的劳动后收获量减少的数目。同时要注意的是一个劳动者的收入不能超过他加入进去之后所带来的产量增加数。

然而由于岗位的不同,不同劳动者工作的重要性也有所不同。有的劳动者所做的工作是不可缺少的,而另外一些可能是可有可无的。缺少了从事播种工作的劳动者显然是不行的,而缺少了除草的劳动者可能并无大碍,不过如果劳动者可以无障碍地相互替换的话,那么工人的劳动就可以实现同质化:一个播种的劳动者离开岗位,另外一个可以马上投入播种工作。而如果一个工作性质可有可无的劳动者离职后,可能对产量的影响就可以忽略不计。实际上,只要能力相同可以相互替换的劳动者的生产能力都是一样的,要测量某一个劳动者的生产能力,只需把他剔除并重新安排剩余人的工作,空出来没人做的工作都是相对次要的,这样就可以得出被抽出的那个劳动者的生产能力的水平。

假定有一个孤立封闭的区域,该区域没有外区域的人进来,同时区域内部的人也不出去,这时工资标准就由该区域内的每一个劳动者的实际价值决定。每一个劳动者的工资要与他作出的实际贡献相应,而不能以别的区域劳动者的工资来类比,只有在这种情况下的工资才是由最后单位的劳动所得来确定的。

如果工人不断减少,比如一年减少一个,那么每年的收获量也会随之递减。如果工人不断增加,那么平均的收获量将比从前提高一些。在这样的变动中,我们可以测量到一个单位劳动的永久收入。

这样,我们发现工资的多少就是由劳动的边际生产力所决定的。所谓边际生产力,就是劳动的最后生产力。一般来说,一个人消费的物品会有最后一个单位存在。奥地利经济学者研究发现,如果把同一种物品一件又一件地拿给消费者消费,那么物品对于他的效用是递减的,最后一件则是最小的。在这一系列相同种类的消费品中,每一件的价值都由最后那件的效用决定,也就是说价值是以边际效用作为标准的。

该原则已经被广泛应用于各个生产因素的生产力中,现在也可以应用到劳动上。我们可以把能力相同的劳动者按顺序先后排列,一个接一个地安排到耕地中劳动,观察每一个人实际的生产量。在较小面积的耕地上,一个劳动者会得到一定的生产量;如果有两个或以上的劳动者,那么第二个劳动者的生产量会比第一个少些,而不是同步增加一倍。在较小面积的耕地上,随着劳动者的增加,其生产能力相应递减。

如果两个劳动者能够有效组织起来，他们的生产力可能不会减少。把劳动者组织起来，可以造成生产力的变化，这是需要进行详细研究的课题。如果土地的面积非常大，只有一个劳动者在工作，他会心有余而力不足，增加一个劳动者会使他的工作更有效率，这时产量的增加会是一倍以上。再加入第三个、第四个劳动者或许会让劳动分工更加细致有效，这时可能看不到所谓的收获递减定律，然而，它实际上还是存在的。一块面积一定的耕地所能容纳的劳动者是有限的，总有一天劳动者数量会饱和，再增加一个就会导致劳动生产率下降。假设这个饱和点是20个劳动者，那么再增加一个劳动者变成21个，或许会发现增加的劳动者并没有起到改善组织的作用，反而会使人力过于拥挤。增加劳动者在前期带来的好处在这里暂且不提，因为边际劳动对于劳动效率的提高并不是必需的。

在对耕地上人力拥挤带来的影响进行研究时，最好先把分工合作劳动的优越性放在一边，这部分会另行分析。在这里，劳动组织的作用类似机器的发明带来的好处，它改善了劳动条件，但是如果单独研究耕地不足带来的影响，就需要假定组织条件及别的条件维持不变。

假定有一大块耕地，有20个劳动者，这20个劳动者按先后顺序一个接一个投入到耕地中劳动。同时假定这些劳动者的耕作方法不会改变，并忽略初期由于合作带来的生产力的提高。当然，这样一个过程不过是个理想化的劳动过程，现实生活中难以找到实际例子，没有一个农场主愿意把200亩耕地交给一个劳动者先耕作一年，并衡量其土地的收获量，然后第二年再增加一个人，再衡量土地的收获增加多少，没有哪个农场主愿意这样试验20年然后再来发现劳动收益的边际递减规律。他只可能通过让20个劳动者在200亩耕地上劳动，然后根据自己的经验去推断最后一单位的劳动实际生产力是多大。他会找到劳动的边际生产力，因为第20个劳动者的产量要比之前的劳动者边际生产力低。这个规律可以从经验中得出并通过演绎归纳证实：在面积和品质都一定的耕地中，随着投入劳动力的增加，那么边际生产力将会递减。有一个简单而且自然的方法可以证明该定律：在确定的耕地上，一段时间只让一个劳动者去工作，然后逐渐增加到20个人，这时便可以发现，后来加入的劳动者的边际收益要比之前的劳动者少。当劳动队伍逐渐扩大到饱和时，每个劳动者的产量都在逐渐减少，而第20个人是最少的。如果所有劳动者的工资等于第20个劳动者的产量，那么我们便解决了工资问题。

在静态情况下，劳动队伍是稳定而没有增减的，但个别劳动成员或许会有调整——其中一个消失便会有另外一个补充进来——不过劳动队伍在整体上不会有变化。生产方式和生产条件也是一样。很小的劳动队伍不断壮大，以及每个人生产力的相应改变都是不存在的事情。然而每个人的收入还是由这个队伍里最后一单位劳动者的劳动量来决定的。如果这个劳动队伍是从少到多逐渐发展的，就能从这一规律中测量出边际劳动生产力，同时，这一方法也会让我们记住支配这个生产力的原则。每一个新加入的劳动者，在短期内都是边际劳动生产力，当最后劳动者数目固定，最后一单位劳动者的边际劳动生产力就成为了这个劳动队伍的永久标准，因为劳动队伍的劳动者数目不再变更，各个成员的工资也会保持稳定。

以上这个假想说明了两个原则：一是工资收入倾向于和边际劳动生产力相等；二是在其他条件不变的情况下，劳动者队伍增大会带来边际产量的减少，劳动者队伍的缩小会带来边际产量的增加。前一个原则决定着每一个时期的工资总量，是静态的；后一个原则是动态的，决定着劳动者的前途。如果其他条件不变而人口增加，那么人口的增加会导致劳动者趋于贫困。

为什么每个人的工资都是由最后一个劳动者的生产力决定的呢？在实际生活中有相同的案例吗？一个农场主从市场雇来劳动者为他劳动，并且按照市场上的工资标准给劳动者支付工资。按照收获量递减规律，最后一个劳动者所生产的量仅仅够支付其工资。然而这个工资标准其实是农场以外的因素在决定，只不过农场上的最后生产力要与工资标准一致罢了。

如果没有外部市场来决定工资标准，那么情况将会如何发展呢？如果农场是一个孤立的生产区域又当如何？这样的假设会让我们讨论的产业过于简单而脱离实际，然而在这种情况下却能有效说明工资规律。如果农场是与世隔绝的，不与外部发生商业联系，没有农场以外的工资标准来影响农场的工资标准，那么农场里的工资标准就是由所雇佣的最后一个劳动者的生产力来决定。

例如一个与世隔绝的海岛，假定该岛耕地面积及人口都是固定的，而岛上没有其他重要产业。当然这种情况与现实社会有较大不同，然而有一点却是相同的，那就是最后一个劳动者的生产力确定了岛上所有人的工资标准。每一个人对雇主的价值都等于最后一个劳动者停止工作所带来的损失。这种损失是劳动者队伍中任何一个劳动者的实际产量，它成了一般劳动工资的标准。这个岛没有考虑到外界劳动市场的行情，它自成一体，给劳动者的报酬等于最后一个劳动者的生产量。

要让例子更加像一个具有较为完全组织的社会，就假定该岛面积非常大，居民除了农业之外还有别的重要产业，比如锻造、木材、织布、制鞋、采矿、印刷等。假定该岛拥有各种形式的充足资本，并使每一个产业都能分到其所应得的部分，此外还要保证该岛与其他社会隔绝，不能从别的地方借鉴所谓的工资标准，那么这个岛上的工资标准是怎么决定出来的呢？显然，这里的工资标准由每一个产业的每个团体，或者个别产业所雇佣的、与整个生产财富共同使用的最后生产力来决定。社会中最后一单位劳动生产量，确立了工资的标准。

这是工资标准的唯一影响因素。一个农场主从别的产业雇佣劳动者，他付给劳动者的工资与其他产业一样，如果要雇佣很多劳动者，那么最后一个在他土地上工作的劳动者生产所得恰好与工资相抵。这里最后一个人的生产数量只是与外来工资相对应而不能确定工资标准。自成体系的社会不能沿用外界标准，由于没有与外界接触，就不会有劳动力的流动，每个劳动者都必须留在当地并接受雇佣。其中每一个要求工作的劳动者都能作出一定的贡献，因为由于他的加入使得该产业的产量有所增加。雇主会向其支付工资——实际数量往往与劳动者增加的产出相等，其他产业的劳动者也是一样，社会劳动的工资是所有劳动混合组成的最后一单位劳动的产量。

如何来测定这种边际产量呢？随机抽出一单位社会劳动或者增加一单位社会劳动，看看产量会有怎样的变化，不管抽出还是增加，都可以测量出一个单位劳动的生产量。抽出的这一单位劳动是一个复合的劳动，由社会各个产业的劳动组合而成，必须按照相应比例来抽出种田人、织布工人、锻工、木工等，使各个产业都没有边际劳动。

我们抽出劳动力时，要保持各产业资本不变，但资本的形式却发生了变化，使它能完全适应由于工人减少而产生的需要。假若这种测验是圆满的，则这个单位的社会资本退出以后，不会使产业出现紊乱。全部资本一定是在继续使用的，因此，那些离开的工人放下的工具一定不会长期留在原地，成为没有使用的资本。如果这些工具真的没有使用的话，则工人的离开便意味着双重损失，不但损失了单位劳动的生产量，而且损失了离开的工人所使用的工具的生产量。或许剩下的工人可能不需要被放弃的工具，但却需要这些工具所体现的资本。因此，这些资本还是需要使用的，使用这些资本，除了可以体现其价值外，还可以使资本的总量保持不变。比如，被放弃的十字锹和铲子通过改变形式，就能变为质量更好的马和车。挖地的劳动者，尽管数量比以前要少，但他们所拥有的资本，在数量上和以前是一样的；他们的资本，具有另一种形式，虽然人数减少，但他们却可以使用。同样，在工厂里，都有放弃不用的机器，如果通过转换资本的形式，可以获得更多更好的机器，那么，即使机器数量减少了，但质量却得到了提高。因此，无论在什么地方，即使工具的数量都减少了，但质量提高了，也可以说资本本身没有减少。

这一假设测定了不借助工具的单位劳动生产力，得出了工资的实际标准。如果上文提到的单位社会劳动是由100个劳动者的劳动组成的，则他们的离开会使各个产业减产200元，那么这200元就是那100个劳动者的生产量。如果这些劳动者又是同质的，那么每个劳动者的工资就是一天2元。

这种测定是虚构的，因为那种孤立的小社会在当今不可能出现，不可能像在实验室那样把劳动适当地分配到每个产业当中或者抽出最后单位劳动。这个测定的主要环节就是资本迅速转变为减少了的劳动者所需要的形式，这几乎是不能想象的。

然而这一切都在现实生活中得到再现。世界缓慢却又自动地进行着这样的转变。通过整个经济系统的运作，每个产业都从整个资本中分到其应得的部分，并使之转化为适用的形式。无论什么产业，只要缺乏劳动者或者劳动者过多，资本的形式就会发生相应改变以适应需要。社会无意识地做了边际劳动力的测定，因为它要使劳动的工资与规律相符。该过程涉及资本、劳动以及整个产业系统里每一部门工资的自动调整。

从本研究中，还可以得出许多新东西来。比如，如果劳动不变而资本总量提高，那么这时的结果与劳动减少资本不变时产生的结果是一样的。与劳动力过剩的影响恰好相反，它会使劳动者效率提高而不是降低。资本越充足，劳动者的生产能力就越强。这个问题还可以继续思考下去：在资本增长时期，劳动的自然工资标准是由工资规律来决定的，50年后的工资会比现在高，而那时的工资则由当时收益更多的产业中的边际劳动生产力决定。

第三节　生产力

　　生产力是人类改造自然的能力。生产力的主要内容包括劳动者、生产工具和劳动对象。劳动者和生产工具统称为生产资料。劳动者是生产工具的制造者和使用者，在改造自然的活动中，随着劳动者生产经验的积累、劳动技能的提高、科学技术的发明及应用，总要改进和创造新的生产工具，扩大劳动对象的范围，使生产力发展到一个新水平。因此，劳动者在生产中起主导作用。生产工具是生产力发展水平的重要标志。劳动对象的扩展程度也反映了人类改造自然的能力。

　　现在，撇开封闭的岛上农场不谈，我们以拥有无数产业而工具设备齐全的社会为例。当然，这是一个与外界隔绝的社会，产品、工人和工具都不能输出或输入，其工资标准完全由它内部决定。

　　为研究方便，我们假设该社会劳动力是一单位一单位地投入到市场中的，而资本总数不变，当然形式可能千变万化。假设一单位的劳动者为1000人，其中，农民、木工、锻工、织布工人、印刷工人等要有一个合适的比例。这个所谓的"合适比例"就是我们接下来要研究的内容，在这个合适比例形成的过程中，有一个规律起到了重要作用。

　　首先假设这个封闭的社会有1亿元的资本，然后我们把以1000人为单位的工人逐批投入。当投入第一批时，这1000个工人平均每人将获得10万元的资产来购置生产资料帮助劳动，他们有足够的条件去获得支配自然的力量，这会让他们有一个巨大的人均产量。当然，这一切或许要到很久以后才能出现，而且前提还得是资本增长的速度比人口增长速度快得多，不过自然经济形态将会向这种机器大生产形态过渡，这是毋庸置疑的。

　　在原有的1000个工人的基础上，我们继续再加入1000个工人。这时由于工人的增加，生产资料将会被平分为5万元，劳动工具也将由价格昂贵的精密机器变成较便宜的粗笨机器，工人的平均生产量也将有所下降。在计算新工人为产业增加的生产量时必须注意到原工人工具效能由于机器变换而降低，而新工人生产的财富也必将比原工人生产的数量更少。

　　这时候生产工具至少从数量上看是增大了，会有更多的房子来安顿工人，铁路也将修得更长，轮船也将更多，然而形式的扩展并没有造成资本总额的扩大，这是我们需要注意的地方。

计算方法也将因为新工人的增加而有所改变：第二批工人所生产的全部产品并不能都算成他们增加的部分，因为他们是使用了原工人所出让的生产资料而生产的产品，因此需要减去原工人的产量才是新工人增加的产量。假设1000个工人生产4个单位的产品，增加1000个工人后，这2000人的团队所生产的是4个单位产品再加上增加的部分。该增加部分的产品数量才可以用来衡量第二批工人的产量。然而若要计算最后单位的劳动所生产的生产量时，还必须计算到一个应当减去的数目。比如我们计算新工人对产业的实际增加生产量，就必须先计算出第二批工人创造出的生产量，然后减去原工人因为出让资本而损失的生产量，这时才是新工人对产业的实际增加生产量。

因为有大量资本的帮助，新加入的劳动力仍然能使生产量有较大增加。在资本数额不变的情况下，工人数量持续增加，直到有10万人，他们拥有的设备和现在美国工人拥有的设备大致相同。而加入的最后一批工人所增加的产量，大约和美国一个人数相同的劳动队伍在参加最初的劳动队伍后，所能单独生产的数量相等。

如果最后一批增加的工人就是该社会最后一批劳动力，那么就可以求得工资的规律。我们把所有的工人都派去工作，没有劳动后备，这最后一批工人的产量是可以计算出来的。他们的产量比以往任何一批工人的产量都少，但是这一批工人加入生产后，任何一批工人的实际价值和这一批加入工人的实际价值是一样的。如果此前批次的工人要求了比最后一批工人更高的工资，他们将会被解雇，而由最后一批工人来代替，而任何1000个工人离职，雇主所遭受的损失，可以从最后一批工人的产量来衡量。

因此在雇主看来，每一单位劳动的价值等于最后单位劳动的产量；任何一单位劳动的退出导致的产量降低都等于最后一批工人的产量。这时工资的一般标准就建立起来了，最后一单位劳动的产量就是这1000人的工资，在工人同质的条件下，每个工人的自然工资就是最后一单位劳动产量的千分之一。

一个静态的工资标准是难以寻找的。工人队伍从1000到10万，资本形态随之也不断发生改变，我们通过这一动态过程的展现，发现了最后单位劳动的产量。

实际上，我们并不能确定10万工人中哪些人是那最后一批决定工资的一群。如果先后让一批批劳动力进入市场，每一批工人在雇主眼里的价值都等于最后一批工人的产量，在竞争激烈的作用下，如果有雇主不愿意付出这样的工资，必然有另外一个雇主愿意付。即使竞争不激烈，每单位劳动的工资也还是向这个产量靠拢。劳动的最后生产力决定了劳动工资的标准，实际工资将围绕这个标准上下浮动。

企业家是受利润驱动的，雇主付出的工资和利息要比他出售产品所得的收入低。我们也曾经说过，所谓自然的价格，包括了工资和利息的价格。一个能获得利润的价格，超过了工资和利息价格的总和，但是那种倾向于消灭利润的竞争，却从两方面把利润消除了。因为雇主会为了出售商品而降低价格，为雇佣到合适劳动力及借到资本而提高工资和利息。只要工人的工资低于最后一个工人的产量，雇主在雇佣劳动方面便有利润可得，但是竞争倾向于消灭这种利润，使劳动工资与边际劳动的产量相等。

这个规律是在一个封闭的理想社会中得出的，而在实际生活中，工人实际工资与最后生产力标准究竟有多大距离，我们还没有讲到，然而这一切都不影响这一客观存在的标准。它是普遍而永久的，其他那些影响因素都是局部的且容易改变。生产多少，就能得到多少，这是人类生活的重要原则，边际生产力支配工资，我们可以把目前为止得到的关于工资的规律归纳如下。

首先，劳动力与商品一样受边际估价规律制约。市场对每一种同质商品的最后供应单位估定什么价格，就是对所有同种类商品估定了什么价格。劳动的最后单位决定了工资水平，正像消费品的最后单位决定价格单位一样。

其次，所谓最后单位不是指某一个或一些特殊的可以挑出来的单位商品。例如美国所有谷仓里的小麦，并没有哪些是特殊的"决定性小麦"，这里的任何小麦都可以说是最后的单位，因为它的存在使小麦的供应达到现在的实际数量。同样，劳动的最后边际单位并不是由特定劳动者组成。尤其不应这样想：最后被雇佣的劳动力一定是质量最差的。在我们的假设中，工人是同质化的，即使不是，也一定是普通的中等工人。

第三，在说明最后效用规律时，通常是按想象的先后次序来安排一种商品的单位，如在一个时间内只出售一个单位，并且确定每一个单位对顾客的重要性。可是商品并不是按这样的先后次序送到市场，而是整批在市场上出售。但是商品的价格却是由商品按先后次序出售，并由最后一个单位来决定的。

同样，在说明决定工资的规律时，我们可以把工人分成单位，在一定时间内只允许一个人或一批人进行工作，从而找出最后一个单位对市场的重要性。这样，就会发现生产力递减规律的作用。而无论是把一个人或一批人当做一个单位的劳动，如果工人是一单位一单位地进行工作，那么任何一个单位所得的工资，就等于最后一个单位所能创造的产量。

第四，这样得出的工资标准是静态的，在劳动资本和组织形式确定的情况下，用同样的方法生产相同的东西，工资将按这个测验所建立的标准保持下来。

让工人按先后次序进入工作，这有点像理想的动态，不过这样的做法可以把一个静态规律显示出来。

如果资本数目不变而劳动者数目增加，资本形式要随之发生改变，反之亦然。如果劳动者数目不变，资本不断增加，那么资本的形式也要随之发生改变。假设只有一个单位资本却有十个单位劳动，显然工具将会非常简陋，或许只能勉强使用。如果有两个单位资本，那么工具或许会发生改变。如果资本增加到十个单位，或许就与当前美国的情况大略相同。那就是：有许多昂贵的机器、质地坚固的房屋、许多大轮船和许多效率很高的铁路等。

资本的形式变化在现实生活中一直发生着。资本的增长得益于劳动，在当前社会，资本的增加会导致工具的改善，旧谷仓会被新的更大的谷仓代替，铁船会代替木船，轮船会取代帆船，航程也因开辟运河而缩短。人们尽量使用机器，减少人工，让大量资本能适应较少劳动的需要。

资本数额的增加会导致形式的改变，这也是资本获益减少的原因。最简陋的斧头经过一年使用会损坏，但是它给使用者节省了制作6把新斧头的时间。不管使用者用这些节省下来的时间做什么，他的收入都相当于把资本投在第一个工具上

知识链接 看得见的手

看得见的手一般是指政府宏观经济调控或管理，也称"有形之手"，是"看不见的手"的对称提法。"看不见的手"有一些固定的缺陷，比如滞后性、自发性、盲目性。

所谓自发性是指在市场经济中，商品生产者和经营者的经济活动都是在价值规律的自发调节下追求自身的利益，实际上就是根据价格的涨落决定自己的生产和经营活动。因此，这会使一些个人或企业由于对自身利益的过分追求而产生不正当的行为，还容易引起社会各阶层的两极分化，由此而产生的矛盾将不利于经济和社会的健康发展。

而盲目性是指在市场经济条件下，经济活动的参加者都是分散在各自的领域从事经营，单个的生产者和经营者不可能掌握社会各方面的信息，也无法控制经济变化的趋势，因此，他进行经营决策时有一定的盲目性。这种盲目性往往会使社会处于无政府状态，必然会造成经济波动和资源浪费。

滞后性是指在市场经济中，市场调节是一种事后调节，也就是说，市场虽有及时、灵敏的特点，但它不能反映出供需的长期趋势。当人们竞相为追求市场上的高价而生产某一商品时，该商品的社会需求可能已经达到饱和点，而商品生产者却还在那里继续大量生产，只是到了滞销引起价格下跌后才恍然大悟。

为弥补这些缺点，需要政府用"看得见的手"进行管理调控。调控的手段和作用是通过制定计划（经济手段），指明经济发展的目标、任务、重点；制定法规（法律手段），规范经济活动参加者的行为；采取命令、指示、规定等行政措施（行政手段），直接、迅速地调整和管理经济活动。其最终目的是为了补救"看不见的手"在调节微观经济运行中的失效。但如果政府的作用发挥不当，不遵循市场的规律，也会产生消极的后果。

在现代市场经济的发展中，市场是"看不见的手"，而政府的引导被称为"看得见的手"。为了克服"市场失灵"和"政府失灵"，人们普遍寄希望于"两只手"的配合运用，以实现在市场经济条件下政府职能的转变。

得到的利息的五倍。第二个工具节省的劳动只够做5个新工具了，但所有者实际只做了一把斧头，他可以用做4把斧头的时间来做其他东西，利用第二个工具节省的时间而得到的劳动成果，等于第二个工具成本的4倍。

各个工具使用的先后顺序，是以它们的生产力大小为标准的，添置新装备并使之一年内生产的价值达到成本的一倍，这不是不能做到，而是不能持久做到。最后增加的资本利息等于资本本身的一部分，生产资金增大并用提高工具质量的方式投入后，利息便逐渐减少了。

贵重机器体现更多资本，而使用这些机器得到的产量只是机器成本的一部分。弯曲的铁路改成直线所能解放出来的劳动并不比弯曲的路线更多，不同形式的资本的收益能力差别很大，资本所有者往往先选择那些生产力最大的形式，然后才选择生产力较小的形式。

没有一个单位的资本能使其所有者得到比最后单位资本产量更多的收益。资本的形式是可以改变的，社会随时可以停止一种工具的生产转而生产另一种形式的工具。资本货物可以相互替换，正因为如此，没有一个单位的资本可以让它的所有者得到比边际单位资本产量更多的收益。

劳动也会改变其形式。操作一部复杂机器的工作与用手工工具进行劳作是不一样的，资本形式的改变往往附带劳动形式的改变，这两者在形式上是互相适应的。只要两者数量对比发生变化，那么其形式必然发生相应变化，而且理论上这种变化会波及整个资本和劳动过程。

综上所述，在一系列限制条件下，我们可以利用逐步增加资本的方法来说明利息定律。最后一单位资本增加的产量决定了利息标准，每一单位资本都能给它的所有者带来与最后一单位资本产量相同的收益。但是，起作用的正是最后生产力原则，并由此产生了工资理论和利息理论。

第4章
劳动与资本产量的衡量

　　劳动和资本在量上的关系决定了社会劳动生产力。资本作为一笔永久的生产财富的资金，并不代表财富的具体形式。由于劳动永远不会被消灭，永远不会停息，因此它和资本一样，也是一种永久的力量，是永久的存在。在产业社会里，劳动和资本作为两种永久的生产要素而存在，二者的结合便构成了社会劳动的生产力。依据性质的不同，社会总收入可分为三大部分：工资总额、利息总额和利润总额。在工资问题上，劳动生产递减规律发挥着重要作用。在资本不变的情况下，劳动量投入的增多使每一单位劳动所分配到的机器设备或工具减少，因此每一单位劳动的生产量便少于从前每一单位劳动的生产量。最后增加的一单位劳动是边际劳动，它不但决定最后一单位劳动的工人工资，还决定从前所有单位劳动的工人工资。作为一种静态的工资标准，在这种场合下，任何一个单位劳动的工人所得的工资都等于最后一单位工人劳动所能创造的产量。

第一节　工资和利息问题上地租的应用

地租，一般被解释为土地的收入。通常在谈及分配问题时，地租是先被排除在社会收入范围之外，而单独去寻找其他分配原则来说明其收入的来源。由于地租完全不同于工资、利息以及企业家的利润，可以说它有着仅适用于自身的规律，这种规律决定了它作为一种级差收入而存在。

土地的生产量和与它在劳动和资本的使用量上完全相等，但条件最为恶劣的另一块土地的生产量之差，就是这块土地的地租。在人们看来，利用这种方法来单独计算土地带来的社会收入，解决了分配问题上的一大难题——土地问题的解决标志着工资、利息和利润等问题都将迎刃而解。

然而，事实似乎并不那么简单。由于工资和一定数量的资本以及与该资本一起使用的劳动联系紧密，并由该劳动的最后生产力决定。为了避免混乱，在计算这一资本总量时，必须将各个种类的资本形式都考虑在内。无论生产财富的资金的形式如何，它都是与劳动有关的复杂资本的构成因素。在生产财富总量不变的情况下，劳动数量的增加必然带来工资报酬的减少，劳动单位的增多，致使某一单位劳动（劳动和土地以及其他工具的结合）的生产量减少；而工资标准也就会随着劳动力数量增加趋势的停止而得到确定。也许有人会说，同样的结果也可以发生在这种情形下，即人为形式的资本数量是固定的，而劳动力的数量逐渐增加。具体来说，他们会这样认为：自然界的情况决定了土地的数量，只要计算出自然界中生产资料如建筑物、工具、原料等的数量，并使之固定不变，便可以通过增加劳动单位来测量其最后生产力。

上述的说法只是描述了劳动生产力降低的真实情形，但并没有揭示降低的根本原因。劳动生产之所以有序进行，其中重要的因素便是人为的资本与土地的结合。劳动数量的增加使得其中一部分人选择到没有地租的土地上进行劳动，这间接扩大了土地的利用范围。与此同时，耕作较好的土地，由于新的劳动者的加入，壮大了劳动队伍，形成了集约型的耕种方式，从而一方面增加了土地的利用形式，另一方面增强了土地的利用效率。就人为的资本本身而言，它所包含的新增加工人的数量是有限的，但是，一旦人为的资本与土地生产相结合，便能吸收全部的新增工人。工人工资降低的原因也在于此——劳动单位的增多使得劳动生产力水平下降，从而导致了工资的下降。

以上可以看出，劳动生产力下降的原因还与新增加人口的整个经济环境联系密切。土地和人为的资本被认为是一个混合因素，它们的生产力共同决定了最后单位的劳动生产总量。在这个结合体中，劳动和资本决定了工资率，其对工资和利息起决定性作用。

在术语使用这一点上，用"资本"来指代全部生产资料或财富的永久资金，是最自然不过的。这并不是说要把土地称作资本。后面再提及土地时，我们将使用它通常的名称。在提及体现在土地上的财富时，我们在现实生活中会将其想象为商业投资中的"金钱"，所以笼统上讲也可称为资本。同时，在对构成上述永久资金的各类商品（包括土地）的称呼上，我们可以用资本货物来指代。至于这个词语的使用恰当与否，可以在后面对分配过程的研讨上进行验证。总之，我们必须注意，任何形式的工资和利息标准都由劳动的数量和全部生产资料或财富的数量决定。由于地租可以看做是资本货物收入的一种形式，即利息的一部分，那么，尽管是最后的生产力规律决定了工资和利息的大小，我们同样可以将测量地租的方法应用到对它们的测量上。如此看来，说明土地收入的李嘉图的公式，同样适用于对全部社会资本的收入的衡量，原因在于，不论何种形式的利息，都属于级差收入或剩余的形式之一。再者，从总体来看，工资也可视作级差收入的一种，也就是说，该公式还可计算全部社会劳动的收入。综上可以看出，所有的劳动收入和资本收入都与地租惊人地相似。若把租金看做级差的产量，劳动收入与资本收入就可视为租金的具体化的两种类型，而土地的收入就占据了其中一个类型的一个部分。

在不考虑农业发达的社会中使用大量辅助资本的情况下，我们可以简化地租规律。具体来说，就是在劳动过程中，如果工人使用的简单工具所代表的资本的利息在他们工资中占有很小的比例，小到可以忽略不计，土地就可以被认为是由工人徒手经营的。这样，我们要考虑的生产要素就简化为两个：即土地和劳动。如果我们将各类辅助资本都囊括在内进行考察，尽管同样可以进行研究，但却不免含混复杂。作为一切租金的代表，工人在肥沃的土地上徒手劳动所得的级差收入，是可以用李嘉图公式测量的级差收入的鲜明例子，它是一切租金的典型。而所谓租金，包括全部资本的租金、全部劳动的租金、个别资本货物的租金以及个别工人的租金。

上述这种劳动也是由报酬递减规律约束和支配的。一个人在自然资源及其他物资丰富的土地上劳作，所得的收入会随着人数的每一次增加而降低，最后，增加到一定数量，某个人的收入或许就只是他的工资。但是，这种情形是如何出现的呢？我们可以这样假设：土地所有者将按照当时一般的工资量作为雇佣工人的花费，随着工人人数的增加，总会有一个人的生产量仅相当于他所得的工资。在此情况下，这块土地集约使用的边际就由工人的工资决定。一般说来，土地所有者付给工人的工资决定了农场雇佣工人的数量。但是假如这个农场与外界不相来往，而且工人们组成一个人数为十的小团体，那么，雇主就必须将他们一起雇佣，而此时工人的工资便由边际劳动的生产量决定。这便是工资的真正规律所在。

在上述情况中，先被雇佣到农场的工人的生产量要比后来的每一个工人多，然而他的工资却仅仅由最后被雇佣的工人的生产量决定，大于工资的那部分收入由农场主占有。也就是说，所有工人生产量所获得收入减去他们所得工资的余额，归农场主所有。具体来讲，若将只有一个工人在农场劳动时创造的生产财富的数量作为 P_1，第二个工人生产劳动增加的数量作为 P_2，依此类推。那么，最后一个工人增加到生产总量上的那一部分就作为 P_{10}。

$P_1 - P_{10}=$ 第一个工人的超额生产量

$P_2 - P_{10}=$ 第二个工人的超额生产量

……

$P_9 - P_{10}=$ 第九个工人的超额生产量

通过公式的计算，将这 9 个差额相加便可得到这块地的地租，也就是土地所有者在全部工人的生产总量中，单独留给自己的那部分财富。

$P_1+P_2+P_3\cdots+P_{10}$ 的总和代表了土地自身和在土地上付出的劳动所得的生产量的总和。也就是公式序列中每个被减数与最后一个工人的生产总量相加之和，可称作总和一；而 10 个 P_{10} 相加便是各个减数的总和，即总和二，这块土地的地租便是这两个总和之差。也就是说，地租等于工人的总生产量减去 10 倍的最后单位劳动的生产量。

接下来，我们用 AD 来代表工人人数，用 AB、A^1B^1 等来代表依次增加的各单位劳动生产量。我们给这些线段一定的宽度，使之将 ABCD 的面积占满，那么这个面积就可以帮助我们计算上述举例中农业社会所有劳动和资本的生产量。在此情况下，所有资本都是以地租的形式来体现。所以，我们应当将事实上那部分出自土地的生产量重新归于土地。

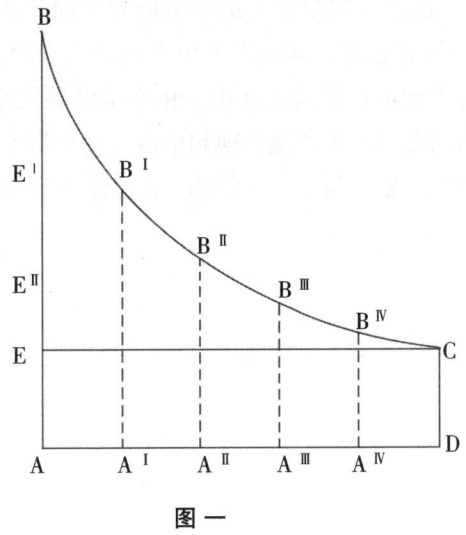

图一

　　DC 线代表了最后单位的劳动生产量大小,而工人每一单位的劳动给地主带来的价值也就是指这个生产量的数量,即工资的数量。所以,AECD 所在的空间就是指所有工人工资的总量,EBC 则代表了地主所得地租的总量,如前所述,它由一系列级差产量或余额构成。对于这一系列级差产量的计算在此不做赘述。举例来说,AB 与 DC 的差额就是地租的一部分。这样一来,土地似乎是将工人创造的所有产品中的一部分据为己有的"工具"。也就是说,工人劳动中所有先增加的所谓总生产量的余额,就是地租,即土地的资金。然而,事实上这个余额只是单独由土地自身生产创造出来的,应将其归于地租。因此,真正的"租金"是一个生产要素在另一个生产要素创造的生产量上多出的部分。除了最后单位的劳动以外,在每个单位劳动的生产量上,有土地所增加的产量。只有土地而无人耕种,生产量只能为零;而一旦有一个单位的劳动作用于土地,生产量是 AB。在这句话里,我们把全部的劳动生产量归功于劳动的作用。尽管这块土地并没有因为第二个单位劳动的加入而增加任何资本,但是无论如何,它的增加带来了生产量的增加。这个由于劳动的增加而资本保持不变时所带来的生产量便由 A^IB^I 表示。作为二者之差,E^IB 就是指在有土地可以劳作的条件下,单纯一个单位劳动的生产量与只有劳动但没有土地条件下的生产量的差额。最后一个人只是给这个生产组合带来了劳动的增加,土地数量仍不变,但是,第一个劳动者不仅有土地,并且土地与劳动的结合使生产量增加的那一部分还构成了级差地租。由此可见,研究租金离不开对经济因果的考察,租金的研究就是要考察产品从何而来。谁获得了地租就意味着谁创造了产品。

　　同样,第三个工人也是徒手来到农场劳作,他的生产量为 $A^{II}B^{II}$。此时,

$E^IB+E^{II}E^I$ 代表了土地自身相对于土地与劳动的共同产量而言所增加的生产量。AECD 就代表了在只有雇佣劳动而不考虑土地和资本的参与情况下的劳动生产量；ABCD 则是将土地的作用考虑在内，由全部劳动创造的生产量；而 EBC 则代表劳动与土地的结合体的生产量，换句话说，它是指十个单位的工人劳动在有土地参与条件下的生产量，与十个单位的工人劳动在没有土地参与条件下的生产量之差。

第二节　报酬递减规律的应用及最后生产力规律对工资和利息的影响

　　由于土地的介入，劳动产出量会出现差异，差异的总和构成了社会总资本。每单位劳动创造的超额产量即是真正的级差产量。在最后生产力规律的作用下，工资作为一种剩余而带有地租的性质；利息的大小完全由最后生产力规律决定。资本家的利息和工人的工资都来自于企业家。

　　经过以上讨论，本节将真正应用报酬递减规律来解释一些重要的问题。将全部资本投入一个完全与世隔绝的农场的例子只是一个假设而已，在真实世界中，任何一个农场都不免涉及社会中产业类型和资本的复杂关系。若将面积固定的一块土地看做一个数额固定的社会资本：数目永久确定，不会有任何增减。在劳动中工具要时常更新换代，只要保持资本的形式不变，坏掉的工具被新工具替代只不过是以新换旧，即新斧子换旧斧子，而式样是不会变的。然而这种情形只符合完全静止状态下的要求。事实上，在产业界，劳动的增加是有单位的增加，这必然导致资本形式的改变。也就是说，在资本数量确定的情况下，工人数量的增多必然带来工具的增多，这又将引起工具价格的降低。

　　报酬递减规律也同样支配土地（代表全部资本的土地）和劳动（使用在工具上的劳动）。AB 代表第一个单位劳动的生产量，A^IB^I 代表第二个单位劳动的生产量，$A^{II}B^{II}$ 代表第三个单位劳动的生产量，DC 则代表最后单位劳动的生产量，而工资的大小就是由最后这个数量来衡量的。AECD 是全部工人的工资数量，EBC 的面积就是由资本家获得的整个社会资本的租金。这一点和李嘉图公式是一致的：任何形式的利息都和地租一样作为剩余而存在。不同的是，利息较为具体，它由某一具体的生产要素决定，该要素将其作为某种收入进行生产。这里所指的租金与上面所提的农场中的租金不同，它不由当时其他地方流行的工资大小决定，而是由一系列真正的级差收入构成，并取决于这些级差收入。顺序在前的一系列生产量与最后单位生产量之差，就是一个社会的总资本产生的租金，这里的差别并不来源于劳动生产量与工资之间的差别，而是在于各单位劳动生产量不同造成的差别。在下面的图二中，DC 线就代表决定工资标准的最后单位劳动生产量的大小。通过测量这一最后单位劳动生产量，以及之前的各个单位劳动生产量超过最后单位劳动生产量的数目，我们可以更清楚地看到，每一单位劳动所创造的超额产量都代表了一个生产量与另一生产量的差额，那么，它们就都属于真正的级差产量。这个差额是有土地作为资本来帮助劳动的产出量，与没有土地作为帮助的劳动产出量之间的差额，而社会资本的总资金正是所有这些差额的总和。

下面换一个角度进行考察，即在劳动固定的情况下使资本不断增加，当然，资本可以使用多种形式。在下面的图二中，ABCD 代表总的劳动生产量。AB 代表第一个单位资本的生产量，A^IB^I 代表第二个单位资本的生产量，$A^{II}B^{II}$ 代表第三个单位资本的生产量，DC 则代表最后单位资本的生产量（一单位的资本在没有和新工人的劳动结合时加入生产活动创造的产量）。事实上，每一个单位的资本的生产量都可以被认为是相等的，也就是说，各个单位资本有相同的重要性。真正的资本与资本货物不同，前者完全可以用于交换，即各部分的真正资本创造财富的能力是近乎相同的。例如，无论是何种身份，只要能提供风险担保，并愿意交纳很少部分利息，商人、厂主或者农民都可以借得自己所需的资本——"金钱"。这是否表示前几个单位的资本受到了剥削，贷款者受到了借款者的掠夺呢？

若把 DC 作为最后单位资本的产量，那么这个产量也就是他用以作为利息的数量，其他任一单位的资本所获的利息都不能超过这个数量。利息总数由 AECD 表示，EBC 作为一个生产量的剩余是由劳动单独生产出来的。因此，单纯由资本所生产创造的生产量与资本在另一个因素的帮助下所得的生产量之间的差额，可以看做是由这个"另一因素"的参与而引起的。

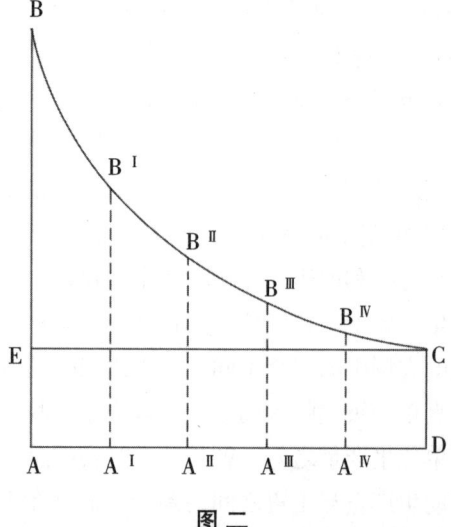

图二

换用租金来表示的话，EBC 所代表的生产量的剩余就表示在资本的帮助下进行工作的工人的租金，即一系列的级差产量的总和。这里的级差产量虽然与每一单位的资本有联系，但它并不代表以前每个单位资本生产量的剩余部分之和。从表面上看，每一单位资本的产量中的一部分是由劳动单独创造的，但事实上它是劳动与资本合作的共同产量中，超出资本的单独生产量的部分。由此可见，EBC 代表的生产量全部来自劳动。

同样，最后生产力规律还作用于工资和利息。通过图三，我们可以看出：最后生产力规律直接决定工资的多少（图中 AECD 的面积）。

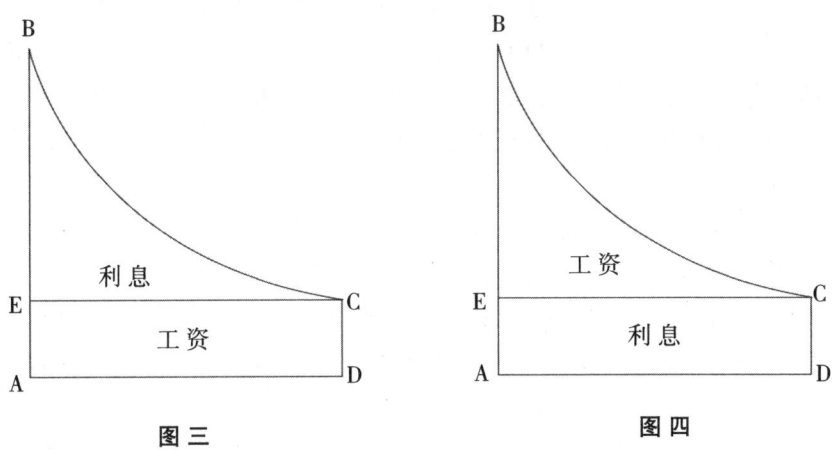

图三　　　　　　　　　图四

从计算上看，工资就类似于全部劳动的收入，它们都等于劳动的单位与最后单位的劳动生产量的乘积。因此，利息的性质就类似于租金，它作为一种剩余的形式存在。换用图四来说明的话，我们的结论是：利息的大小完全由最后生产力规律决定，而工资又变为一种剩余，带有租金的性质。在这图三图四中，两个 AECD 所代表的数目就是一个社会的全部静态收入。在静态条件下，利润得不到重视。作为一种永久性的固定收入，它们是劳动和资本的主要产品。由最后生产力规律支配的这种剩余，或称级差产量同样可被称作租金，它来自社会总生产量与其中某一收入量的差额。

这种剩余为什么只会由自然而然应得到它的人们获得呢？只是因为作为余额而没有其他人要求得到吗？图三中，利息 EBC 作为一个剩余由地租规律决定。这个剩余之所以由资本家获得，是因为单纯的劳动不能获得吗？在 ABCD 表示的全部生产量中，仅有 AECD 部分归于劳动所有。若没有利润的存在，资本家一定会自然而然地将其余部分占有。问题在于，是工人将这个收入留给资本家的吗？

这一问题的重要性在于它相当于在问"是否有某种由余额决定的静态收入"。答案很明显：从来没有。任何一种静态收入都不是从社会总生产量中减去其他收入而得来的，原因在于，只要是带有余额性质的收入都由企业家获得。正是因为工人没有要求得到图三中 EBC 的部分，它自然而然就归了企业家。得到这个剩余部分，企业家就会将其作为偿还资本家利息的一部分。之所以如此，是由资本的最后生产力决定的。资本的使用者付与最后增加的单位的资本一定的代价，这个代价应与此单位资本的生产量相等，其他所有单位的资本得到的报酬也是同样道理。这个过程的完成如果耗费了企业家所得的 EBC 部分，也就相当于是资本家最终获得了所有余额 EBC 部分。资本家之所以会如愿以偿得到这个部分（如图四所示），还是最后生产力规律在起作用。在图四中，AECD 便代表由此规律直接决定的利息的数量，它最终由资本家从企业家手中获得。

简要地说，在图三中，AECD 部分作为工资付给工人之后，企业家掌握的 EBC 部分用以支付资本家的利息，这个利息的数目由图四中的 AECD 表示。假如图三中的 EBC 部分大于图四中的 AECD，企业家就会得到少许余额，即唯一由余额决定的纯粹的利润。

上述两种静态收入，即资本家和工人分别得到的利息和工资收入，似乎都由企业家手中转出。一方面，企业家买进工人的劳动和资本家的资本以及二者结合后生产的产品，另一方面又转手售出这些产品。以棉织厂为例：使用资本和劳动的人将产品卖到市场，又将卖出产品所得收入的一部分付给工人和资本家。按照最后生产力规律的要求，将利息支付给资本家后，使用资本和劳动的人必然会有足够的余额去支付工人的工资。若两个"支付"过程后他还拥有一些余额，那便是纯利润。可见，利润就等于余额的收入。

如何来证明呢？我们将图三和图四反过来使用。图四中 AECD 代表直接决定的利息，EBC 是企业家支付工人工资后的余额。如果图三中的 AECD 所代表的工人工资的面积小于图四中 ECD 的面积，那么，企业家仍会得到一部分余额或利润。在静止的状态下，这两个面积不可能相等，这便排除了纯利润存在的可能性。

基于以上分析，我们的结论是：

1. 无论工资还是利息，都由最后生产力规律决定。
2. 在任何例子中，只要工资和利息中的一方由此规律决定，另一方就相当于一个余额。
3. 一般来讲，这个余额是企业家获得的，由于受到最后生产力规律的进一步影响，此余额最终又由资本家从企业家手中得到。
4. 企业家的利润和余额收入意义相同。此章只研究静态状况，因此排除了这种收入存在的可能性。

第三篇 团体分配

在社会生产过程中，劳动和资本要按照不同的比例合理地在各产业团体之间进行分配。在分配过程中，两种要素相互制衡和作用，最终使每单位要素的产量最大化。除劳动和资本外，不同资本类型之间也需要在团体中合理配置，级差生产力的一般规律将最终使单位固定资本和流动资本的生产力相等。劳动和资本要素在团体中体现出的生产力高低不一；如果一种要素产能较低，但产出品价值正常，或产能正常但产出品价格低廉，或者产能和产出品价值都较低，说明该要素的生产力低下。如果一种要素产能较高，但产出品价值正常，或产能正常，但产出品价格高昂，或产能和产出品价值都很高，说明该要素的生产力较高。劳动和资本的生产力，取决于产品价格和单位劳动或资本所生产的分量。要素生产力的变化会导致要素租金发生变化，而租金是产品供应量的组成部分，也是产品价值的决定因素。因此，要素生产力变化最终会导致要素绝对价值和相对价值的变化。无论生产资料还是消费资料皆可划分为一个个的单位，且使用上具有先后次序。最后单位消费资料的效用取决于市场价值，最后单位资本的生产力取决于利息。反之，可以把生产资料和消费资料分解成不同的要素，消费资料的每种要素都在一定程度上决定作为整体在市场出售的商品的价值，通过对生产资料的各要素进行研究，可以发现工资和利息的决定因素。

第1章
产业团体收入

　　地租的衡量标准是土地的生产量,地租规律支配着劳动的收入并把全部劳动看做是永久因素,没有考虑个人因素。价值理论从一类物品中研究其价值规律。用于消费或生产的财富,都可以列成一连串的单位,如果使用者是一次一次地购买物品,那么便可以按照他选购的先后来安排次序。由于我们不可能把单位分散并逐个进行购买,所以一连串的单位都是假设的。各个单位的消费资料和生产资料不是由完整的物品所组成,而是由物品的各个要素组成,一连串单位消费资料的数目愈增加,最后单位的效用和单位的生产力愈少。最后单位消费资料的效用完全决定于市场价值,而不是由全部物品的效用决定;最后单位资本的生产力决定于利息,而不是由全部生产工具的生产力决定。一种商品的最后用处不一定能决定商品的价值;同时,一种最后的生产工具的生产力也不一定能决定利息标准。

第一节　地租规律

地租的衡量标准是土地的生产量，地租规律支配着劳动的收入并把全部劳动看做是永久因素，没有考虑个人因素。从研究中发现，全世界的生产是由许许多多相互联系的团体或产业来经营的。它们相互影响，共同影响着团体的收入。

地租所根据的原则我们还没有充分利用，它的衡量标准是土地的生产量。在忽略产业的特殊工具的情况下，我们用土地生产量作为支配一切的生产量，把全体资本作为永久的生产因素。地租可以作为这个因素的产品。资本归全体社会所有，在没有经济干扰的情况下，各个社会的团体都应该得到适当的数目。每个社会团体为社会生产多少商品，他们就拥有这么多产品的价值。由上可知，团体的收入和商品价格成正比，价值支配各个团体的收入。至于价值的本身，是由决定地租的包含一切的规律所支配的，不过这个决定地租的规律也在别的领域内起作用。因此，我们必须研究这个规律是如何决定价值的。而实际上，决定价值就是调整各个团体的相对收入。此外，这个规律对团体的分配起支配作用，并决定了工资和利息的最后分配。

由地租规律可知，地租规律也支配着劳动的收入。另外，在研究劳动问题时，把全部劳动看做是永久因素，而没有考虑个人因素。个别人的离去，总会有其他人来代替他，劳动照样可以继续进行，像资本一样，劳动也是一个社会生产因素。在组成产业社会的各个团体以及小团体中进行分配，每个产业的分配由经济实力的自由活动来决定，这种分配就像劳动是在各个产业团体中进行分配和安排一样，一般工资和利息的标准是由社会上全部劳动和全部资本的结合来决定的。这种结合在一切团体都存在，并趋于向给人类的每种职业一定数量的社会劳动和一定部分的社会资本。团体的生产量、价值以及团体收入都是由这种分配过程支配着，趋向于使它的产品数量以及卖出这些产品所得的集体收入接近正常状态。

一个奇异的社会结构产生了这一切结果。全世界的生产是由许许多多相互联系的团体或产业来经营的。它们之间相互依赖，有一个发生变化就可能会带动其他产业发生变化。由于产业间的相互依赖，可以说，劳动和资本在各种情况下都是一个共同的整体，具有相同的社会性质和一般的收益率。

我们会花费很大的精力去了解一个非常普遍的规律，这个规律是无所不包，整个经济生活都受它支配。以前经典著作中对农业报酬递减的研究，是对这一规律的一个很片面的解释：在土地上使用一系列单位劳动和资本，每个单位的产量越来越少。

近代的价值研究从完全不同的角度，指出了关于这个原则的一些作用。研究表明，如果把一系列单位的消费品给予同一个人，每单位的效用就会越来越小。这个原则在价值的最后效用理论和农业报酬递减理论中同样得到了应用。所以，在经济生活中，价值规律支配着经济生活，新旧理论都是它包含的一部分，而价值理论是以这一普通规律为根据的一种应用方法。地租规律也是这个规律的另一种应用方法。这个规律在消费方面也得到了体现，一个物品"最后增加的单位"的效用要比以前增加的各个单位的效用小；在生产方面，也可以觉察到这一规律，那就是一个生产因素的最后增加单位的产量不如以前所增加的各个单位的产量多。和价值是取决于最后的效用一样，分配上各个份额的多少是由最后生产力决定的，利息是由最后增加的单位的资本生产量决定的，工资是由最后增加的单位的劳动产量所决定的。这个规律也决定商品的价值与劳动和资本的生产力。团体的收入是由价值决定的，但决定最终价值的却是消费领域。消费和生产在性质上是相反的，但是由同一个价值规律来决定，就像价值、工资和利息一样。

消费是以消费者的感觉来衡量"主观收获"大小的过程，并以"主观收获"的大小作为最终目的。从另一方面来说，影响消费者感觉的物质则是这一生产的直接目的。整个经济过程是这样的：客观物质通过对人类贡献的多少体现其价值，而人通过它们对人类本身产生作用。人们必须了解在这个过程中，产生多少利益这一实际问题。利益的多少由商品能为其占有者带来多少利益以及商品的数量决定，也就是说，整个经济过程由商品效用的变化以及生产商品因素的生产力的变化决定。

目前，经济学家对最后效用的问题还没有全面的研究。一个常见的例子就是选定一个商品，假设一个消费者能不间断地得到这个商品。那么对于消费者来说，后来商品的效用呈递减趋势。这正如一个饥饿的人吃面包一样，开始面包能供给他营养，使他心情愉快，但最终必将引起厌烦，如果继续再吃超出他能力极限的面包就有害了。同样，一个不断得到相同外套的人不久将失去对外套的好感，第五件可能会被他丢给一个乞丐。而大量相同的书或者画将成为书架和墙壁的累赘。去掉它们，房间反而会显得雅致一些。总的来说，在图解里，效用的下降用突然变化的曲线表示，突然下降的曲线意味着单位内完全相同的物品所能提供的效用一个不如一个。

如果改变物品的种类，将得出大不一样的结果。改变外套的样式或颜色，接收者会乐意得到比五件还多的外衣。他也会乐意地大量收藏不同的书籍。人们不同的需要可以通过物品种类的变换来满足。一个人不会拒绝能满足他欲望的东西。两件完全相同的外套——除了厚薄不同——相比起来，厚的那件外套能满足薄的那件外套不能满足的需要。正因为这样的效用，它才能被出售。一般的衣物——不仅限于某一种——效用曲线是下降的。而种类丰富的食品的效用比简单的一种食品的效用下降得要慢。如果食品的种类从面包、洋葱、肉类、点心、水果到法国的名菜佳肴，这样的每一次增加的单位的效用递减的速度比单一食品的要缓慢得多。这样变换物品的性质，对一个消费者来说，等于每次都得到一个具有新的特殊效用的物品。

第二节　价值理论

价值规律支配着经济生活，新旧理论都是它包含的一部分，在以前出现的经典价值理论中，并没有充分考虑到效用递减现象，因此通过对价值规律的研究，我们对这个理论来进行了修改。

价值理论并没有充分考虑到效用递减现象。常见的效用下降曲线说明的是一类物品而非一件物品的情形。因此，这样的价值理论需要修正。

我们要来推广价值理论规律，而不只是修正它。首先，这一规律是无所不包的，而不只限于某一件物品。财富（包括一切形式的财富）的效用对更加富裕的人来说呈递减的趋势。如果把外套换成钱，每次给一个人一元，最后每一块钱的效用还是会呈递减的趋势。刚开始的钱能解决他生活的需要，到最后几乎对他毫无用处。这等于把同样的消费品连续不断地给同一个消费者，最后必然丧失物品特有的效用。如果效用递减规律能被应用到一般消费品而不仅仅是某一种商品上，那么科学就能向前迈进一步。我们也可以说单位财富对越来越富裕的人来说，其效用所起的作用会越来越小。

收入的继续增加，并不能总是说明已经获得的物品的消费量会随之增加，这是一个在所有对价值规律的谨慎估计中都能看到的事实。并不是所有的消费品都可以重复使用，而能够重复使用的消费品在出现了一个单位后，下一单位的效用就不那么重要了。比如说表，拥有了第一只后，第二只就不太重要了。对于目前流行的价值规律的说法，还有一点更加重要的修正，到底是什么东西是最后的消费呢？消费品自身，还是消费品的效用？在想象中，消费品的效用可能与完整物品的其他特性区别开来，但实际上它们是不可分开的。人们最后消费的物品在很大程度上是由物品的重要的特性组合而成的。

比如说，在富翁的餐桌上，没有哪一件完整的物品可以称为他最终的消费品；相反，他最后增加的消费品被混合进桌上的每一件物品。最后增加的单位量的食物由他吃的蔬菜、点心、肉类等，其中都含有他用最后一元钱买来的东西，这些东西构成最后增加的单位的食物。

从理论上来说，一个人所购买的供个人使用的任何物品，都含有混合的要素，其中就包括一部分最后消费的物品。随着一个人经济能力的增长，他首先要求增加的是物品的种类而不是单一物品的使用量。他需要质量更好、体积更大、外观更美的物品。他需要增加新的效用，不同于他之前消费过的物品的效用。如果他不能改良所购买的比较便宜的物品，那么他就可能购买改良过的成品。这样，他花掉的最后一元钱的结果是"物美"而非"价廉"。但是在经济条件不允许的情况下，他会安心使用价廉的物品。

例如，住是人类首要的需求之一，不管多么雄伟的高楼大厦，在满足这个人的首要需求时，其效用都是一样的。从时间上来说，最后盖起的住宅和其他所有的住宅一样，都是最后的单位。但是，房子主人最后增加的单位消费品却不包括这一整座住宅。纯粹的居住的需求代表了之前连续增加的所有单位中的一个。在这所房子的所有花费中，一些是人生最主要的需求——居住，一些是为了住得舒服和开心，还有一些是为了装饰和品位。至于最后增加的单位消费品，对房主来说，只是房屋中这些最后的价值因素。

很明显，从上面的例子中可以看出，最后单位的消费品与从时间上讲最后得来的单位消费品是不同的。就拿上述的房子为例，第一个单位和最后一个单位的消费品是同时买来的，其余的中间单位消费品也是一样。如果我们把一个人一年中的用款一单位一单位地付给他，让他根据需求按批购买消费品，他是没有办法做到的。例如，假定他一年有10000元的收入，分批支付给他，每次1000元，要他用第一个1000元购买第一个单位的消费品，第二个1000元购买和他地位相当的人所实际需要的第二个单位的消费品，最后一个1000元购买所需要的最后单位的消费品。那么，他要怎样做呢？他用第一个单位的收入来购买最便宜的粮食，然后用各次的收入陆续把粮食改造成为较精美的食品。但是，事实上他并没有想到这么办，而是用收入立刻购买精美的食品。在理论上，一个人在只有一个单位的收入归他支配的情况下，构成其第一个单位消费品的是所要购买的各种形式消费品中的经济要素或效用。一个人绝不会用他的第一个单位的收入来盖一所小房子，然后把它改造成住宅、大厦或宫殿式的邸宅。他一定是一次性把它建成一座宫殿式的邸宅。这个邸宅在经济意义上是等于一所小房子的，因为它首先具有供人藏身的能力。所以从上面的事实中可以对价值理论加以修改。

综合所述，无论用于消费或生产的财富，都可以列成一连串的单位，如果使用者是一次一次地购买物品，那么便可以按照他选购的先后来安排次序。由于我们不可能把单位分散开来一个一个地购买，所以一连串的单位都是假的。各个单位的消费资料和生产资料不是由完整的物品组成，而是由物品的各个要素组成，一连串单位的消费资料的数目越增加，最后单位的效用和单位的生产力越少。我们还可以证实：最后单位的消费资料的效用完全决定市场价值，而不是由全部物品的效用决定；最后单位的资本决定利息，而不是由全部生产工具的生产力决定。一种商品的最后用处不一定能决定商品的价值，同样，一种最后的生产工具的生产力不一定能决定利息标准。

第 2 章
生产与消费资料的边际效用

传统价值理论从心理学角度分析人的消费行为，认为要使一种商品全部售出，就应该降低商品价格，使无力购买的人能够获取一定数量的商品，已购买的人进一步增加购买量。这种理论固然有正确的一面，但是它不能说明哪些心理因素决定消费者购买或者什么时候停止购买。因此，消费心理需要用边际效用价值理论来解释。在现实经济生活中，每一种商品都含有不同的价值因素，具有不同的效用。商品的每个价值因素或效用都由与之相对应的经济阶层决定其价格。但是当这件商品作为一个整体在市场上对所有消费者出售的时候，它的每一种要素都作为决定商品总价值的、不可分割的成分在起作用，分别决定了商品总价值的一部分价值。市场可以衡量生产资料边际单位的效用。可以把不同的生产资料分解成各种要素。研究每个要素的效用，从而找出决定工资和利息的因素。通过这些研究得出"边际生产率说"，即劳动和资本的边际生产力各自决定工资和利息的分配。

第一节　边际效用

传统价值理论从心理学角度分析人的消费行为，但是这种理论不能说明决定消费者购买商品的心理因素。古典经济学家认为，商品价格与商品数量成反比，要提高销量就必须降低商品价格。通过进一步研究可以发现，消费者财富的边际单位才是商品价格的决定因素，而非边际商品。只有当消费者购买的商品为其边际单位时，商品效用才可能决定商品价格。这些规律对工资和利息的研究很有意义。

在实际生活中，传统的价值理论必须作出修正。我们可以举例加以验证：如在一个城市的任何一家商店，我们挑选出质量合格的商品，按边际效用理论计算出的商品价格，可能是商店实际售价的10倍还要多。这意味着在传统价值理论体系中，按照价值的边际效用理论，一个人要花500元才能买到实际值50元的大衣，实际值100元的表，要花1000元才能买到。以此类推，那些要买房的富翁们可能要花1000万元才能买到实际只值100万的房屋。所有这些都是价值的边际效用理论带来的，如果将它应用到全社会的商品上，势必造成商品价格的大幅提高——除了那些最便宜的和最坏的商品，形成与现有市场售价完全不同的价格。所以修正传统的价值理论势在必行。

关于价值理论，奥地利经济学家为我们提供了一种正确的思路。他们以边际效用的原则为根据，提出该学派的价值理论体系。在这里，有两点值得我们肯定：一方面，他们所依据的边际效用原则是正确的；另一方面可以肯定的是，我们必须改变他们在运用这一原则时所使用的方法。我们认为，商品中边际增加的单位——而不是全部商品，才是衡量效用的标准，而这一标准决定了商品的市场价值。

这里需要区别两个概念：已买所有商品中的最后一个单位，和他所使用的消费品中最后一次增加的单位。这两个概念有明显区别，前者是一件完整的商品，后者是指构成商品的一个边际单位。比如一件值50元的新衣服，一个人买了它，那么这件50元的衣服就是这个人衣橱中边际一次增加的单位。而买这件新衣服所花的边际5元钱，就是这件衣服的边际一个单位，它就是这件衣服的边际效用，同时也赋予了这件商品的衣服属性。但是，只有这边际的5元所得的效用才决定了这件衣服的市场价格，尽管它只是这一件衣服的边际一个单位。而之前所花的45元，只是其他价值的体现，完全和这件衣服的价格没有任何关系。

根据上面的例子，我们可以看出，大多数商品往往是由与商品价格没有直接关系的因素构成的，也就是说，这些因素与商品价格的变化没有直接的关系。有没有整件商品就是其自身的边际单位呢？这种情况也是存在的，但是很少出现。因为这种商品自身就直接决定了它的价格变化。商品可以分解为多种经济要素，评估这些不同经济要素的过程却很微妙。因此，认识市场对所售商品的影响需要很强的分析能力。

在实际生活中，必须对传统的价值理论进行修正。因为区别商品中边际的单位和边际的商品，对于工资和利息理论同样也很重要。可以认为，在经济生活中，边际增加的单位资本带来的效益才是衡量所有资本收入的标准。同时，这边际增加的资本也只是生产工具的部分因素构成，而非所有的生产工具构成。

古典经济学家认为，要使一种商品全部卖出去，应该降低商品的价格，使买不起的人能够买一些，已经买过的人可以多买一些。奥地利经济学家的价值理论实际上也同意这种看法。他们认为，为使某种商品能完全销售出去，商品的价格是与该商品的数量成反比的。但是他们又更深入了一步，从心理学的角度分析了人们商业行为——为什么商品价格下降时，消费者购买的商品数量却没有明显增加？例如一种商品售价一元，消费者买了三个，当价格降为九角时，他只买了四个。奥地利经济学派提出了消费者购买某种商品的限度原则，即消费者这样做不过是遵守一个一般原则，那就是花一角钱要获得可以得到的最大效用。通过这些分析，我们可以看出，边际的商品和商品中的边际单位的区别在经济生活中的应用是十分重要的。同样，我们现在研究的工资和利息就是以类似的规律为依据，这样的规律是某种经济变化的一般规律。

人们或许都有同感，一种物品的效用是随着物品数量的增加而减少的。比如一种商品，它的第一个单位是消费者生活中最需要的，是必不可少的，这时商品的效用为无限大。对消费者来说，这种商品的第二个单位的效用就要小得多。此时或许他就会选择其他商品的第一个单位。为方便说明这种变化，我们假设市场上售价一角的商品是各种商品的价格单位。在一天中，一个人按照满足他的效用大小排序购买物品，也就是说，购买什么物品是按照物品的效用递减规律来决定的。我们可以用下图（图五）来表示这种变化：

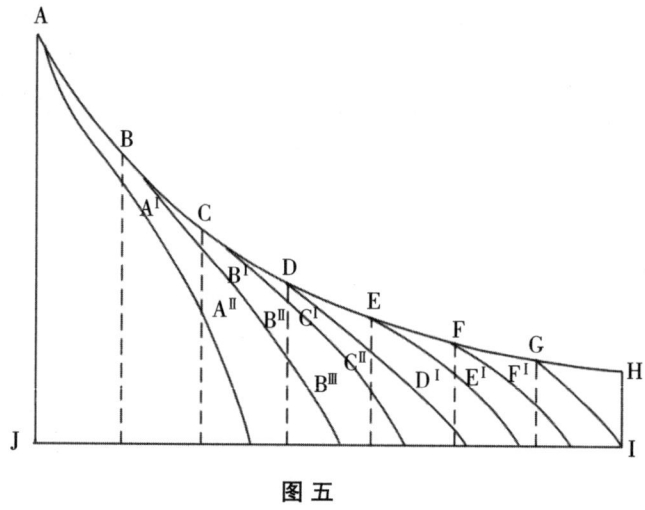

图五

　　假设图中字母 A、B……H 代表一天中某个消费者按次序购买的不同种类的价值一角的商品，每个字母到横轴 JI 线的垂直距离表示每一种商品对消费者的效用。那么字母 A、B……H 到横轴 JI 线的垂直距离表示这些商品的第一单位效用，A^I、B^I……H^I 表示商品的第二个单位，A^{II}、B^{II}……H^{II} 表示商品的第三个单位。以此类推，我们可以在图中标出每种商品的第四个、第五个单位。

　　消费者首先把当天要花的钱以一角为单位分成若干份，然后按最需要的物品、次需要的物品依次购买，直到边际，即最后他买回来的商品也是他最不需要的。根据上图，价值一角钱的 A 商品是消费品的第一个单位，B 商品是第二个单位。在购买第三件商品时，就有两种选择——C 商品或 A 商品的第二个单位 A^I。所以消费者要花两角钱购买这两种商品。随后要购买商品时，还有不同的选择——D 商品和 B 商品的第二个单位 B^I，二者有同等的效用。所以他要用两角钱来购买商品 D 和 B^I。以此类推，他还要购买有相等效应的商品 E、B^{II} 和 A^{II}。在购买 H 商品时，有六种商品具有同等效应，即 H、B^{III}、C^{II}、D^I、E^I、F^I，需要花掉边际的六角钱，此时消费者一天可支配的收入全部花完。总体算下来，他一天共计花掉两元一角钱。

　　我们在前面分析过，为了将商品全部销售出去，必须降低商品的价格。所以，消费者购买的不同商品的边际单位决定了各种商品的价格。他如果用这些钱购买其他商品，就不可能满足最大效用。也就是说，如果商品售价偏高，那么这种商品将不会成为人们购买的边际增加的单位。商品的边际单位将是消费者的购买底线，同时也是类似经济状况的人的购买底线。因此只有将商品售价降低到人们的购买底线，才能把商品完全销售出去。例如在上图中，假设 H 商品的定价再高些，那么这一等级的人们将会购买 I 商品。图中人们购买了 H 商品，它的售价也就成为这种商品其余单位的售价。

综上所述,商品的前几个单位的效用满足了消费者大部分需求,但是它们没有影响商品的价格;只有商品的边际单位真正决定了它的价格,虽然边际单位的效用要小于前几个单位的效用。上图中 A 商品和 B 商品的价格只取决于它们边际的单位,虽然它们的前几个单位效用很大,但是并不能决定商品的价格。然而正因为 A 商品和 B 商品的效用很高,即使出售者将售价提高,仍会有人购买,即消费者在购买某种商品的边际单位之前,所购买的一切单位都是净利益,我们称之为"消费者的租金"。一种商品前几个单位带来的净利益,是一种个人利益,虽然在数量上会有所差别,但是该商品前面几个单位带来的利益超过了边际单位所提供的利益。也可以说,前几个单位的效用是无偿获得的。而边际单位的效用则不会让消费者再次得到利益,因为效用和代价是相互抵消的。一个人购买商品得到的利益,也与他花了多少钱是相关的

如图六所示,A 商品各个单位的效用用 A、A^I、A^{II}…A^V组成的曲线表示,图中垂直的线条 AB 表示第一个单位的效用,$A^I B^I$ 表示第二个单位的效用,垂线 $A^V B^V$ 表示边际单位的效用。那么如图所示,除了边际一个单位外,前几个不同次序的单位构成级差利益,即为 $AC+A^I C^I +A^{II} C^{II} +A^{III} C^{III} +A^{IV} C^{IV}$。这些闭合部分的面积,我们可以看做是消费者从 A 商品中得到的租金。这种无偿获得的级差利益、消费者租金,也即上文阐述的无偿获得的效用,是不能决定商品售价的。这个原则是经济生活中的普遍原则。

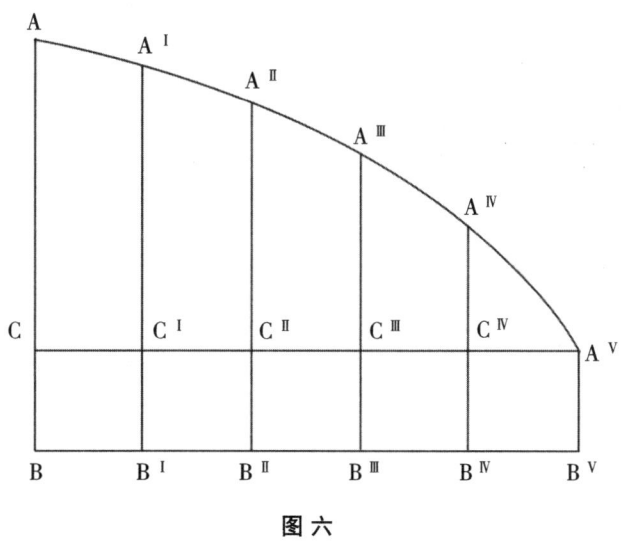

图六

于是就有这样一种情况,各种商品为了赢得消费者关注,都在边际单位展开竞争,势必形成在某种商品的一系列单位中,不影响商品售价的、前面单位的

效用逐渐递减，而且总是大于边际单位的效用；在各种商品之间，几乎用同样的价格得到相同的边际效用。

然而在社会经济生活中，很可能会出现商品的边际单位并不能决定商品售价的情况。这种情况也确实存在。现实生活中，商品各单位之间的效用曲线不是一直向下弯曲，而是由有一定距离的、不同的点连接起来。例如在图五中，字母A^I、A^{II}、B^I、B^{II}代表了商品的不同效用点。某种商品的第一个单位的效用和第二个单位效用之间会有很大的差距，这种差距同样体现在商品的效用曲线上。在这种情况下，消费者所买商品的售价可能不受边际的单位的制约。此时，他可能宁愿出高价也要买到某种商品。对于他来说，在高价所买的这种商品的效用要比同样价格买到的其他商品的效用大得多。在图五中，由于不同商品对消费者的效用不同，可能A商品和G商品的价格涨了几倍，他还是会买，但是当这些商品的价格跌到谷底时，他也不会多买。但是，图五中，B^{III}、C^{II}、D^I、E^I、F^I等商品才能决定该种商品的价格，因为如果这些商品价格上涨，消费者马上就会转向购买其他替代品。

所以，我们应该探索一下为什么商品价格稍加提高，人们就不再购买的原因。在图五中，富裕消费者购买多种商品，并且能够多次购买同种商品，因此商品价格的上调对他没有多少影响。但是对于那些不富裕的消费者来说，增加一个单位的A商品，就是他边际增加的消费资料单位的一部分。在这些人看来，他们用边际的收入购买的A商品的效用和其他商品的效用是相同的。如果A商品的价格有所提高，那么他们就转向购买其他商品，因此一部分A商品就会卖不出去。至此，我们已经对价值理论作了一些探讨，较详细地说明了它的相关内容。消费者购买的某些商品，其效用大小构成一种效应曲线，这些商品的各个单位，在效应曲线上所表现出的间隔就组成价值理论的一个片段。因此，我们必须把整个社会视为消费者，才能真正理解价值理论。在这种情况下，提高一种商品的售价，就会造成一部分商品不能卖出。同时，提高一种商品的售价，就会把消费者分为两类：一类是占重要地位的个别消费者，他们的购买行为能决定某种商品的价格；另一类是普通的消费者，商品的价格和他们没有太多的关系。

正如我们在本章开始时指出的，必须对价值理论进行修正，我们提到的原则就是对传统的价值理论的修正。但是不能片面地认为这就是对效用理论的总体修正。真正决定商品价格的是消费者财富的边际单位，而不是边际的商品。在全世界也找不出这样一个人，他认为C商品就是他的边际效用。也就是说，对于所有消费者，某种商品不可能是他财富的边际单位。我们在前面已经探讨过，当消费者购买的整个商品是他的边际单位时，商品的效用就是决定其价格的因素。在多数情况下，某种商品的一种要素才是决定其价格的因素。假设C商品是一处豪华的房产，不仅能提供住宿，还可以满足其他多种欲望。此时这处房产就有多种特性，所有的属性混在一起，包括真正的边际效用。只有边际效用才决定房产的价格，而其他效用则对房产价格没有影响。

通过以上论述，我们可以概括出现行价值理论的要点，这些要点我们可以认为是定理，这些定理不仅适用于商品价格变化，还适用于资本，而且适用于经济生活中工资标准和利息标准的分配。这些定理是：

1. 在商品价格的变化中，有且只有消费资料边际增加的单位可以作为依据。
2. 整个商品很少可以成为消费资料的边际单位和决定其价格的单位。
3. 商品必须对人有价值，其价值只能通过消费者认可的效用来验证。
4. 大多数商品具有不同的特性，这些特性对人的不同效用，组成一个真实的商品。
5. 商品的价值只能产生于经过市场检验的、商品的所有效用中。
6. 某种商品的所有效用中，只有一种效用构成消费资料的边际单位的一部分，其他效用都在边际之内。对于消费者来说，这些效用是较高的效用，但是不能决定这种商品的价格。
7. 市场上商品的价值，只有通过边际效用原则来体现，必须把边际效用原则分别应用到商品的不同效用和不同服务特性之中。

我们还必须改变边际效用原则的使用方法，传统价值理论通常把它应用到所有的商品中，这样就造成商品的理论价格远大于它的市场价格。边际效用原则应该适用到商品的价值要素上，这样商品的理论价格就和市场情况相吻合。传统的价值理论从心理学角度揭示了消费心理对商品价格的影响。在市场中，只有人们的利益才能决定一种商品的价格。也就是说，一种商品有不同的服务属性，只有分别检验商品的不同属性对人们的效用，才能真正估算出商品的价值。

也许有人会对这种细致的分析有异议，但是如果我们不彻底弄清消费者的消费心理，那么我们还不如采用那种抛开市场消费心理、简单且陈旧的价值理论。传统经济学家约翰·斯图亚特·穆勒曾说，一种商品的定价如果太高，就不能全部卖出去，只有降低售价，一直降到吸引新的消费者购买，原有的消费者多买的时候为止。表面上这种言论是正确的，但是当我们了解是哪些因素决定消费者购买或者什么时候停止购买商品的心理时，这种言论便没有什么价值了。我们如果真的要了解影响消费者购买商品的心理因素，就必须找出商品的各个效用是怎样测量的，以及市场怎样受测量的支配。于是我们只有考察这些效用在市场上的表现，才能看出价值和由价值产生的分配是怎样运行的。

第二节　商品的价格评定

在经济生活中，每一种商品都含有不同的价值因素和效用。不同阶层对商品效用的体会不同，对于稍微贫困的阶层来说，贵重物品的各个效用可能都是边际效用。商品的特定效用能对商品价值和价格起到决定性作用，但是由于消费群体的复杂性，商品总体价格的评定十分困难。此外，商品要素的复杂性也是商品价格评定的障碍之一，质量合格的商品由很多要素构成，每种要素都会对商品价格和价值起到一定的决定作用。

对于消费者，每一种商品有且只有一种效用，这是价值规律起作用的最简单的条件。我们假设这是事实，然后在研究一种商品的几种不同效用时再作出相应修改。

心理学认为，在同一时间，两种同样的利益不能被一个人享受。也就是说，在某一时间点，一个人在享受一种利益，就不可能在同一时间里，再给他与第一个利益完全相同的另一个利益。如果真要这样做，那就会陷入精神上的困境，就像一个人要把两个完全一样的实物放进同一个空间。所以，这两种完全相同的效用是不可能同时被消费者享用的。一个人是不可能同时享用两种完全相同的娱乐。如果真想这么做，就必须按次序分出先后。

在现实生活中，如果在一个时间点上，一个人同时拥有两种只有一个用途的商品，那么这个商品的第一个单位就有正的效用，而第二个单位有负的效用。对消费者来说，这时除了第一个单位以外，以后任何的单位都是一种妨碍。例如，一个人获得一件外套，他就不会急需第二件相同的外套。如果他有第二件外套，而这第二件外套没有其他效用时，他很可能会将第二件外套送给向他乞讨的乞丐。

此时，效用曲线是不能表示这种商品的效用的。可以用图来表示商品各个单位的效用的变化，如图七所示，商品各个单位的效用就会从正数点突跌到表示负数的一点上。假设横线 GH 是中间线，GH 线之上的部分表示正效用，GH 线以下的部分就是负效用，也叫反效用。垂线 AG 表示 A 商品的第一个单位对消费者的效用，垂线 $A^I G$ 就代表商品的第二个单位的反效用。同样，点 B、C、D、E、

F 到横线 GH 的垂线表示这些商品的第一个单位的效用，而点 B^1、C^1、D^1、E^1、F^1 到横线 GH 的向上的垂线就表示这些商品第二个单位的反效用。图中唯一的曲线就是连接点 A、B、C、D、E、F 的向下弯曲的曲线。这条曲线说明商品 A、B……F 的一系列效用递减的趋势。点 A、B……F 到横线 GH 的各条垂线代表着消费者只能获得的每种效用的重要程度。

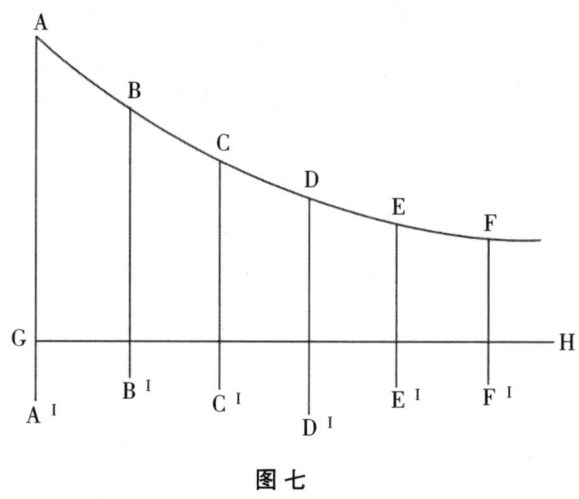

图七

我们从图七中可以领会价值的基本规律：在一切完全相同的效用中，任何商品第一个单位的效用都为正数，第二个单位之后（包括第二个单位）的各个效用都为负数。并且同时拥有的相同的效用越多，向负方向增加就越多。例如消费者已经拥有 A 商品，这时第二个不需要的单位带来的麻烦，就远大于第一个不需要的 A 商品带来的麻烦。而第三个甚至更多的不需要的单位将会成为消费者的负担。

上述例子是建立在商品的主要用途之上的，有时为了某些次要的效用，我们也常常把商品用于非主要用途。例如一块面包，人们可以吃掉一部分，另一部分用来喂狗。此时又出现了新的消费者：一个有着四条腿的生物——狗。由于狗主人的关心，就打破了一个人不能同时享受两种同样的利益的心理困境。

因此，在消费者同时拥有两件同样的商品且不限制商品的使用期限时，消费者可以经常享受到商品的次要效用。例如，一个人在市中心和郊区各有一套房产。两个地方的家具、装饰品、各种日常设备等都完全一样。他在这两处住宅里轮流住宿，这样每天他都能使用同样的日用品。其中一套日用品实际效用就在于避免把另一套来回搬运。从商业上讲，这是两套一样的商品，但是在经济学中，这是两种根本不相同的商品。第一个单位的商品满足了他的日常需求，而第二个单位的商品虽然对他有一定的效用，却是满足他的另一种欲望。

现在我们假设所有的商品只有一种用途——这并没有违背价值所依据的原则，这样我们将更清楚地了解决定商品价格的因素。此时我们暂不考虑上面的拿面包喂狗的例子，也就是说，暂且忽视商品通常所能提供的非主要用途。这样一来，市场上出售的所有商品都可以按效用区分开。但是要注意的是：在一系列商品中，我们在同一时间只能使用一种效用，第二个效用这时是没有价值的。于是图七就表明了哪种商品对市场价格起作用，即图中F商品才真正是市场价格的决定因素。假设图中商品A、B……F的售价均为一元，那么除F商品外，其他商品都是消费者的净利益或是"消费者租金"，不在消费的边际上。提高任意一种商品的价格，都不会造成这种商品的滞销。但是如果消费者的边际购买单位是F商品，如果提高F商品的价格，他就可能转而购买其他商品。对于消费者来说，图中商品A、B、C、D和E都不能决定市场价格。

下面我们将探讨决定商品A、B……E的市场价格的因素。假设提高这些商品的市场价格，在全社会范围内，由于全体社会成员的消费水平不一样，这些商品必定在一些地方卖不出去，例如，E商品对于有些消费者来说就是边际商品，这时E商品的售价必须能够让这部分人能够买，否则就会滞销。同样商品A、B、C和D都是对应层次消费者的边际商品。在单独考虑某一种商品时，它们都有自己对应的购买者。如果提高它们的售价，就会失去一部分购买者。所以为了把商品卖出去，就必须制定合适的价格，留住那些决定商品价格的社会阶层。

在经济生活中，有没有商品的其他销售形式？比如将不同的商品打包出售，这时会对价值规律产生什么样的影响呢？可以假设这样一种形式，即把所有的商品按照某种方式打包整体出售。例如第一集合包括A、B……F所有的商品，第二集合包括A、B……E，第三集合包括A、B、C和D，第四集合包括A、B和C，第五集合包括A和B，第六集合只有A商品单独出售。在第一集合的商品A、B……F中，A、B、C、D和E都没有决定价格的能力，在和F商品捆绑销售时，它们同样绝对不会影响商品的价格。对于消费者来说，F商品仍然是价格的实际决定者。富裕的消费者仍然可以购买A、B……F的所有商品。在这些商品中，F商品的效用程度才能真正调整价格。

假设提高F商品的售价将会出现什么情况？这时消费者将不会购买第一集合的商品，他将选择不包含F商品的集合。这时，E商品就成了消费者购买的边际商品。类似经济状况的消费者也都会选择第二集合的商品。于是就形成第二集合商品的热卖，第一集合的商品需求下降。由于生产必须和需求相适应，势必就会造成减少包括F商品的第一集合的生产，增加不包括F商品的其他集合的生产。其实这种情况和各种商品单独销售是一样的。此前我们已经谈论过，提高F商品的价格必将使一部分消费者转而购买其他商品，只有其价格恢复到原来的水平才能重新吸引流失的购买者。总体上说，F 商品是它的相应消费者阶层的最低限度的商品，其价格必须与该阶层的需求程度相适应。

以此类推，决定 E 商品价格的因素也是由和它相适应的购买者来决定的。在 E 商品价格提高后，这部分消费者将不再购买含有 E 商品的第二集合，而去购买以 D 商品为边际商品的第三集合。E 商品的价格恢复后，消费者还会来购买第二集合的商品。因此这一财富阶层的消费者确定了 E 商品的价值，并确定了它的市场价格。同样认为 D 商品是边际商品的阶层，他们决定了 D 商品的市场价格。综上所述，在社会经济生活中，每一种商品都有与之相对应的消费阶层，这些阶层决定了相应商品的价格。有时某个阶层的消费者也可能参与评定其他商品的价格，但是这种评定不会决定这些商品的价格。

通过对不同情况的分析，市场上商品价格调整的动态过程已经呈现在我们面前。除了那些最便宜、最坏的商品外，每种商品都同时拥有几种不同的用途，形成一个效用复合体。没有用的东西人们是不会买的。此前我们也已认识到，在研究决定市场价格的因素时，效用是必须考虑的唯一因素。所有的商品都有多种用途，但都必须通过市场来检验其效用，制定其价格。每一种商品——最便宜、最坏的除外——都具有不同的效用特性。在这些效用特性中，决定商品价格的只是那些边际特性，其他特性并不直接影响商品的价格。

假设字母 A、B……F 代表某种商品的六种不同效用（注意是六种不同效用，而不是不同用途的六种商品）。那么对于购买者，该商品就有六种用途，也即在同一时间点，有六种不同的用途供他选择。这六种效用依照字母 A、B……F 的顺序逐渐减弱，此时 F 效用就成为该时间点上唯一的价格决定因素。尽管这种商品有六种效用，但是如果提高其售价，消费者就会去购买不含 F 效用的其他低一级的商品，此时含有 F 效用的商品就会卖不出去，人们会选择含有 A、B……E 效用的商品。这样 F 效用的需求下降，进而导致商品价格恢复到以前的水平。

在实际经济生活中，质量好的商品的价格通常会遵循上述变化。只不过我们描述的情形不像现实中那样细致。因此商品边际效用的价值变化带来供求关系的变化，进而影响商品价格。

我们可以举例说明：一艘游艇，因主人经常不用而停在湖中，这艘游艇就是具有多种用途的复合体。仔细分析它的价值特性就会发现，它的价值体现在一系列效用之中。按照其效用的大小，我们可以将这一系列效用列举出来：

1. 帮助人浮在水上——这种效用一棵枯树也能做到。
2. 帮助人渡过深水处——一大块木材也能办到。
3. 使乘坐者不被水弄湿衣服并能运送行李——普通小船也有这种效用。
4. 快速乘风破浪地航行——一艘不错的帆船也有这种能力。

5. 满足拥有者的审美爱好——一艘经过装饰的漂亮船只就有这种效用。

　　于是，这艘游艇有五种不同的效用，最重要的是第一个效用。只有拥有一种水上工具，一个人才能在水上航行。所以，帮助人浮在水上才是一艘游艇的第一效用。假如那个人要乘船游湖，那么，他对于可以在水上航行的东西的效用，便会无限度地估定它的价值，即使那个东西只是水里的一棵枯树，但是枯树的水上航行的效用，却比最好的游艇的其他效用重要得多。在游艇的所用者看来，精致的游艇的所有因素中，最重要的是在水上航行，尽管这一因素实际上只等于一棵可以浮在水上的树。第二个重要的效用是行动的能力，一块光滑的木头，也有这种效用。第三个效用是游艇空间的大小。第四个效用是游艇的快速航行能力。第五个效用则是装饰得很漂亮的游艇能满足人们的审美情趣。

　　我们可以认为，一艘游艇其实同时等于五种物品：一段枯树干、一块光滑木头、一艘小船、一艘空间很大的帆船和一艘精美的船。船主人购买一艘游艇，实际上具备了这五种物品的一切属性。但是，我们必须意识到，在经济意义上，只有第五种效用才是这艘游艇的边际效用。一艘完整的船有不同等级的效用，但却不是边际效用。假设在经济层面上，一艘游艇的价格可能为75美元，但是如果按照它的不同效用分别购买时，船主需要花费1000美元。游艇浮在水面上的功能，最少要花费500美元；使人往返渡过深水的能力，值300美元；运输能力值100美元；快速航行需花费75美元；边际的装饰费用值25元。每一种效用都对应着自己的边际商品，如果消费者按照不同效用的方式购买的话，所有这些边际商品购买下来，至少要花费1000美元。

　　所以，这艘游艇的边际一个效用——满足拥有者的审美爱好，才是真正的边际效用。如果装饰这只游艇需要花费30美元，那么渔民就会购买没有华丽装饰的船只。这样一来，市场上装饰华丽的船就卖不出去，装饰一般的船需求量大增。导致生产这两种船只的工厂调整生产数量。边际的结果是，市场上船只的总体数量没有变化，但是具有第五种效用的船只数量减少，没有华丽装饰的船只数量增加。就一艘价值75美元的船只来说，华丽的装饰才是游艇的边际效用，也就是决定其价格的唯一标准。

　　或许会有人问，怎样估算游艇其他效用的市场价值？我们将分别予以说明。如果对于一个富裕的消费者来说，游艇的第四种效用是他们的边际效用，那么他们就不会购买含有第五种效用的船只。他们花钱的目的就是为了得到一艘快速航行的船只，那些边际效用是第四种效用的船才值得他们掏钱购买，才能使他们愉悦。于是这艘船的价值就等于他们花费的钱，但是在购买者看来，游艇的其他效用——浮在水面上的能力以及其他效用的价值就远大于整艘船的价格。这种效用实际上就是净利益或"消费者租金"，这是比边际效用更大的利益。因此，对于这一经济阶层的消费者来说，这艘船的第四种效用才是其价格的决定因素。在市场上，这种效用价值20美元，消费者只要掏出20美元，就能拥有这艘船的所有效用。

同样，游艇的第三种效用，是另外经济阶层消费者的边际效用。这时，这些消费者对第三种效用的需求就决定了对应船只的市场价格。他们只在乎船的空间舒适感，而不需要快速航行能力，对应他们需求的效用价值15美元。以此类推，另外经济阶层的消费者决定第二种效用的价值为10元，其他经济阶层消费者决定了第一个效用价值5美元。于是，一艘拥有五种不同效用的游艇，就需要五个不同的经济阶层来决定其市场价格。此时，对于整艘船来说，边际效用规律的表现类似于它在船的各个不同效用上的表现。我们前面分析过不同效用的商品打包销售的例子。这里的游艇就相当于各种效用打包在一起的商品集合，只是集合内包含的商品种类不同，有的集合包含全部五种商品，有的包含四种、三种、两种。实际上，这些不同集合中包含的商品并不都是边际效用商品，对于所有消费者来说，一种集合的商品从来就不是他的财富的边际单位。但是这些不同的商品集合，分别对应了不同的经济阶层，根据不同商品集合的边际效用，这些不同的经济阶层决定了各个商品集合的市场价格。这样，这艘游艇就有五种价格，分别是25元、20元、15元、10元和5元。但这五种价格只是其不同效用的价格，因此整艘游艇的市场价格就是75元。

这种现象同样适用于市场上出售的手表，假如把市场上手表的价格提高，那么想买原价为100元的手表的消费者，就会舍弃装饰华丽的手表，转而考虑从前只卖90元的手表；另一经济阶层的消费者，就会购买原来值80元的手表。手表并没有被各个经济阶层舍弃，他们舍弃的仅是手表的某些效用。但是对于那些原来只能买价值1元手表的消费阶层来说，他们只好放弃购买手表的念头，因为市场上没有更便宜的手表了。对于这些消费者来说，最低价的手表就是他们的边际效用。要想将所有的手表卖出去，就必须按照这一阶层消费者的消费能力确定最低级的手表价格。

似乎上面的论述有些深奥，但实际情况是：这些完全是真实的市场动态，当今社会的商业性质，就是建立在把商品分解成不同的效用基础之上的。但是如果把边际效用原则决定商品价格的方式应用在所有商品上，那么使全世界的工厂生产的商品、各种运输工具运送的商品、各种商店展示和销售的商品都会完全改变。如果市场在传统的价值理论的支配下运行的话，我们就要完全改变所有商品的价格，进而改变社会上生产、使用的各种商品的价格，最终使整个世界的经济生活出现根本性改变。因为到那时，质量合格商品的售价将是现在的几倍以上。

在研究价值理论时，我们必须意识到：价值是一种社会现象。虽然商品价格是由其边际效用决定的，但是这种边际效用最终会影响整个社会。在现实社会中，对于某些经济阶层来说，某种贵重物品的各个效用都是边际效用。此前我们曾经举过一个例子，一个宫殿所包含的小屋。对某些经济阶层，宫殿中的小屋就是他们的边际效用，这些人决定了小屋的市场价值。我们把小屋看做是宫殿的一个因素，这一因素是整个宫殿的各个价值因素中的第一个因素。在宫殿的所有经济因素中，它可能只值100元，是最低级的一种。这间小屋和一间舒适的房子的效用，可以看做是第二个价值因素，它们也有自己的边际购买者。如果先建小屋，再将其改为舒适房子，那么这两个价值因素是在不同的时间内产生的。但是，实际上只建舒适的房子，而不盖小屋，这所用来代替小屋的舒适的房子，其价格是由第二级消费者按他们的需要来测定的。因此，宫殿里的每个价值因素，都有与其相对应的经济阶层决定的价格。同样，如果一只手表有十种不同等级的效用，那就必定通过十个不同的经济阶层，来决定手表最高等级的市场价格。而这十个不同等级的经济阶层，都有自己相对应的边际效用，并分别决定了手表不同经济因素的市场价值。因此在经济社会中，质量合格的商品包含了不同的要素和不同的效用，当它在市场上向消费者出售的时候，它的每一种要素都作为决定商品总价值的、不可分割的成分在起作用，分别决定了商品总价值的一部分价值。我认为，在合理评定商品的市场价格时，没有其他的方式可以作出评定。还有一点需要说明，那就是对社会全体消费者来说，这种商品的各种不同效用都不会是边际的效用。

第三节　工资和利息的评定

同商品一样，资本也可以分为不同的单位，边际单位资本的生产力决定其收益情况。竞争是经济社会中的天然法则，它促使企业将资本的效用发挥到极致，否则会惨遭淘汰。也就是说，企业家边际资本生产力的收益至少要与贷款利息相等，这样才能生存。资本边际单位的收益决定利息标准，这种边际是指某种生产工具的性能。劳动也存在一个边际区域，它促使劳动力在不同行业自由流动，并最终决定劳动者的工资水平。

研究利息是怎样在经济社会中得到调整的，就必须找出其中的决定因素——那些在生产资料中居重要地位的、决定资本收益的因素。

资本也可以分成不同的单位，其中它的边际单位的生产力决定了资本的收益。但是这种边际的单位类似于商品边际的单位，通常是指生产工具中的因素，而不是生产工具自身。如果我们在生活中购买消费品，并能得到更多的满足，就增加了我们的消费资料。同样，如果我们获得更好的生产工具，也就增加了我们的生产资料。在生产中，机器有时会坏掉，如果我们用高价的高性能机器替代坏掉的机器，那么我们的资本就增加了一个边际的单位。但是利息标准却是由这一增加的边际单位决定的。对于获得贷款的企业家来说，资本边际单位所生产的商品必须等于所付的利息。在经济生活中，资本边际的单位生产的商品，就是那些通过让他人或企业家改造已有的房屋、提高机器的性能，或者提高机械设备自动化能力、提升引擎的效能、提高生产资料质量等所带来的产量增加部分。

我们已经知道，在少数情况下，消费资料的最后单位包括了整件商品。比如说，在日用品中，当我们购买一件市场上价格最低的商品时，它就构成我们消费资料的最后单位的一部分，其他人在购买它时都不会多掏一分钱。此时，这种价格最低的商品就成为同种商品的价格标准。因此，在生产领域，也会存在整个生产工具作为生产资料的最后一个单位的情况。此时，利息的标准就由这种生产工具的全部产量来确定。同样，如果我们买的其他商品也还是最廉价的，比如铁铲、锤子甚至马车等生产工具，那么这些生产工具就是我们资本的最后一个单位。

但是这种情况在经济生活中只占很少一部分，并且对利息的影响也很小。

随着社会的不断进步，各种产业也在发展，从而带来生产资料质量不断提高。可以从以下情况看出各种生产设备质量的不断提高，比如建筑越来越高，铁路越来越平直，引擎效能更高，轮船速度更快，火车牵引力更大、车厢更长。由于这些生产设备的改进，我们获得了更多的产品带来的利益，这些利益决定了企业所借资本的利息标准。因此，从整个社会范围来讲，商品中的最后生产因素带来的效益，就等于社会一切资本应付的利息。

可以肯定，随着社会财富的增加，生产资本所制造的货物越来越多，质量越来越好。但这些变化，对资本的利息标准没有什么影响。确实，我们在提高机车性能的同时也制造了更多的机车，但是新的机车大多不是为了代替原有坏的机车，所以我们不能把整个新型机车作为生产资料的最后单位。例如，铁路公司为了增加运输能力购置一台新型火车头，而不是用来替换坏掉的那台。那么这个新型火车头基本不能算是资本的最后单位，除非在公司削减资本时废弃不用。在现实中，一种生产工具质量的好坏是依照和它相配套的一系列生产工具的质量来判定的。例如，新型火车头的质量要靠铁路路基、铁轨、列车甚至桥梁等的质量来评定。因为如果好的列车、铁轨却用坏的火车头牵引，这是很不经济的。生产中必须考虑各种生产资料的相互搭配。比如在一台好的机器设备中配上一台坏的机器，最终会使整套机器设备的生产效率下降。同样，好的列车配上坏的火车头，就不能发挥其创造财富的效能。若要达到最佳效能，就必须改善整个铁路的各种设备，就像火车头、车厢、铁轨、货仓等，使之达到相似标准。从经济学角度讲，投资在铁路上的资本的最后单位就是那些使一种设备与其他相关设备完美结合的投资。

换句话讲，货币可以看做是现实资本从 A 转到 B 的一种媒介，在有些情况下，它以资本货物的形式存在。还是以火车公司为例，火车头、车厢、铁轨、房屋等都属于资本货物，它们体现了铁路的所有资本。但是，在我们辨别哪些是这种资本的最后单位和利息的决定因素时，就不能从这一系列的铁路配套设施中随便抽出一种，称之为资本的最后单位。我们必须从整体的角度考虑，找出最后的生产因素。对此，我们可以假定当初铁路公司在建造铁路时缺乏资金，这时就必须修订原计划，那么哪一部分会成为削减对象呢？如果铁路公司是按照通常的方式来进行缩减的，它几乎要将原有计划中各项设备都降低一些，如不必要的列车、火车头、路基和房屋，也可能会放弃一些工具，但是这些工具一定是最简陋、最低廉的。

但是上述这种方法在有些时候是行不通的。例如一段铁路是整个铁路系统的一个部分，这段铁路就必须为整个系统的车辆服务。于是建造这段铁路的各项标准都必须达到让系统中所有列车通行的标准，否则就会造成更大的损失。这就说明，如果将生产系统中的一部分不适当地进行削减，反而适得其反。这里的一段铁路，并不是生产设备的全部，而是整个铁路系统的一个组成部分，只有铁路系统才是必须考虑的整个生产设备。如果在建造整套铁路系统时要削减资本消耗，并且可以降低建造质量和数量，铁路公司就必须考虑所有的铁路环节，降低整个系统中各部分的设备，保持整体的完善运行，不会只降低某一段铁路的资本消耗，使其他部分维持原计划。在此，我们必须意识到，我们考察的是整个产业机构的资本的最后单位，就整个铁路系统而言，资本的最后单位不是某一分公司的某一部分，而是整个铁路系统的最后单位。

反过来，或许铁路公司在建造铁路的时候获得的资本比预算还要多，那么它会怎样处理？会按原计划建造铁路、购置车辆、建造房屋，然后再多购置几列车厢或火车头，加盖几层楼房吗？很明显，经营者会作出肯定的选择。对于一下子增加的生产资料，可以改善许多东西的效用。不管怎样考虑，经营者都会增加那些生产要素的。

实际上，我们讨论的铁路公司的资本的最后单位就是两种不同运输设备的差别。一种是资本充足时，这时就会充分利用现有资本，建造各种设备的完美结合的铁路系统。另一种是资本不足时所能建造的铁路系统。这种现有铁路和可能建造的铁路存在的质量差别，就是那条铁路现有资本的最后单位。其模式为：最后单位的产量＝铁路实际所有的收益－铁路质量较低时的收益。

从上述论证中可以看出，铁路产业资本的最后单位不是具体的、可以从资本货物中抽出的设备。它的最后单位包含在整个铁路系统的各种设备之中，甚至包括司机、乘务员、站长等保持运输畅通的必需部分。要估量这些部分的生产效能，只有通过与次一级生产设备相比来衡量。

要作出这种衡量，可以通过长时间测算来实现。我们可以让铁路的全部设施，包括列车、房屋等设备逐渐变坏。此时如果没有其他影响铁路生产效能的情况出现，那么就可以通过设备损害前后收益情况作出比较。但是如果这样做的话，我们会遇到两种困难：一是其他影响因素不可能不存在；二是各种设备在使用中因磨损而失去的效用和因资本不足所损失的效用是不相同的。任何人也不会为了衡量资本的生产效能而去做这种试验。

但是企业家可以通过实际体验来判定最后单位资本的生产效能。这里最后单位资本，主要体现在工厂设备中最后的质量要素上。假如有两台设备，除了损坏程度不同外，其他完全相同。那么对于这两台新旧不一的机器，能不能真实得到其生产效能的差别呢？还有一种情况，假设有两台成本不同的新机器，一台质量更好些，那么这两台机器之间的效能会有多少差距呢？假设这些做法都能实现，那么企业家同样可以测出整个设备的不同部分之间效能的差别。他可以将设备分成若干份来具体衡量。他会发现，如果改善某一部分的质量，他会得到多少收益，而降低某一部分的质量，又会受多少损失。

这种试验同样会遇到困难是：降低某一设备的性能，可能影响所有设备的功效，但是如果小心行事，这种影响或许会减少。同样，企业家在做这样的试验时，必须避免从整体设备中取出一种必需设备而产生设备失调的状况。毫无疑问，人们可以用这种做法来衡量资本的最后单位的效能。尽管这样的试验会有困难和偏差，但是，企业家还是能够得出同种设备的不同损害程度，以及不同成本的设备之间收益的差别。

在经济生活中，这样的试验总是在继续着。商人、工厂主都会经常在生产中进行着类似的试验。在现实中，这也是完美利用生产资本的复杂过程的一部分，同时也是非常重要的部分。因为人们可以有意识地随时衡量最后单位的效用。只是有些具体情况是无法判定的，比如，应该舍弃哪种很便宜或者很贵的工具，以及哪种工具是必须保留的等。

此外，竞争也是一种值得认真研究的衡量方式。竞争淘汰了那些不能使资本得到最大效用的工厂。在一个工厂里，如果对所有设备都经过了适当的选择，每一件工具的最后生产要素产生5%成本的净收入，如果借贷资本的利息也是5%，那么这个工厂主就能经受住竞争的考验。假设工厂资本的最后单位获得利益是5%，其借贷资本的利息也是5%，那么工厂主所有的资本货物必须经过适当调整，使各部分的最后生产要素所产生的标准与其他竞争者的利益标准相同。竞争淘汰了产量低于标准数量的生产者，使得各人的资本最后单位产生相等的收益。如果利息是5%，而生产者资本的最后单位所得的收益只有4%，那么工厂主就有1%的亏损。为了避免陷入绝境，工厂主就必须提高资本的收益效率，最少应提高到社会一般标准，即5%的水平。

我们认为，决定利息的因素是社会资本的最后单位的收益能力；但是最后的单位并不是整个工具自身，而是生产工具的性能；竞争使资本货物的最后生产要素的收益能力达到某种标准，低于此标准的就会被淘汰。低于工具的最后生产要素标准效能的任何一种生产工具都会被淘汰。

这些结论，还与下面的假设有联系，即追加的资本其效能表现在它带来的物品的新效能。我们可以假设工厂的工人数量不变，而资本是按人口比例增加的。因此企业家必须购置更好的设备。如果工人数量增加一倍，资本同样增加一倍，那么企业家就不必提高设备质量，只要配给新工人同样的工具即可，此时资本就会按自然的方式增长一倍。但是由于厂房面积是固定的，因此在扩大资本时，还必须改变生产的商品的性能。我们必须意识到，所谓资本按自然的方式增长，是指资本数量增加，但工人数量不变。在10个工人对应10个资本单位时，资金有一定的形式；当10个工人对应20个资本单位时，资金形式就发生了改变。此时工厂的设备性能也会提升，但是衡量新资本的因素只能是工具质的改善，而不是量的增加。因此，资本最后单位大都是以质的变化来体现的。

实际上，资本货物并非企业竞争的主体，它的竞争的主体是资本。企业家所争夺的资本并不是具体的、可见的、有多种用途的实物。利息标准是在竞争中确定的。如果一个企业家能够从一部分资本拥有者中获得更多的收益，他便会付出更高的利息来争夺资本。因此资本是流动的，而具体体现资本的物品——资本货物却是不能自由移动的。对于不同的人，资本货物的用途不同，所以不同工厂之间不会为资本货物产生太多竞争。

虽然有些看似对立的论据存在，但是利息的最后生产力理论仍然是正确的。这些论据表现在以下几方面：

1. 利息应与社会资本的最后单位的收益相似。
2. 最后单位不是指生产工具自身，而主要是指生产工具的性能。
3. 工具的适用范围有限，一种产业所用的工具大多对其他产业没有用处。
4. 工具的性能是不可能被转移的。
5. 每种产业资本的最后单位，与该种产业不可分割。
6. 资本是流动的，因此是人们竞争的对象，而利息标准就是由这种竞争确定的。

资本和利息之间有着多种看似错误、实为正确的结论。其主要表现在：普遍存在的资本竞争的目的是为了将资本转化为具体的东西而进行的多样争夺。资本原来并不存在，只有企业家拿来用于生产时，才真正成为资本。美国价值1000亿美元的资本货物大多是作为某种用途的工具，并且通常情况下都是用于恰当的用途。

当企业家之间争夺资本的最后单位时，其实质就是在争夺一种东西，有了这种东西，他的所有设备都会得到协调发展。他会认为："每年资本的利息是5%，要使借贷的资本获得收益，就必须改善生产设备，这种改善也是流动资本的新单位。同样那个让给我资本的人，他也必须改变生产设备，只不过他是在降低设备水平，我是在改善设备水平。"

因此，对无形的资本的争夺，其目的是为了争夺资本带来的生产设备质量的提高。当我们付出利息使用资本时，追求的只是那种能改变工厂和设备的能力。这种改变是可以实现的，因为我们可以用新的、高效能的工具代替坏的、需要舍弃的工具。这样在不增加工具数量的同时，得到新的资本要素。那些借贷资本就相当于用新工具代替旧工具的力量，新工具相比旧工具含有更多的资本要素。因此整个社会都在淘汰旧设备，增添高效的新设备，从而推动生产力的发展。资本总是从收益小的人手中转到收益大的人手中，于是整个社会的资本总是待在获得最大收益的地方。在完全静态的情况下，就会产生社会各地拥有同样的生产力，以及获得总的生产力水平最高的状态。

我们知道，就劳动来说，有一种可有可无的地带，有一个有限的边际区域。在这里，可以从一个行业里抽出几个人，安置在另一个行业里，两个行业中人员的流动对双方资本的性质不会带来重要的变化。这种现象对工资调整意义重大。但是这个可有可无的地带，并不是调整工资和利息的边际区域。事实上，边际区域要比它大得多。举例来说，一个工厂增加了一名工人，这时企业家就要对机器设备和人机比例进行调整。他会把新增工人放在有利的位置，工资也会发生变化，倾向于和这个新增工人在产业系统创造的产值相等。而利息倾向于和新增的单位资本在同一场合创造的产值相当。在这种情况下，边际区域里资本生产力的指标就大致等于可有可无地带上的资本的产值。

我们必须认识到资本有着一定的形式，它只存在于那些可感触、可使用的商品中，但是资本的最后单位却不是这样。我们不可能在不破坏一部机器的情况下将资本的要素抽出，就像我们不可能从高级工具中抽出那些比低级工具领先的要素，并使这种要素能继续使用。我们可以在想象中把资本的各个单位按其生产功效依次排列，并使最后单位成为最小效能单位，但是在现实中，绝对不可能把机械设备分成这样的资本单位。

所以那些体现了资本货物的资本单位是复合存在的。因此，完全真正分开的资本货物是不存在的，生活中存在"完全分开的资本单位"的说法是自相矛盾的，因为真正的分开就意味着资本货物的消失和资本的丧失。但是资本货物的单位是可以单独存在的。

因此，我们完全可以衡量资本的最后单位的生产力，现实中这种衡量也是必要的，那些不能准确衡量资本最后单位的生产力的企业家注定要被社会淘汰。在竞争充分展开的社会，只有那些成功作出衡量的人才能拥有这个产业的领先地位，同时这些人也是把使用生产因素的能力发挥到最佳效用的人。

第3章
劳动与资本的团体分配方式

在社会资本发展的各个阶段中，劳动和资本总会按照某种特定的、合适的比例分配到各个产业团体中去。然而在分配的过程中，如果其中任一因素发生变化，另外一个因素也随着发生变化，从而导致各个因素都要到能够生产最多产品的地方去。鉴于这种现象的存在，两者必然存在某种关联。通过对劳动与资本的团体分配方式的研究，我们会发现一个团体劳动和资本所特有的生产力取决于产品价格和单位劳动或资本所生产的分量。一种生产要素在团体中生产力较低的表现为：要素产能较低，产出品价格正常；要素产能正常，产出品价格低廉；要素能力和产出品价格都较低。一种生产要素在团体中生产力较高的表现为：要素产能较高，产出品价格正常；要素产能正常，产出品价格高昂；要素能力和产出品价格都很高。劳动或资本在一个大团体之间发生移动的程度，可以在某种范围内确定下来。为了获得更大的收益，劳动和资本需要优化配置。此外，固定资本与流动资本之间也需要进行合理配置，它们之间的配置由级差生产力的一般规律决定，二者达到平衡状态时，单位固定资本和流动资本的生产力相等。

第一节
劳动和资本在产业团体中的分配规律

劳动和资本在现实的分配过程中,某一个因素如果发生变化,势必会对另外一个因素产生影响。这就要求我们对这一过程进行剖析。经过研究发现,如果某些团体不能从整个社会资本分得正常分量,那么资本或劳动就会进入或离开这个团体。这一现象的原因在于,经济变化的普遍规律支配着劳动和资本在一切产业团体中的分配。同时,它对消费也起着重要作用。

现在,有一个规律为我们所熟知,即整个社会资本在其发展的各个阶段中,均会按照一定的、自然的比例分配到各个产业团体中去。只有当社会对于所有的资本加以一定方式的管理和处置,它才能作为一种完全社会化的因素发挥最大效用。这就需要某种推动力来把社会所有的资本恰当而均匀地分配到产业系统里的各个小团体中去,如同自然力把一池水分布在各个地方,使得池面平静一样。

在静态情况下,A、A^I、B和该产业系统中的其他团体必然有着一定数量的资本单位。是什么力量使得这些资本单位的数量趋于正常呢?假定一个单位的劳动在每个小团体的产量都相同,一个单位的资本在各个地方的生产力也是一样,那么劳动和资本的分配就是均匀的。工人通过不断流动寻找能够创造和获得最多财富的场所,同样,资本通过在产业系统中的不断流动来寻求最大获利。然而,工人对于资本所得到的收益并无兴趣,他们寻找的只是工资,所以从移动动机来看,资本和劳动彼此没有关联。

然而,两个因素任一移动,都会影响到另一因素的生产力。任何工人离开小团体,都会使该团体的资本丧失一些生产力,即按单位来说,所生产的商品比从前少。到目前为止,我们还没谈到价值,虽然价值是必须加以考虑的第二个要素。在谈到价值这个概念前,我们首先要考虑的是:劳动的单位生产能力,或资本的单位生产能力,究竟是多大呢?一个工人离开某个团体,该团体的资本的生产能力会降低,由于资本本身的获利性,它将移动至另一个生产能力更高的团体。事实上,无论是资本还是劳动的移动。都会使彼此受到影响而产生移动的倾向。在实际生活中，各个产业存在着复杂多变的联系，使得这些影响的作用变得非常复杂，但是，支配生产因素移动的原则在本质上是很简单的。

我们不难计算出 A 团体、B 团体或者 C 团体从整个社会资本所得的正常分量，假如这些团体中，有一个团体所分得的分量不正常，就肯定是有某种力量在发生作用，使得资本移进或离开该团体。使资本从 A 团体移动到 B 团体的因素，正是使资本发生质变的因素。要产生此种变化，需要第三方即 H 团体存在。在 A 团体中，如果有一个工具不需要替换，而这个工具又创造了弥补损耗的准备金，即它所生产的 A^{II} 足够补偿添置一个同样的工具的代价，那么这个 A^{II} 就可以用于购买一个可供另一个团体使用的工具。例如：H 团体的工人生产一个制造衣服的工具，而不生产一个制造实物的工具。因此，A 团体的企业家放弃了一定数量的资本，而 B 团体的企业家则获得了一定数量的资本。于是我们找到实现这种转移的办法：将一个工具所创造的用以代替其自身的准备金用于酬劳制造另一种工具的工人。当然，有时也可以把整个工具从一个产业里抽出来放到另一个产业中去，但在大多数情况下，这样做会导致某种程度的资本浪费。我们前面已经讲过移动资本而不产生浪费的方法，除此之外，局部变更原料的分量也是一种办法，这种变更等同于移动流动资本。

实际上，劳动也是按照同样的方法移动的。工人可以轻易从一个产业移动到另一个产业，因为比起工具，来工人更加容易适应新环境。但是，如果一个工人改变其行业而完全不引起生产力的浪费是不大可能的。掌握某种技术的工人，要去从事另一个完全不相干的行业，必然要花费时间和精力学习新技术，即便如此，也无法保证他能够在新行业达到原有的熟练水平。所以，调动工人而避免浪费的普通方法应该是：让工人的后代学习一种跟父亲不同的技术。维持永久的社会劳动队伍的组织方法，类似于维持社会资本的组织方法。工人除了谋求自己的生活以外，还必须培养下一代来继承自己在劳动队伍里的职位。所以，当工人从一个团体向另一团体移动时，就意味着某些工人的继承者从事了新的种类的工作。作为一个永久的队伍，我们可以认为劳动是完全移动的，但是，只有不改变工人在劳动队伍中的位置，这种移动才不会导致劳动人数的减少。

调动劳动和资本，不使其中任何部分有什么损失这是完全可能的。由此，我们可以联想到一种静态的社会，这个社会中的各个因素都有完全的流动性却不流动，就如同向池塘投入一个石子，看似池中的每一滴水都会动起来，事实却是连一滴水也没有移动。静态的团体组织正是这样一种组织：任何轻微的变动似乎都能引起劳动和资本在团体间的移动，但实际却没有发生任何变动。换句话说，在一系列大小团体中，每个团体所拥有的劳动和资本的分量都是均匀的。这种情况是如何产生的呢？均衡的压力使池面平坦，均衡的吸引力使团体组织中劳动和资本处于静态的状况。

经济变化的普遍规律支配着劳动和资本在一切产业团体中的分配，它对消费也起着重要作用。在人数固定的条件下，这个规律使得消费品越增多，特殊效用越减少。因此，这个规律决定价值，商品数量越多价格越低。同时，它也对生产发生作用，当一个增多的生产因素和另一个恒定数量的生产因素一起使用时，单位生产力就会降低。在恒定资本的下，工人越多，每一单位的劳动产量越少。这个规律必须对这两方面起作用，才能使资本和劳动在整个产业系统中配置均匀。经济变化的普遍规律一方面决定价值，另一方面决定商品的生产力，因此产生双重影响，使在竞争情况下社会中各产业部门单位劳动或单位资本所创造价值的能力趋于一致。

假设我们任意将劳动和资本分配到整个团体中去，那么在一些地方，这两个因素的分量将多于静态状况下所应有的分量，而在另一些地方，这两个因素的分量却较少。在某些小团体中，一个因素的分量多于正常状态下所应有的分量，而另一个因素的分量少于正常状态下所应有的分量。假如在一个团体中，劳动和资本分配正常，而在这个团体下属的小团体中，资本和劳动因素过多，会使该产业产品价格低廉。按照实物来计算，这两个因素分别所生产的产品都是正常的。在这个大团体内，每个因素所生产的产品数量也都是恰当的。

另一方面，在任何地方，如果一个因素太多，另一个因素太少，那过多的因素所生产的单位产量少于这个单位应有的产量，而过少的因素所生产的单位产量大于这个单位应有的产量。这种情况下，商品的价格有可能仍然正常，因为无论这两个因素各自的生产力如何，它们共同作用时的产量却可能是正常的。当我们把劳动和资本分配到各个行业中时，其实很难做到让整个团体的生产力完全符合静态规律，更难期望分配到各个小团体中的劳动和资本都能充分发挥效力。照此看来，几乎每个小团体所生产的产量都是要么过多，要么过少；产品的价格不是过高，就是过低。在各个小团体中，劳动和资本在数量上的对比要么太多，要么太少。一个因素所特有的生产能力可能比静态规律所要求的高，而另一因素的生产能力较之则低，这就引起劳动和资本要朝许多方向移动。正如我们任意将水放进池塘的各个部分，池塘的水将会朝各个方向移动一样，尽管流向复杂，但是支配水流的原则却很简单。同样，考察资本和劳动的移动虽然复杂，但是支配移动的原则却很简单。

第二节 劳动和资本的相互影响及其原因

在前面的论述中，我们知道，资本和劳动在产业团体中的分配过程相互影响。但如果考察这两个因素之间影响的相关性及其原因，就需要进行另外的剖析。为了保持研究成果的科学性，通过对各个依赖于售卖其产品而取得收入的团队的考察，可以分析出劳动和资本的移动轨迹，进而使各个团体内资本和劳动达到一种合理的状态。产品价格和单位劳动或资本所生产的分量决定团体内部劳动和资本所特有的生产力。

劳动和资本为着各自的利益移动，它们的动机彼此没有关系，但是二者无论谁发生移动，另一个的生产力就会发生变化，从而使各个因素都要到能够生产最多产品的地方去。因此，我们确信两者的移动密切相关。无论何时，如果改变位置会减低某个因素的固有生产力，那么它将会保持静止。但是，这个因素所具有的较大的生产力并不是永久的，伴随着其他因素的移动，这个过大的生产力最终会消失。为什么会产生这种情况呢？

首先，我们从考察各个团体间劳动和资本的移动开始，这些团体的收入显然依赖于售卖产品。例如某种产品的价格高，那么制造该产品的整个团体就会获得丰厚的利润；如果价格下跌，则将会面临亏损。毋庸置疑，价格的波动会影响整个团体的产品和收入。还有一种变化，也会影响到团体里工人的产品和工资，即该团体工人人数减少，或是资本数额增加。通常情况下，决定生产因素所得到的利润有两方面：第一，它所在的团体和其他团体的关系；第二，它与团体内其他因素的关系。只有在总产量非常小的团体里，生产因素才有最大的生产力，并且，这个生产因素在其团体中的数量必定很小。假如雇佣来的工人参与制造的是一种供不应求的商品，则该商品的价值会很高；假设工人是在资本十分充裕的工厂里工作，那么劳动的单位产量也会很大，这样，工人就具备了创造财富的最大能力。

显然，许多其他团体的工人会蜂拥至这个团体，这样便会导致两种结果：首先，会降低工人特有的生产能力，因为工厂的工人总量增加，单个工人所生产的产品数量就会减少；此外，由于有更多的工人生产产品，商品售卖总量增加，从而导致价格下降。这样一来，每一个单位的劳动所生产的商品不仅在数量上减少了，而且在价格上也降低了。

其实，工人都涌进这个团体，并不会对团体的资本的生产力产生多大影响。一方面，工人数量增多，团体里的资本所特有的生产能力就越大，这对资本的确有利；另一方面，大量工人涌入，使得这个产业的总产量增多，产品的价格也就降低了，因此对资本又是不利的。按一个单位的资本来说，商品数量虽然增加了，但商品价格却比以前低，资本产品的价格降低，因此资本受到了损失；但按实物计算，资本所特有的产品的数量增多了，因此资本得到了利益。

工人涌到一个团体后，这个小团体的资本生产力可能大于或小于其他产业的资本的生产力，但是这种生产力和通常的生产力的差异可能没有劳动生产力的差异那么大。假设这个团体的资本充裕，且由于总产量少而导致产品价格较高；那么资本的单位产量虽然不大，但由于商品价格很高，其创造价值的能力依然是正常的。新的工人进入该团体后，并不会给资本创造的价值带来大的变动，因为有一种势力使这个能力降低，又有一种势力使它增加。因此，生产能力的增长使得一个单位的资本所创造的最终价值几乎等于它最初创造的价值。

由于两种势力的共同作用，劳动创造价值的能力降低了，但是资本所特有的创造价值的能力在一方面降低的同时，从另一方面来说却增加了。在工人移动后，资本创造价值的能力，或者高于其他地方资本创造价值的能力，或者低于其他地方资本创造价值的能力；资本也会产生轻微的移动，要么从其他地方移入该团体，要么从该团体移出。这种移动会很快使资本的生产力趋于正常。如果资本流进这个小团体，会同时降低商品的价格和资本的生产能力。然而，这种移动对于工人没有多大的影响，因为工人所生产的商品在数量上增加了。

显然，这种移动能够使各个团体内劳动和资本的配置趋于合理。我们就一种产业来进行研究，在这个团体里，劳动的生产能力达到最大化，即是说，工人生产大量商品，而商品的价格又很高。这个产业团体对工人有着最大的吸引力，工人应该避开那种人力过剩、商品生产量多且价低的团体。在这种团体里，工人会受到最大的使他们向外移动的吸引力。正如在扰动后的池里，浪头最高的水会流入最深处，以使池面恢复平坦，我们假定工人从生产力最小的地方冲到生产力最大的地方去。在这一批移动的工人中，即使有人由于个别原因停滞不前，他们也会使另一批人数相等的工人移到最缺乏劳动力的地方去，其结果和生产力最小的团体的工人直接移动到生产力最大的团体一样。

工人的移出或者移入给团体带来的影响恰恰相反。在工人过多的团体中，最初生产大量的商品且售价很低，但是工人个人生产的商品却不多，加之销路不畅，就造成了每一单位劳动的生产力低下。当单个劳动离开这个团体后，剩余工人的产能增大了，所生产的商品销路也较好了。因此，劳动所特有的创造价值的能力在这两方面都增加了。这个团体的资本的产能虽然降低了，但商品的价值却提高了，两者虽然不能恰好相抵，却也能大致达成互补。资本的轻微移动和工人的移动对比起来，则是微不足道的。所以，这个小团体里发生的变动刚好和上述团体里发生的变动相反。

因此，一个团体里劳动和资本特有的生产力由两个要素决定：一是产品的价格，这要考虑此种产品的总产量是多少；二是产品中由一个单位的劳动或资本所生产的分量，这要考虑该团体里劳动和资本的比例关系。在任何地方，如果一个生产因素（即劳动）过多，那么两种力量的合力会使工人人数减少；如果另一个生产因素（即资本）过多，则两个力量就会产生与之相反的作用。

以下三种情况可能会使一个生产因素在其团体中的生产力较低：一是此种因素产能较低，但生产出的商品价格却正常；二是此种因素产能正常，但生产的商品价格低廉；三是此种因素生产商品的能力和价格都较低。我们可以通过变更团体里劳动和资本的比例，而不是商品总产量来应对第一种情况。在第二种情况下，我们采取的方法是变更商品的总产量而非劳动和资本的比例。在第三种情况下，我们则同时变更劳动和资本的比例、商品的总产量。如果劳动得不到充分的报酬，那么工人便会从这个产业移动到别的产业，但是没有资本的进入，这个产业的总产量较之过去要少，价格也更高，我们可以认定，一个单位的劳动的产量大于一个单位的资本的产量。

与上述相反，以下三种情况会使一个生产因素具有非常高的生产力：一是该因素产能较大，所生产的商品价格正常；二是该因素产能正常，所生产的商品价格却很高；三是该因素产能及所生产的商品价格都很高。要解决这些问题，采取和上述反向的移动即可。无论何时，在商品的价格正常的情况下，如果一个因素的生产力非常大，那么另一个因素的生产力一定非常小。因此，生产力大的因素会移入团体中，同时，生产力小的因素会移出团体。这两种力量一个倾向于提高商品的价格，另一个倾向于降低价格，它们相互抵消后，发生的唯一变化只是这两个因素生产商品的特殊能力。

第三节　　劳动和资本的优化配置

因为产品在加工的过程中,所需的资本货物的数量相对稳定。所以,劳动和资本在大团体中变化的幅度虽然不会超出一定的范围,但依旧会发生变化。而小团体应该从其所附属的大团体中分出其应得的那部分劳动和资本。所以,一定单位的劳动配合一定单位的资本以进行某种调整也是必要的。为了获取更大的利润,不论采取何种形式,劳动和资本配置的方式必须加以优化。

在实际生活中,我们可能会遇到只改变商品的价值而不改变劳动和资本生产商品的能力,那么劳动与资本一同流入或一同流出来实现调整,使其趋于正常化。如果价值和相对生产力都必须加以改变,为使劳动和资本创造价值的能力符合正常标准,则可以按照我们起初所说的方法来调整。若两种力量共同对劳动发生作用,那么这两种力量的总和恰好就是促使工人离开或进入某个团体的力量;反之,如果两种力量对抗着对资本发生作用,则它们的差额即是资本对这两个因素发生反作用的合力。

任意将劳动和资本分配到各个产业中去,有些产业可能有大致相等的劳动和资本的流入,而有些产业则有大致相等的劳动和资本的流出,有些产业只流入一个因素,有些产业只流出一个因素。大多数的产业需要把几方面结合起来进行调整,在经济变化的普遍规律下,一个因素大量地移入或者移出一个团体,而另一个因素少量地移入或者移出该团体。一个因素同其他因素合作的数量越多,那么其单位产能就越小;而商品的产量越大,价值就越小。在这些力量的共同作用下,各个产业的生产力将趋于一致。

当我们谈论劳动和资本的移动时,有时会存在某种错误观念,认为工人和资本可以识别生产力的大小,并自动从生产力小的地方移动到生产力大的地方去,即劳动和资本的移动是自发的。事实上,由于存在竞争,这种移动是由企业家来完成的。现在,我们作假设即两个工厂主A、B之间存在着活跃的竞争,而竞争所产生的劳动和资本的移动是必然发生的。由于A的劳动生产力较小,B的劳动生产力较大,所以,在A处工作的工人得到的工资与在B处工作的工人得到的工资相比显得较低。为了得到较高的工资,部分工人就可能会离开A处。在移动不存在阻碍的情况下，如果利息增加1%，资本就会发生移动；如果能够每天多获得5元的收益，工人就会从A处转移到B处，如果允许，则会从一个行业转移到另外一个行业。

尽管一般的工资标准是存在的，但是在劳动力大的产业，整个社会劳动的生产力是决定工人所得实际工资的基础，而非由产业团体劳动的生产力决定。在此情况下，为了获得更多的利益，生产力大的团体的雇主可以按照那些在劳动生产力较小团体的工人的工资标准来雇佣工人。在较短时间内，雇主可以利用本产业工人收益与一般市场的工资差额来谋取利润。由于雇主们都力争获得尽量多的利润，便在扩大自身劳动队伍方面竭尽所能。当工人队伍扩大到某个点时，利润就会消失，这个点就是劳动的产量等于工人的工资之时。所以，随着时间的推移和竞争的加强，这个差额便会变得越来越小，直到无利可图。同理，资本亦是由企业家移动的。利润造成了竞争的存在，而竞争是一切行为的动力。企业家的各项利润在移动的过程中有等于零的趋势，而全部移动的终极目的是造成利润为零的状态。由于静止的社会没有利润，也就不存在促使再移动的力量。这是因为，如果没有获得纯收益的企业家可以任意进入某个行业，那么，这个行业便不能持续盈利。有些人担忧会出现资本家变成企业家，企业家相互争夺资本和劳动，从而导致利润为零，且利润完全转变为利息和工资而被工人和资本家占据的，但是这种状况是不可能产生的。因为从自然规律来讲，任何企业都不可能同时获得不同利润且使纯利润率保持一致，普遍获得均等利润的状态也不可能产生。如果根据完全自由竞争的条件，劳动和资本等生产要素的收益是一定要与生产力的标准相符合的。从这方面来说，劳动生产力低的产业的工人会自发到劳动生产力高的产业中去。由于大量的工人移动到这个团体中来，导致工人收益与其生产数额相等，此时利润消失。

如果产业团体里出现任何一种不均衡的状态，就意味着某些人将会有机会赚取利润。下列情况发生之后，说明某些地区工人生产出的产品超过了其收益。这些情况包括某地工人数目太多或太少等任何不正常的状态。劳动的社会生产力或者一般生产力决定着某地方劳动的生产力，但不乏例外的情况出现。例如，社会的一般标准被某些地方劳动的生产力超过，这些地方劳动的生产力便会移动到一般标准，而该地方所能获得的利润就是这种移动的动力。

在讨论这个问题时，我们似乎面临一个难题。那就是，对于个别企业家而言，如果变更其拥有的工人数量或资本数额，虽然会使产品价值产生一系列变动，但是对其本身的影响却非常有限。这个问题很容易解释：因为在小团体之中，仅仅某一个雇主的资本增加并不会引起产品价值明显地降低，只有当小团体中所有雇主的资本同时增加时，才会出现产品价值降低的情况。就小团体的全部资本而论，其数量是正常的，但是在团体内部，各个雇主的资本数额却可能存在显著的差异。与雇佣工人数相比而言，资本较少的雇主会因为自身情况的特殊性，不会考虑因增加资本使得产品价格下跌的因素，而在拒绝借用更多资本的同时保持先前工人数目。那些相对资本太多，但雇佣工人太少的雇主，由于自身的特殊性，往往也不会考虑同样的问题，而在不雇佣更多工人的同时保持原有的资本数额。如果这种情形常常发生，那么整个团体的价格就要大幅下跌，团体内的工人和资本也会遭到毁灭性的打击。但这种情况是不会发生的，因为如果价格正常，雇主会由于边际劳动不偿失而辞掉部分工人或抽出部分资本。如果从理论上分析，拥有较多工人的雇主和拥有较多资本的雇主的多余资源应该向稀缺方向转移。这样，资源便在小团体内部得到调整，而且这种调整比大团体之间的调整更加容易实现。在现实生活中，每一个小团体为了得到更好的结果，都会从试验中取得产业里的资本和劳动合适的比例，并将此比例固定下来。假如小团体的产品价格昂贵，那么，其生产设备和常备劳动力就会同时得以补充。这是因为，产量增加或减少的数额由同时增加或减少的资本造成，而物价的高低恰恰是其增加或减少的动机。

因为每个小团体都应该从其附属的大团体中分出应得的那部分劳动和资本，所以一定单位的劳动，需要配合一定单位的资本进行某种调整，尽管这种调整在大团体中不是必需的方式，而且也不是唯一的方式。但是，促使每个大团体中产生一般分配的力量，同样促进了第二次调整。辅助制造某个商品的每个小团体所特有的产品，都可以从每个制成品中间分离出来。例如，小团体 B 的产品是消失在制成品 A 里面，但是 B 是能够从 A 成品里区别出来的一个因素，而 A 和 B 的差异就是区分的标志。作为小团体中最低级的产品，A 之上的那个小团体生产出的商品，就赋予 A 一个效用，使 A 发生变化，转变成 B。所以，A 小团体所特有的商品，就是一个效用，这个效用的存在，将 A 变成了 B。根据以上论述，清楚了各个小产品特有的性质后，我们完全可以用"小团体"来替换"大团体"，且可以将在大团体中应用的知识应用到小团体中去。劳动和资本发生移动，会受到决定价格和生产商品的因素的双重影响。但即使如此，也无法阻止劳动或资本在各个行业和部门之间转移，因此，劳动或资本在小团体之间的移动过程，并不会仅仅局限于同一系列的小团体之间。

劳动或资本在一个大团体之间发生移动的程度，可以在某种范围内确定下来。这是因为，在变成成品的过程中，被动的资本货物的产量需要保持不变。原料在加工的各个阶段，也要调配得非常精密。例如，A 和 B、B 和 C 等在数量上需要保持某种特定的关系。如果每天都有一个 D 被制作成成品，那么，与此对应的是，须有一个 C 变成 D，一个 B 变成 C，一个 A 变成 B。在此基础上，一个新的 A 需要被生产出来。但这并不意味着，在这一系列物品中，有若干 B 就必须有若干的 A 与之相对应，存在若干 C 就必须有若干 B 与之相对应。与此相反的是，如果生产 A 的时间和 A 转变成 B 的时间相同，那才有可能出现各种被动的资本货物单位的数目与之相同。否则，就不会出现这种情况。例如，如果生产 A 商品需要 10 天，但是把 A 转变成 B 的时间却是 20 天。那样只有把 B 的产量保持为 A 的产量的两倍，才能使生产率保持一致。现在我们假设，在已经有了 10 个 A 的存货的基础上，每天增加一个新的 A，且把经过 10 天时间才能做成的 A 交给 B 团体。以此可以计算，在交给 C 团体以前，就需要有 20 天的时间来继续完成该商品的制造。如果我常可以保存 20 个 B 的存量，那么，每天都可以有一个 B 交给 C。如果我们仅仅有 10 个 B，在每天都要取出一个的情况下，也就只好取走尚未完工的 B 了。

  我们可以做一些通俗的比喻。如果某种树木在某个地方需要 20 年的时间才可以砍伐，且在该地方每年栽种一排树木，砍伐一批树木，那么，这片森林必须有二十排树木。如果树木在另外某个地方 10 年就可以砍伐，就可以每年砍伐一排；如果该树在其他地方只需要一年时间就可以长大，那该地方仅仅需要一排这样的树木就够了。又如，在一条水流连绵不断的河里，沿河每处每分钟所流过的水量都是一样多；但是，为了能保持统一的流速，就需要在水流湍急的地方，河道应该又窄又浅，在水流缓慢的地方，河道应该又宽又深。因此，如果把 A 变成 A_1 需要 10 个星期，把 A_1 变成 A_2 需要 20 个星期，则在 A_2 团体里加工的 A_1 单位的数量，需要等于 A_1 团体里 A 单位数量的两倍，才能使生产不断地进行。

第四节　级差生产力的一般规律在劳动和资本分配中的作用

为使土地得到最有效的利用，必须对土地与厂房、设备等相关生产要素在数量上进行合理调配。土地通过在产业系统各部分进行自由调配的方式，分配到产业系统各团体之中，直至各部分的生产力达到均衡。此时，各单位土地的生产力趋于相等。级差生产力的一般规律决定着流动资本和固定资本之间的调配，最终使单位固定资本和流动资本的生产力达到一致。这是针对商品数量而言，未涉及商品价值因素。

我们提到，在经济变化的普遍规律下，一个因素大量地移入或者移出一个团体，而另一个因素少量地移入或者移出该团体。一个因素同其他因素合作的数量越多，其单位产能就越小；而商品的产量越大，价值就越小。在这些力量的共同作用下，各个产业的生产力将趋于一致。

毫无疑问，物质变化需要时间来予以保证，而恰恰这个条件的存在，造就了资本的存在和以被动资本货物形式的流动资本存在。在固定资本与流动资本优化配置的情况下，如果加大投入被动的资本货物的数量，无论总资本数目增加多少，总是可以取得最显著的效果。土地作为主动的货物之一，它和同种类型的其他货物在数量上也必须进行恰当调配。因为任何产业拥有的土地不应该过多，否则会导致不能合理利用。此时，级差生产力的一般规律的作用便凸显出来。这个规律不能不引起我们的重视。

从逻辑推理来说，由于物质变化所需要时间的存在，造就了资本的存在和被动的资本货物形式的流动资本存在。反之，如果物质可以在极短时间内变化，那么该资本便不会存在；如果工人看过原料后就可以忽略各个生产阶段而转眼变成成品，则被动的资本货物就不会存在。如果商品的制作过程可以很快完成，那么生产的被动资本货物的数目就会很少。反之，如果制作过程缓慢，则很多被动的资本货物就会被制作完成。如果我们依据各个小团体工作进度的对比，来对每一个系列团体里被动的资本货物相对数量进行细致调配，对资本的使用就可以达到相当经济的效果。如果它们之间的配置比较合适，当一个商品被生产出来并且被消费时，每个团体的劳动和资本就会对消耗的流动资本组成部分进行适当补充。因为生产出来的那个商品恰好补充了已经拿走供消费的商品，所以那些为积蓄而生产商品的浪费劳动的现象便会得到避免。

在一个团体中的各个小团体中间，必须有不同数量的流动资本与之相配，与此相似，各个地方的固定资本与流动资本也必然有同样精密的配置。用一把斧子同时砍两块木头，是不经济的；用两把斧子同时砍一块木头，同样也是不经济的。在一定数量的固定资本上增加所使用流动资本的数量，会使单位流动资本产品数量的减少。如果没有原料，即使有很多工具也不会生产出商品。如果有大量工具和少量原料，尽管商品可以很快被制作出来，但是商品的数量却很少。如果这种情况出现，那么这少量原料的重要性就大大上升。原料的数量增加或减少，会给产品数额带来很大起伏。例如，如果原料的数量增加 1/5，整个产业每天生产的产品就要增加很多；反之，如果把原料的数量减少 1/5，整个产业每天生产的产品就会减少很多。在拥有大量资本的基础上，恰当地调配少量生产资本便会产生很大的生产力。在现实生活中，一个工厂可能会面临原料少而机器多的情况。在这种情况下，机器不能由于充分发挥作用而生产太少，与此相反，此时原料的生产力则变得非常大。增加流动资本的数量时，流动资本在每一个单位上的数量就会降低。例如，20 个人用斧头把一块木头砍成木材，由于每个人的工具不能充分发挥作用，所以，这些人就会感觉到不经济。如果突然多出一块木头，每块木头分配 10 个人和 10 把斧头，产品将会得到大幅度增长，且速度与 20 人同时砍一块木头的速度差距不会太大。与此类似，当第二个原料单位被供应之后，整个产品的产量可以得到大约一倍的增长。这样一来，在一年之中，产品的数量可以得到几十倍的增加。

在上述情况下，如果加大投入被动的资本货物的数量，无论总资本数目增加多少，总是可以取得最显著的效果。即使第二次把被动的资本货物增加一倍，所取得的产量要低于第一次将其增加一倍的数量，总产量也可以得到提高。如果持续增加原料到一个程度，将会出现被动的货物体现的资本和主动的货物体现的资本相同的状态，即增加或改善主动的工具所增产量，要大于原料增加所引起的的产量增长数额。这就意味着出现了单位流动资本价值和单位固定资本价值相等的情况。一方的原料刚好可以使另一方所持有的工具得到完全发挥，另一方的工具恰好可以对那一方的材料进行充分加工，这就符合调配原则了。尽管针对社会来说，它由于涉及到生产每一种商品的最精致部分而关系到更加精密的调配，但在大多数情况下，个人在决定两种资本分别使用的数量和进行有组织的劳动时，应该遵守这一调配原则。例如，土地和拖拉机，奶和挤奶机，混凝土和搅拌机，就这些简单的例子而言，也需要在数量等方面得到合理搭配。在每个小团体里，在将流动资本和固定资本保持某种合适关系的同时，也必须使处在加工的各个阶段中的，且具有原料形式的流动资本，必须调配得恰恰合适。如果某生产单位工具过剩，而另一生产单位工具匮乏，这是不经济的。但如果在总的团体里对类似现象进行调配，这种情况就会得到有效解决。

作为主动的货物之一，土地和同种类型的其他货物在数量上必须进行恰当调配。任何产业拥有的土地不应该过多，否则会不能合理利用与厂房等因素配合的土地。例如，在一个大团体中，某个小团体生产某产品的土地比其他资本货物多，而另外一个小团体则较少，在这种情况下，后者拥有的土地生产力逊于前者。这样，前者想要使用较少的土地，而后者想要使用更多的土地。如果对土地自行分配到产业系统的各个团体的方式作比较恰当的说明，那就是：在有均等生产力之前，土地都是在产业系统的各个部分自由变换。另外，因为人与人之间、土地与土地之间各不相同，所以，均等生产力并不是指某人的生产力与另外某个人的生产力相等，也不意味着某一块土地与另外某块土地的生产力相等。在上面的论述中，每个单位劳动的生产力可以在每个小团体之间的劳动分配中趋于一致。同理，土地的分配能够使单位土地的生产力的倾向趋于相同，而这点对土地和其他生产要素的正确配合具有重要意义。从一般原则来说，不能够按照人们自由的想法从一个产业取出资本货物安放到另外一个产业，但土地的流动性质使得它成了一个例外。正如我们所熟知的，资本货物常常处于静止状态，而资本却处于绝对流动状态。土地是可以流动的，土地在各行业的自由流动，使每个产业都有恰当数量的土地，它的生产力就可以得到充分发挥。如果各个产业拥有的土地数目与其应该得到的不一致，那就说明具有土地这种资本货物形式的永久资本的数量存在不足和反常。只有把土地当做帮助生产各种商品的事物看待，把作为生产要素的土地当做普遍使用的生产要素看待，并把它合适地分配到产业社会的各个小团体中，才是科学地研究土地和地租。

级差生产力的一般规律所要解决的是固定资本与流动资本的数量配比问题，如果固定资本数量固定，增加流动资本的单位数量，则每一个单位所生产商品数目会变少的；如果流动资本数量固定，增加固定资本的单位数额，则每个单位所生产商品也会变少。全部资本在该规律的作用下，在流动资本和固定资本之间进行分配，这使单位固定成本的生产力与流动成本的生产力一致。因为含有出主动的工具体现出的，受级差报酬规律支配的整个资本的一部分，其作用在于赋予别的物品效用，所以，土地作为固定资本的一种形式，也存在调配的必要。在有一定数量其他种类的固定资本的情况下，得到的土地越多，那么单位土地产品越少；在有一定数量土地的情况下，得到其他形式的固定资本越多，则单位其他资本产品越少。在这两个原则充分发挥作用的前提下，各种具体形式的固定资本与各个地方土地的相对数量都会得到恰当调配。

在探究某产业的资本总数与另外一个产业的资本总数时，就牵涉到精密的价值调配问题，而在上述的研究中，我们在研究级差生产力时考虑的不是价值问题，因此忽略了根据产品价位而制定其生产数量的情况。级差生产力规律在所有应用范围中主要是指：某个生产因素与另外一个生产因素进行配合时，如果在前者数量持续增加的情况下，这个增加的因素的每个单位所生产的商品愈少。在任何一个小团体里，以每次递增某个数量的办法来增加某种因素，那么该单位生产要素所生产的商品就愈少。在讨论该规律时，没有讨论到商品价值的因素，只说到不同类型资本生产商品的能力。一个产业拥有的总资本在不同种类的资本中进行分配时，必须遵照生产力规律。如果将一定数量的流动资本与多数固定资本进行调配的话，一个固定资本单位生产商品的能力就会低于其应有生产力。例如，一个厂主如果不将流动资本妥善安排，每年出厂的产品数就会大大低于应该生产的产品数。如果将这种错误改正，产量就可以大大提高，收益也会随之增加。

我们也同样讨论过土地的分配情况。在每个团体的生产力变得相同之前，土地会自行分配到各个大小团体中。在各个小团体之间没有获得一致的生产力之前，土地必须在小团体与小团体之间自由移动。人为的资本和劳动也符合这个规律。当我们探索小团体内部各因素配合规律时，应特别关注研究对象中各因素的因果关系。例如，经营童装的企业家需要知道在不变更资本数额的情况下，增加某个数目的工人所带来的产品的增长数额。他也应该清楚由于总资本的增加而引起童装成品数额的增长幅度。他更应该明白，究竟是采取增加固定资本而维持流动资本不变的方法，还是增加流动资本数额而维持固定资本不变的方法，才能获得更大的收益。当固定资本必须增加时，他面临是保持土地面积而增加机器，还是使用更多土地而保持机器数额，才能更好地解决企业发展中遇到的难题。在个别企业或小团体中，应该依据每种生产因素的数量和各生产因素特有能力来决定它们之间的配合。

社会上的几个生产因素，终归要分配到不同的产业中，并进入最适合的各个小团体中发挥作用。另外，在某种程度上，由一个最后单位因素所产出商品的价值，可以决定那个行业需要的生产因素的数量。商品的价值和每个生产因素生产商品的能力相互作用，决定了每个小团体内部每个生产因素的数量。社会产业的每一个普通的生产因素，无论用在什么地方，都要受一致的最后生产力规律的支配。

第 4 章
租金、价值与团体分配关系

　　各种生产要素的租金代表要素的真实产量,是产品供应量的组成部分,因而影响社会产品的绝对价值和相对价值。古典学派"租金不是价格要素"的观点,实际上是要说明地租的分配不影响产品价格。这个结论普遍适用于所有要素,土地、劳动、资本的租金都是产品价值的决定要素,但它们作为一种收入在地主、资本家、工人、民众中的分配却对价值没有影响。要素生产力的变化会引起租金变化,进而导致绝对价值和相对价值的变化。静态社会中,无论企业家使用哪种要素组合进行生产,其成本都一样,而且企业家成本将最终决定社会产品的正常价格。经济学家有很多关于租金和价值的关系的经典论述,值得学习和借鉴。

第一节　要素租金决定产品价值

自由竞争使要素自然分配到各产业团体中，从而调整产品数量和使价值处于自然水平。任何对要素分配的扭曲都会导致异常的产品数量和价值。租金本质上等同于工资、利息等要素收入，它决定产品的相对价值和社会产品的绝对价值。

资本数量变化时，工资和利息也会随之发生变动，要确立工资和利息的基本理论，还需要找到衡量一切财富形式的基本单位，将资本额用绝对数量表示出来。但在此之前，必须弄清价值与租金以及利息和工资的关系。

所有的理论和分析过程，并不会因为使用剩余性质的租金代替了工资和利息而有所不同。人们普遍认为利息是价值的决定要素，却又觉得租金与价值决定没有关系。即使考虑到人们对租金和利息的定义和计算方法有不同理解，但正如前一章的分析，租金与利息在本质上是相同的。所以，租金也是价值和价格的一般决定要素。

由于价值影响团体之间的分配，所以影响价值的因素也将影响社会收入在产业和团体间的分配。因而，租金对社会团体的收入分配也有很大影响。

在经济规律作用下，社会绝对需要使劳动和资本在各团体间妥善分配，价值处在正常水平。为了防止价值的混乱和异常，不仅每个具体的团体占有的资本总量要适当，而且每种具体要素的比例也必须恰到好处。所以每个小团体既要有适当数量的固定资本和流动资本，土地和其他形式资本的配比也须在合适比例。

上述所有的"适当数量"、"合适比例"都由经济规律通过自由竞争实现。在完全自由竞争作用下，每个团体都有特定数量的各种生产要素，这样的要素分配使各种社会产品数量也处于自然水平。如果人为扭曲自由竞争决定的分配方式，必然导致异常的产品数量和价格。比如，在经济处于自然水平时，人为地将一个产业的土地要素抽出一部分补充到其他产业，这就会引起被补充土地的产业产品过多，而被抽离土地的产业产品过少。两种产品产量相对于自由竞争情况下自然产量的偏离，将扰乱市场价格。同样的道理，对其他任何要素的人为移动都会导致产品数量偏离自然水平，进而导致异常的产品价值。

生产要素的分配将影响产品的社会供应量，从而对产品价值有很大影响。

每种要素都生产一定量的社会产品,小团体中每种生产要素的数量都影响产品价值,而所有要素的总量则决定了产品的价值。

包括土地在内的每种生产要素的真实产量就是它们各自的租金。比如,鞋厂里一个工具的租金就是完全由这个工具生产的皮鞋。同样,鞋厂某块土地的租金也就是完全由这块土地生产的皮鞋。

运用边际的方法可以测定每单位生产要素的真实产量。比如,为了测得一块25平方米土地的产量,可以保持其他要素不变,仅仅将这一块土地从企业中抽去并进行生产。要素总量减少必然导致工厂产量下降,这个降低的数量就是被抽离的土地的真实产量。每种要素的真实产量都是社会产品总供应量的一部分,也参与产品价值的决定。所以,租金是价值决定的一般要素。静态社会中,所有产品要素的租金(真实产量)总和构成社会产品总供给量,每种要素的租金当然也就是价值的影响因素。

前面的分析关注了对一种产品社会价值的决定,也就是在相对价值的假定下,小团体中要素的分配状况决定了产品的价值。如果将一个团体中的要素转移一部分到另一个团体,将使价值发生变化,使前一个团体产品的相对价值低于正常水平。

相对价值比较不同种类产品的价值,绝对价值则用一个一般价值单位衡量所有产品的价值。要素租金不仅决定相对价值,而且决定不同产品价值的总和。

相对价值比较不能得出总数,因此很多经济问题用相对价值都不能解决。比如,已经知道A商品价值是B商品价值的一

依照资源密集程度对产业的分类 | 知识链接 KNOWLEDGE LINK

一个社会经济体系拥有很多个产业,根据不同的研究目的可以对产业进行多种分类。常见的分类方法有:两大领域、两大部类分类法、三次产业分类法、资源密集度分类法和国际标准产业分类法。这里只介绍按照资源密集程度划分的三类产业。

资源密集度分类法按照劳动力、资本和技术三种生产要素在各产业中的相对密集度,把产业划分为劳动密集型、资本密集型和技术密集型产业。劳动密集型产业是指主要依靠大量使用劳动力进行生产,对技术和设备的依赖程度低的产业。比如,农业和纺织、制造等。资本密集型产业指的是资本占单位产品成本的大部分,且单位劳动占有固定资本多,流动资本金额高的产业。比较典型的有钢铁、大型设备和机械制造业、电力和石油化工业等。资本密集型工业主要分布在基础工业和重加工业,是一国经济体系的基础。技术密集型产业指的是生产过程对技术和智力要素依赖大大超过对其他生产要素依赖的产业,比如信息与微电子行业、航空航天工业、原子能工业、现代制药工业、新材料工业等。

资本密集型产业是一国的经济命脉,关系到一国经济体系的稳定,因此在新中国建国初期就曾实行优先发展重工业的政策,为经济的全面发展创造条件。人口众多是我国的特殊国情,这也为经济发展提供了丰富的劳动力资源。改革开放以来,我国凭借这一优势大力发展以劳动密集型产业为依托的外向型经济,推动中国经济迅速发展,并赢得了"世界工厂"的美誉。迅猛发展的技术密集型产业决定了一个国家未来的竞争力和发展前景,它已经逐渐成为发达国家的主导产业,也是我国应该努力发展的方向。

半,是 C 商品价值的三分之一,此时可以求得一件商品相对其他商品的价值,也可以用两件商品的价值表示一件商品的相对价值,但却无法求出三件商品的总价值。如果找到一件这些商品之外的物品测量每一种商品的价值,就可以求得商品的总价值。从某种意义上说,这种绝对价值单位是可以获得的,这里并不具体找出这个单位。

用绝对价值单位测量所有要素产品,可以得到一切社会产品价值的总数。任一生产要素产量的变化将引起社会总价值变动。由于要素产量就是它们的租金,抑制一种要素的作用就相当于降低它们的租金,最终减少这一要素产品的价值。改变每种要素在各团体中的自然分配将损伤总生产能力,用绝对价值单位衡量的社会总价值将会降低。

可见,租金不仅是相对价值的决定因素,也对总价值的决定具有重大影响。

租金这种特殊的影响力来自于它与要素产量的等价性,要素的租金高低代表了要素对产品供应量贡献的大小。比如,土地的租金就等于商品总量中由土地生产的产品。要素的租金等于产品供应量中全部由该要素生产的份额。产品的相对供应量决定相对价值,总供应量决定总价值,所以租金同时是相对价值和绝对价值的影响因素。

任何租金都是要素的生产成果,是全部产量中由该生产要素生产的可以辨别的部分。所以要素租金决定产品价值。当租金发生变动时,产品价值也会发生变化。要素租金变化引起社会产品总量变化,必然带来产品绝对价值变动。

一种要素对各种产品的贡献额度并不相同,因而当某种要素产量下降时,各种产品供应量虽然都受到影响,程度却各不相同。比如,劳动对呢绒的贡献大于对钢铁生产的贡献,当劳动生产量缩减时,呢绒比钢铁减产的幅度大,因而两者的相对价值也就发生了变动。

由于各产业中工人人数比例不同,劳动对该产业产品的贡献程度也不同,因此劳动生产量的缩减使各种产品的减产幅度各不相同。所以劳动生产能力变化不仅影响社会总产品的绝对价值,而且引起产品相对价值变化。同理,若人为资本产量发生变化也会引起各产品相对数量和相对价值变化。可见,每种要素总租金是产品相对价值的决定因素之一。容易理解,各产业各自占有要素的租金是该产业总产量的组成部分,因此也参与调整产品的相对价值。

工人的租金、土地的租金、人为资本的租金都适用上面的分析,它们都是相对价值和绝对价值的决定要素。

第二节　租金的分配不影响产品价值

古典学派所谓"租金不是价格要素"实际上是要说明地租的分配不影响产品价格。这样的结论同样适用于其他所有生产要素。土地、劳动、资本的租金都是产品价值的决定要素，但它们作为一种收入在地主、资本家、工人中的分配却对价值没有影响。

"租金不是价格要素"尽管是古典学派的观点，现在依然有很多人奉行。从字面上看，这句话似乎表明租金对价值决定没有影响，不管有没有租金，社会产品都按照现有的交换比例交易。

很明显，这种理解与"租金是决定价值的要素"相矛盾。实际上，在这句表达模糊的话中，"租金"具有另外的含义，所以也不能只从字面意思来理解这句话。

"价格"就是产品以货币衡量的市场价值，与"价值"表达相同的意思。而"租金"却不是我们前面所指的"生产要素的真实产量"。即使狭义地将"租金"理解为土地的产量，也不能说租金不影响市场价值决定，因为这种观点无异于说某种产品的一部分产量不参与决定该产品的市场价值。

"租金不是价格要素"这句话中的"租金"实际上指的是"租金的分配"，整句话要表明的意思是租金的分配对产品价值没有影响。租金作为收入的份额，最终归谁所有并不影响产品的市场价格。

古典学派用土地与小麦的例子来论证土地租金的分配不影响产品价值，他们认为，其论据如下：

小麦的总供应量中有一部分来自无租的土地。

市场对小麦的需求增加时，小麦价格上升将带动供给上升与需求平衡。这时，土地的使用边际被扩展，原来弃之不用的土地也用于生产，直到某一等级的土地产量不能弥补工资和利息为止。所以小麦产量中，总有一部分是在最不利的生产条件下生产的，这部分小麦具有最高的绝对成本。但是，在静态规律作用下，每一等级土地生产小麦的实际成本都等于最差等级土地生产小麦的绝对成本，而且正是这个实际成本决定了小麦的正常价格。所以不论是无租土地还是优良土地，生产小麦的成本都一样，并且都等于小麦的市场价格。

即使拥有较好土地的地主说："我不要地租"，但这不会使小麦价格降低，小麦的供应量也丝毫不会因此发生变动，所种的数量将和过去一样，仍然有人需要，而且价格也不会发生变动。所以，耕种较好土地的农民，仍然可以把小麦卖到现在的价格，这个价格减去地租，就是他收入的一部分。可是，地租并不因此而消失，并不因此而减少。不错，这种状况使地租不是落在地主的手中而是落在农民的手中，但小麦的价格并不因为这种变化而受到影响。这其实是证明了：就价格来说，不论是地主获得地租的收入，或是农民获得这项收入，都无关紧要。只要土地对小麦的产量有所增长，不管是地主或农民获得地租，地租将依旧存在。

地租可能从地主手中转移到农场主，再转移到工人，还可以继续转移到民众手中，这些过程都不影响小麦的产量和价格。农场主可能用实物，也能用货币的形式向工人转移地租。相应的，工人也就采取不同的方式将地租转移给民众，而这将是一个极为复杂的过程。我们在这里不关心工人具体如何把地租转移给大众，因为不论他们用什么方式转移租金，都不会影响小麦价格。

综观上面的种种假设，不论是地主"放弃"地租，还是农民、工人"放弃"地租，都没有使地租消失，优良土地的真实产量一直存在而且数量不变。在小麦总量中，总有一部分是优良土地的真实产量，也就是土地租金。上面论述的所有过程都只是租金代表的收入在地主、农民、工人、民众之间的不同分配。不论这些分配方式如何变化，租金本身始终不变，所以产品价值不受影响。古典经济学所要表达的也就是 "租金的具体分配方式不影响产品的价值"。将这个理论应用到实际中，古典经济学证明，在欧洲土地租赁制度下，不论土地是私有还是国有，土地都保持相同的价值。因为不同的所有制只是影响地租的分配，不影响地租的存在性和数量大小，地租始终是产品供应量的一部分，并对价值起着决定性的作用。一个可以消灭地租并影响产品价值决定的假设是：土地变成资本家和工人可以自由使用的自由物品。比如人们可以不受限制地加入任一块土地的耕种并分得收益。可以想象，优良的土地将吸引越来越多的工人加入，最终土地变得拥挤不堪，从而减少了地租。而余下的地租几乎完全分散在工人和资本家手中，所以这种假设实际上使地租消失了。在这一假设中，各种商品的相对产量和绝对产量都发生变化，产品相对价值和绝对价值也就发生了变化。

上面关于土地的结论同样适用于人为资本和劳动。较好工具的级差产量是它们体现的资本的利息，较好劳动的级差产量是其工资。工资和利息可以理解为资本和劳动的租金，它们都是价值的决定因素。认为利息、工资不影响产品价值与不把租金当成价值决定因素是同样错误的。资本和劳动的租金分配，与地租分配一样对价值决定没有任何影响。对所有要素，下面两个结论普遍成立：第一，要素租金是产品价值的决定因素；第二，租金的具体分配方式对价值没有影响。

企业家向资本家贷款购买生产工具进行生产，并向资本家支付利息。利息是资本的收入，而利息来源于工具的真实产量，也就是资本货物的租金。所以利息就是资本的租金。

像农业生产一样，工业产品中也有一部分由无租工具生产。尽管无租工具生产的边际产品具有最高绝对成本，但在经济规律作用下，消费者却愿意支付与之相等的价格。因为供需平衡关系要求边际工具也投入生产才能满足社会对产品的需求。如果没有无租工具生产的产量，产品将供不应求。虽然优良工具生产的实际成本等于无租工具的绝对成本，但其绝对成本却小于无租工具。因此优良工具获得一定租金，这些租金就是工具所代表资本的利息。

正常情况下，资本的利息由资本家获得。若资本家放弃利息收入，这部分利息并不会消失，而是留在企业家手中，所以产品的价值不会因为资本利息的转移有任何变化。企业家也可能放弃资本收入，将利息分给工人，这一次工具租金的转移仍然不影响产品价值。价格还是在供需规律作用下等于无租工具的生产成本，而优良工具继续获得租金。工人也可能放弃利息收入，将这部分租金转移给购买产品的消费者。这一次租金的转移，通常从将产品打折出售的方式使民众获得租金。从表面上看，直接购得产品的消费者支付的价格降低了，似乎价值受到了影响，但实际上是消费者意外地获得了原本由资本家占有的租金收入，抵消了部分购买商品的支出，而不是商品的市场价格和价值有所变化。

总的来说，资本货物租金是产品供应量的一部分，是产品市场价值的决定因素。这部分租金，或称资本利息，在资本家、企业家、工人、消费者之间的分配方式对产品价值没有丝毫影响。

上述关于资本利息和土地租金的关系同样适合于工人工资。

劳动产品总产量中也有一部分是由无租工人生产的，这部分产品具有最高的绝对成本。无租工人手中资本的产量可能远远小于优秀的工人，无租工人使用5000元的资本生产的产量甚至比不上优秀的工人500元达到的产量。所以，无租工人生产的边际产品具有最高的绝对成本。虽然无租工人的比例很小，且只供应成本最高的边际成本，社会却需要这部分供应量来达到供需平衡，所以消费者愿意支付与边际产品成本相等的价格购买所有产品。对于无租工人，产品的价格只够弥补成本、支付资本利息。而优秀的工人的产品虽然实际成本与边际产品相等，绝对成本却低于边际产品。所以，正常价格除了弥补优秀的工人使用其他要素的成本外，还使他们获得一定租金。这部分租金代表的劳动真实产量，构成了大部分社会产品供应量，是价值的决定因素。

对工资分配也可以作类似于人为资本和土地租金的种种假定，比如工人可能放弃工资白白给企业家做工，企业家也可能放弃工资而转移给资本家，资本家仍然可能放弃超额利润而将工资转移给消费者。不管在何种分配状况下，工资只是在占有者之间转移而没有消失，因此产品价值仍然保持不变，商品价格也还是等于无租工人生产边际产品的成本。所以劳动也服从土地和资本的规律：劳动收入决定着产品价值，而收入分配却对价值决定没有影响。

无租工人不创造真实产量，不能获得报酬，而优秀的工人一定不愿意付出没有报酬的劳动，因此实际生产中无租工人极少出现，但这并不影响关于劳动工资与价值关系结论的正确性。工资如同土地租金、资本利息一样是价值的决定要素，而工资的分配方式却不影响产品价值。

劳动租金与土地租金、人为资本租金一样是产品供应量的组成部分，影响产品价格的决定。工资不是价值决定因素的说法是荒谬的。全部工资是全体社会劳动的租金。一个团体的工人的工资，是这个团体的劳动的租金。我们现在不把生产力不同的人看做是租金生产者，而是来考察一个以单位来测量的永久的劳动队伍。无租的工人不能算是一个单位的劳动。虽然他能够做这些工作，可是却不能生产出什么产品。但是，租金最高的工人代表了许多单位的抽象劳动，因为他能生产大量的产品。通过以单位来测量劳动队伍，我们可以从说明利息规律的公式中得到一个剩余数量或极差数量，该数量就是纯粹劳动的租金。

假定劳动的数量固定，而资本的数量逐渐增加。在图八中用直线 AD 表示，资本数量的变动。向下倾斜的 BC 线表示单位资本的生产力，AE 表示每单位资本的利息，因此 ADCE 表示所有资本的总利息，ABCD 表示资本总产量，BCE 则是资本的剩余（或称劳动租金）。

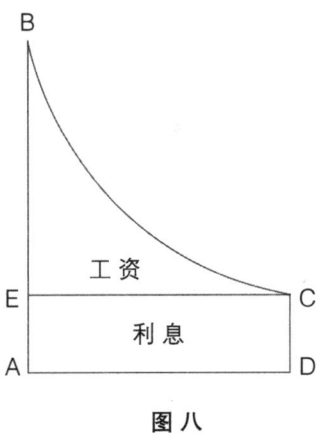

图八

边际产品代表最后单位资本的产品供应，也就是没有劳动辅助的资本生产的产品。前面已经分析过最后单位资本及其产品具有一种独立性，保持劳动数量不变而只增加一单位资本就可以使产量增加一定数量；同样不变动劳动而减少一单位资本使产量将减少相同的数量，这个数量就是纯粹每单位资本的产量。如果不变动资本总量而让它维持在自然水平，产品总量中一定有一部分是由最后单位资本在没有劳动辅助的情况下独立生产的。

边际资本生产的边际产品具有最高的绝对成本，且代表每单位资本的实际成本，因此只有在市场价格等于边际产品成本时，企业家才会使用没有劳动协助的最后单位资本进行生产。各单位资本在劳动的辅助下进行生产，生产条件更好，但这对价格没有影响，价格始终等于边际资本产品的成本。

实际工资表示没有资本辅助时劳动的产品，是总供应量的一部分，因此实际工资是价格决定的影响因素。实际工资减少，说明工人劳动的产量下降，这必然引起一年总产品绝对价值减少。

如果工人放弃工资而愿意无偿劳动，劳动租金一般会留在企业家手中。在价值规律作用下，供需平衡的力量会使消费者自愿以等于边际产品成本的价格购买每单位产品，所以企业家没有必要将一部分工资转移给消费者。但当企业家由于种种原因将这部分收入作为价格补贴分给消费者时，产品价格（注意，此时价值并不受影响）会降低。若企业家将这部分工人放弃的收入转移给资本家，价格却不会有任何变动。

由此可见，全部工资（或称社会劳动租金）与价格的关系，与地租和价格的关系完全相同。

归纳起来，所有生产要素的租金与产品价值具有如下关系：

首先，租金是产品供应的组成部分，由于任一单位产品都支配着价值决定，因而所有形式的租金都是产品价值的决定要素。

其次，尽管租金的存在和大小影响产品价值，但租金分配方式以及最终由谁获得产品却对价值决定没有任何影响。

第三节　要素租金与企业家成本

企业家成本等于边际产品的绝对成本，在静态社会中，所有商品的社会价格会最终趋近于企业家成本。不论企业家使用哪种要素搭配形式，他付出的成本都一样。对社会来说，要素租金是产品；对要素所有者来说，租金是收入；而对于企业家来说，租金就是成本。

企业家成本在价值的自然决定中具有重要作用。

人们常直观地认为，产品总量各部分绝对成本不同，带给企业家的收益也有高有低。实际上，每单位产品实际成本总是相同，等于边际产品的绝对成本，我们称这一成本为企业家成本。静态社会中，一切商品的价格最终都等于企业家成本，所以每单位产品带给企业家的收益也相同。对于每一种商品，最后效用决定了商品价值。对于多种商品，相对数量的变化使成本相同的产品具有相同的最后效用和市场价值。

从企业家的角度看，不论他如何选择和搭配生产要素进行生产，都没有任何实质性的差别。因为在每种情况下，企业家都付出相同的成本，获得同样的收益。

如果企业家将好土地与少量工人搭配进行生产，相当于雇佣了大量的土地和少许劳动。雇佣某种生产要素就相当于购买该要素的产品，因此，企业家实际上是按市场价格买入了大量土地产品和少量劳动产品。前面已经说过，同种产品的每单位具有相同的成本、价值以及市场价格。因此，即使企业家改换要素组合，生产成本也不会改变。比如企业家改用边际土地与很多工人搭配生产。边际土地没有租金，企业家不需要付出成本，但他必须花比原来多的成本雇佣劳动，以抵消土地产量下降造成的总产量减少。这就好比企业家原本用市场价格将土地和劳动的产品各购买一部分，现在改为全部购买劳动的产品。虽然用劳动的产品替代了土地的产品，但企业总产量和各单位产品成本都没变，所以企业家成本也不变。

在静态社会中，产品成本具有与产品价格相同的规律：每单位商品，无论用什么生产方式生产，也不论属于总产量的哪一部分，成本总相等。

企业家使用生产要素生产产品，因此要素租金都在企业家手中产生，代表一定的产品供应量。产品出售以后，租金由产品供应量转化为货币留在企业家手中。企业家不能保有租金而要将这些货币支付给地主、资本家、工人等要素所有者。这时，租金转化成要素所有者的收入和企业家的成本。可见，租金在工厂里是产品，在要素所有者看来是收入，而在企业家看来则是成本。从某种意义上说，租金与成本是同义词，因此成本是决定价值的要素。

　　总结前面所有的内容，租金的本质就是要素的真实产品，产品的数量多寡决定了产品价值，社会所有产品的价值影响每个产业的收入。总地租就是产品总供应量，是价值的决定要素，而价值进一步决定团体分配。而团体分配自行调整，最终使工资和利息趋于一致并消灭利润，因此劳动和资本的生产力也总是趋于一致。

第四节
其他学者对租金和产品价值关系的研究

其他学者对租金和产品价值关系进行过阐述，其中有很多观点都值得吸收和学习，比如维塞尔、李嘉图、马歇尔等的理论。研习传统理论对租金和价值关系的阐述时，要特别注意区分动态和静态，否则将造成误解和理论混乱。

其他学者的观点多少与这一章的观点有过相似的论述。

弗里德里希·冯·维塞尔在其著作《自然价值论》第十二章提出，土地租金的普通部分是价值的决定要素，若租金的差异部分处于次要或从属的位置，则租金的差异部分也可能是价值的决定因素。

马歇尔教授在其著作《经济学原理》第五章中曾提到，农作物的竞争使某种农作物的供应量减少，进而引起该种农作物价格的变动。这样的叙述实际上包含了土地产量影响产品价格的意思。

维塞尔教授和马歇尔教授的这些关于土地租金的观点，与本书具有同样的思想。本书也一直强调，不论是普通租金还是转化为级差形式的租金都构成一定产品供应，因而租金是价值的决定要素。

汤普森认为土地与其他要素"很相似"，土地租金与工资、利息、利润一样是生产费用的构成。本书主张土地、劳动、资本等生产要素具有很多共性，它们的租金都是价值决定要素，对于企业家来说，这些要素的租金也都是生产成本。

在这一章，我们深入辨析了古典经济学派"租金不是价格决定要素"的观点，刚顿也对传统的租金与价格关系作出过批判，不过他依据的是另外一些理由。

在这一章中，我们分析的是静态社会的地租，而不涉及动态变动。在了解早期的地租理论，尤其是李嘉图地租公式时，应该注意那时的研究并没有严格区分动态和静态。人口密度增大与土地报酬递减规律导致的粮食价格上涨，使人们开始关注地租问题。很明显，人们最初研究地租的原因就带着动态的因素，所以那时的学者在设定一年的地租标准时，难免涉及动态领域。在某些情况下，借助动态分析说明静态调整确实是可行的。比如，为了说明水面保持水平的原因，可以借助不规则的水流搅动水面,再分析是什么力量使水面恢复平静。这样的分析方法同样适用于研究工资、利息、地租在产业团体中的分布、调整。

但研究中若不严格区分动态和静态,将产生错误的地租公式,使得将公式运用于动态社会得出的理论结果不是大于就是小于土地的实际收入。

李嘉图地租公式只适用于计算静态社会的理想地租标准,而不适用于动态社会。动态社会往往充满移民、发明创新、商业发展等因素,动态社会土地的实际地租不仅包含静态地租,而且常常添加了企业家利润或减去了企业家亏损。李嘉图的地租公式不能从土地最终收入中分离出真正的地租,因此不适用于动态社会。

要在动态社会中分离和测量地租,不光要有李嘉图地租公式,还要有另一个公式表达李嘉图公式的理想地租与实际地租的差别。限于篇幅,本书不对动态地租的决定作具体分析。

第四篇　分配意义

　　资本和劳动在团体中的分配意义重大，直接关系到产品生产、要素报酬及财富积累。资本在团体生产过程中不断增值，团体会根据其行业特点采取特定的方式促使资本获取更多收益。因此，除生产工具性能的提高外，团体生产制度也是在利用资本进行生产的过程中必不可少的条件。利息是资本的收入，租金是资本货物的收入，扣除各种费用后的净租金与利息相等。古典经济学中的租金，专指土地收入。土地具有级差产量，其收入由生产量直接决定。团体中分配的劳动同样能创造财富，并且最终表现为工人工资和企业家获得的利润。工人的工资标准取决于边际工人的产量，以最后一位工人的劳动产出为标准工资。在资本数量既定的情况下，先前从事生产的个人占有大量的资本和设备，最后一位工人拥有的资本和设备匮乏，产出水平低，但是所有人的工资皆以其产出为标准。无疑，部分工人遭受了剥削，这是经济学家屠能的观点。然而在完全自由竞争的情况下，劳动者生产力总是随着社会发展和生产力进步而趋于相等，生产量相同，工人并未遭受剥削。资本在团体中的合理分配消除了生产和消费过程中的时间因素影响，使二者同时进行，而劳动却不具备此功能。资本货物弥补了劳动的缺陷，使劳动和劳动成果同时产生。劳动者之所以能在进行劳动的同时得到自身需要的各种商品，是因为组织、资本和劳动三种因素的存在。

第1章
资本分配的意义

　　资本从一个很小的数量增长到如此巨大的规模存在着很多原因。其中，生产工具性能的优化是一个因素，而集体生产制度也功不可没。在拥有资本的各个不同的团体之间，常常由于从事行业的特点，导致其为了更好地生存和发展而采取不同的措施。产品生产需要历经一定的时期，在此期间，团体需要资金维持生产和生活。生产间断进行时，储蓄极为重要；生产不间断进行时，必须维持一定数量的工人。资本的正确分配具有重要的意义，能使生产和消费同时产生；由于时间因素的限制，劳动在此方面有所欠缺。资本货物为使劳动和劳动成果同时产生提供了便利，因为它能消除时间间隔。组织、资本和劳动三种因素，为劳动者在进行劳动的同时得到自身需要的各种商品。产品各生产阶段的资本货物及一定数量的工具和劳动者，是保证消费资料不间断供给所必须的两个条件，此外，还必须做到各生产阶段同时进行。

第一节 资本增长的原因

在现实生活中，一些工具总是在被损耗，在损耗之前，它的替代品会被生产出来。这些替代品并非是前者的简单重复，而是经过了性能的改良。随着永久资本增加得越多，这种新的单位也就创造得愈多。通过对新单位诞生的过程、集体的生产制度在其诞生过程中扮演的角色、资本物质结构的新陈代谢、资本质量增长的方式和资本在各生产小团体中的分配方式等内容的研究可以看到，资本在总数量固定的情况下，从一个很小的数量发展到现有的庞大规模，是一个可以想象和表述的过程。

前面的论述如果和一些支撑理论有机结合，那么，关于利息和工资规律的基本内容已经基本完备。从相关的理论中我们可以看出，尽管各个工具在损失之前会创造出自己的继承者，但自身会毫无意外地损失殆尽。所以，投资在各项工具上的资本是永久的资本，但在土地上的投资除外。这些永久资本增加得越多，可以创造出的新单位越多，而这些新增加的单位多半是在原有工作配备的各个资本货物中发展了新的性能。

如果我们需要将微弱的资本数量与使用资本的劳动力相匹配，就需要将生产工具的性能加以优化。经过性能的优化，劳动者使用的工具可以得到很大程度提升。新的全部设备和原来的全部设备在等级上存在的差异，就是新的真正资本的新的单位。这种新的单位主要是在原来的设备的基础上添加新的性能而实现的，是一种十分复杂的组合单位。每当增加生产资金的时候，这种生产工具性能的改良就显得尤其重要。这个新单位诞生的过程是什么？集体的生产制度在其诞生过程中又扮演怎样的角色呢？这些都值得我们去研究。

作为社会的资产，集体对这种新的资本具有支配地位，并且由一个社会规律掌握着这种分配。在没有遇到阻力或障碍的情况下，这个社会规律会充分发挥作用，并对资本进行精确地分配，使得产业系统中的各个企业家都可以得到该资本的一部分。例如，在整个社会的周转资金中又被加入了一亿元的资本，这个新增加资本的某个部分就会由社会中各个生产的小团体得到。至于他们所分得的数额，则会由一个可以找到的规律所决定。如果这种情况发生，那么这个分布广泛的实际资本单位的产量便是利息的标准,而该资本单位主要是在原来生产工具中增加了新的性能。我们会发现,这种社会的分配并不是一个自觉地被某种意识控制下的行动,但却是实实在在的集体或社会行动。此时,我们遇到一个难题,即社会是怎样在确保各个生产团体和小团体都能从整个资金中分得一定部分的基础上,确保它们能得到这个资金的新增加的每一个单位的一部分。社会的这种分配方式令人深思。

在同种规律的作用下,资本被分配到各个产业系统中的小团体中去,同样,劳动也被分配到各个小团体中,这就使得每种产业都可以拥有一定数量的资本与工人。这些增加的社会劳动单位在社会不自觉地调配下,被分配到产业系统中的各个团体中去。一般来说,某一批工人能力的提升,并不能对一个劳动队伍的建立有特别深远的影响,所以,工人数目的增加并不会导致劳动队伍在质量上增长很多。虽说工人能力的增强,在某些方面强化了社会的劳动能力,但是从经济学的角度上考虑是没有太大意义的。因为经济学的关注点集中在工人数目的增加是由人口数目的增加而引起的。资本货物性能的改变,虽然和工人数目固定不变而资本增加时发生的变化在本质上存在不同,但是,它却是劳动队伍扩大时引起质变的原因。众所周知,如果人口的增加建立在资本数量固定不变的基础上,就会引起资本货物质量的降低和资本货物数量的提升。例如,如果一个职位的工作量仅仅需要两个人就可以完成,而因为某种原因由四个人担任,就会出现劳动工具的需求量加倍而每个人创造的价值减倍。这种情况的发生说明劳动队伍在数量上增加时,资本货物在质量上的降低,且资本货物量的增加,可以使实际资本保持在完整无损的状态。

在对该普遍规律进行说明后,我们还要探讨资本质量增长的方式和资本在各生产小团体中的分配方式。我们知道,使资本货物永久存在的因素正是使资本货物得以改善的因素。在现实生活中,基本上每一个生产工具在损害之前都会生产出它的继承者。在关于集体生产制度的说明中,可以看到由于增大实际资本而具体表现资本商品的状况变得更好,也可以得出生产工具的更替状况。

利用表格,我们可以将集体生产制描述得更加充分。尽管形式简洁,但是却可以充分地将影响劳动和资本的规律说明。

iv	IV	d	D
iii	III	c	C
ii	II	b	B
i	I	a	A

在该表中,假设 i、ii、iii、iv 用来表示一件生活必需品从原料到成品的生

产过程。iii可以是一种食品，i则是生产该生活必需品的原料。i可能是五谷中的任何一种，ii是收获了的谷物，iii则是磨成粉的谷物，iv则是用谷物制作的食物。Ⅰ代表羊绒大衣上的羊毛，Ⅱ代表经过加工过的羊毛，Ⅲ则代表已经加工好的布料，Ⅳ表示成衣。同理，a、b、c、d依次代表伐木场里的原木、锯木、木材和房屋。这些生活必需品虽然是必不可少的，但是却不能满足人类和社会复杂的需求。这样的社会作为一个理想的静态社会是可以适用的，除此之外，如果换作其他社会，即使是在思想层面上建立这样的社会也是不现实的。

如果我们把条件加以限制，暂不考虑一些事实并孤立另外一些事实，那就可以对上述的情况有一个大概了解。我们会发现，对一个最简单社会进行劳动与资本分配的规律，同样适用于任何复杂社会中劳动和资本的分配。

在每个产业系统的小团体中，基本都有劳动和资本的存在。此时，另外一个问题需要纳入我们的考虑范围。即：构成资本的具体产品处在不断地新陈代谢中，这种资本的物质结构的新陈代谢是以什么样的方式进行的呢？当那些iv、Ⅳ或d被一个个消耗掉时，现有的被动的商品便会一个个减少。但在各个产业团体进行持续生产的情况下，因消耗而减少的那些产品便会得到补充。劳动工具、生产机器、厂房等现有主动的资本货物在损坏的情况下，又会以何种方式来补充呢？由i、ii、iii、iv等各个小团体所组成的i大团体的全部力量在生产iv这个商品时就已经消耗殆尽。此时，用来直接修复那些制造iv的主动的资本货物的力量就会力不从心。

如果存在一个由众多小团体组成的大团体，且它的主要任务便是制造劳动工具、生产机器等。如果这个假设成立，那么这个大团体就可以用来补充所有生产团体中固定资本损失的部分。我们还可以把那个大团体命名为H，把那一系列小团体业依次命名为A、B、C、D，用来表示生产工具在制作过程四个阶段的情况，也可以用来表示制成主动地生产工具的材料。A表示制作生产工具的原料，D则表示制作的生产工具成品。在每一个工作日，D被取走之后，另一个制成品就会被制造出来。从A生产加工成B，再到B生产加工成C，到C制造成成品D，产品加工的过程连续不断。在加工制造的过程中，原材料a到成品D总是保持着完整的状态。从这一点可以推论出，该生产工具的团体的实际资本在数量上保持固定。

制成品D的目的地在哪里，它的存在又会给H这个大团体的人产生什么样的影响？这些都是令人关心的问题。各个地方都需要D，以便替换掉那些用坏掉的工具。应不同团体的要求，这些制成品或许被运到i，或许被运到Ⅱ，更或许被运到c，又或者被运送到其他更多的地方。还存在一种可能，那就是运送到H大团体所属的各个小团体中去，用来替代由于各种原因而损耗的生产工具。从这里可以看出，D小团体所得到的，一定是具有iv、Ⅳ和d形状的东西。在很多团体中生产者，并不能仅仅依靠自身生产的物品而生存。例如，从事机器制造的人并不能将其制造的收割机、面粉机吃掉而获得生存，他们必须来消费其他团体生产的面包等生活必需品，达到衣食住行等方面的满足。总之，他们必须从其他团体中分配到一定的东西。

怎样满足制造工具的人所需要的消费品？这些消费品以何种方式从什么地方可以获得？在对这些问题进行分析时，我们必须予以慎重对待。这是因为在分析时，如果我们说：劳动使得制造资本的人得以生存，因而它创造了所谓的资本。那么此时我们完全可以这样说。事实上，i团体员工确实是为A团体员工而工作，而资本货物就是他们得到的报酬。但A团体员工的食物，是这些团体中各种工具总产品的一部分，并非是i团体中任何工人或任何工具的一部分产品。任何一个具有购买价值的机器，可以在为其拥有者生产红利的同时，生产出产品来弥补本身的损耗。例如，编织机器织出的布匹中，交给D团体的那部分就是用以补偿本身损耗的那部分。同理，D团体的工人所吃的面粉，是在制造过程中逐渐磨损的面粉机制造出来的面粉。但有一点需要说明的是，他们所吃的那一部分面粉只是作为弥补损耗。这样的话，如果从实质上分析，D团体的工人吃的正是面粉机。

从上文的论述中可以看出，存在数量巨大的iv、Ⅳ、d被D团体吸纳。这就是说，如果这些数量是从前三个团体员工的工资和利息中扣除的话，其他团体的工人就要养活D的团体的工人了。实际上，正如前几个团体间接制造自己主动的资本货物一样，就D团体的工人而言，他们在间接制造自己的收入，只不过这种收入的形式是商品。

D团体是自给自足的，而非是依赖于他人而存在，他们依靠自己的工资和利息而获得生存权，那些同一来源且用来养活其他人，也可以养活自己的物品是他们获益的具体形式。的确，iv、Ⅳ和d等团体制造维持D团体工人存在的物品，但这些物品中归到D团体的那部分数量，等于前三个团体为了补充损耗设备而生产的数量。这个数目净产量不同，与劳动的产量也不同。在这里，净产量可以作为实际资本来衡量。

这样一来，D团体生活的来源虽然来自于前三个团体，却不会给这三个团体造成负担。这是因为创造充分的财富是工具的重要任务，以便来替代那些被损坏的生产工具。这种财富并不是该工具体现出的资本净产量的一部分，而是其总产量的组成部分。资本在这种情况下才具有生产能力，即：一系列接连不断的资本货物可以为其所有者生产利润，一系列工具都可以生产超过用来补偿自身消耗的产量。

在前面的论述中，我们曾提到：不同地区资本的生产力有趋于一致的倾向。但这是有适用范围的，即资本货物不在适用范围，而实际资本则在该范围之列。c团体、Ⅳ团体或其他团体持续不断的工具的净产量，与i小团体中接连不断的工具的净产量会趋于一致。在这个趋势的驱使下，各地所用的生产工具在正常状态下要求有很大的生产量。这些产量在可以用来购置其足够的替代品的同时，又能为使用者每天生产出足够的净收入。和统一的利息规律相关的具体事实相似的是，这种净收入与该工具成本的一部分相似。

如果这样的话，那么D即使被i、Ⅰ、a等各个团体分别获得，它也可以在制造出自己替代品的同时，生产出数量一致的利息。具有这个性质的工具在其存在期间，都会创造出足够的准备金，以用来弥补自身的损耗。需要说明的是，养活D团体的物品便是构成该准备金的商品。实际资本所产生的利息由工具体现出来，并在静态规律的影响下有趋于一致的倾向。由此可以看出，该利息是和补充亏损的准备金完全不同的。供养iv、Ⅳ和d各个团体的物品，是其团体里劳动力和资本的真正产生出来的，而供养D团体的物品，却是组成固定资本的因素所形成的具体形式。

从这方面来说，组成固定资本的因素或主动的资本商品是自给自足的，而实际则更进一步。它除了可以自给自足以外，还可以为其所有者提供收益。实际资本的所有者，并不会对具体表现为永久资本的一系列资本货物的完整性造成损害，而更可能会存在将资本赋予他的东西全部消耗殆尽。

正如前面所指出的，更多的资本在某种意义上就代表了更好的资本货物。下面，我们可以来阐述这种更好的资本货物的产生方式。如前所述，资本货物在得到优化后，意味着A团体变得更加强大，也会拥有更强大的生产能力来弥补固定资本中损耗的组成因素。这时，该团体拥有生产更优秀的劳动工具的能力，但在外在因素的制约下，它真正生产出来的工具都比以前的工具更加优秀。这些经过优化的工具被i、Ⅰ和a等各个团体得到之后，大量性能更为优良的iv、Ⅳ和d等制成品便会源源不断地被制作出来。与原来的工具基本相同，那些性能经过改良的工具在生产出自身的继承者之后，提供给A团体使用的那些剩余的消费品足够使得那个团体壮大发展。

随着资本的增加，一个效果便会慢慢显现出来，即：工人工资增加的同时，利息总额也不断增长。这种情况的发生，意味着iv、Ⅳ和d的生产在某种程度上也会得到增长，但是这种增长并非是消费品数量的增加，而是资本货物在质量上的提高。关于这个问题，在分析价值规律时已经进行了阐述。消费资料与生产资料相似，从整体上来说是由于质的增长而增长起来的。由此可以看出，i、Ⅰ、a和iv、Ⅳ和d之间的差异要大大超过先前的差异。由于工人的精益求精，对原料加工的技术也会越来越先进，这些变化经过不断地积累，便会达到一种很可观的程度。与先前同样的制成品相比，现在的制成品要更加完美。因为有更好的资本货物的存在，那些 i、I、a 等团体在不增加工人时也是可以做到这一点的。

探究资本的原始积累过程，似乎是动态经济学家研究的范围。当我们来研究社会资本增加过程时，似乎超出了静态经济学的范畴，但我们却可以通过相关的研究，来观察那些直接引起静态调整的各项变化。我们之所以密切关注资本的发展，目的在于能更好地辨别资本最后单位的产量，而这种资金是由一个复杂社会来使用的。这个社会之所以复杂，是因为组成它的单位来自于各个团体。在总数量固定的情况下，它从一个很小的数量发展到现有地步，是一个可以想象和表述的过程。如果和现实生活相关联，这个过程就不能不使我们注意到各个团体的活动。如果这种活动能够说明下列问题，那么，它存在的价值就会大大增加。这些问题包括：组成各种资本的物质因素的延续方式、各种资本货物等级的提高方式等。

从表面上来看，一个性能经过改良后的公寓替代一个破旧的工具仅仅是一个代替，但如果从整个一连串的工具的角度出发，这种新旧工具之间的替代未尝不可以看做是一种变化。如果资本数量固定不变，工人数目增加，则资本就会向劣势的方向转化，而在工人数目保持不变而资本数目增加时，永久资本就离开相对落后的资本，进入到先进的形态之中，以另外一种较好的形式出现。

第二节 团体之间的借贷

资本家团体常常需要一段时间才能够生产出成品。而在此期间，他们必须满足自身生活和团体各方面的开销。通过对资本家团体之间、资本家所雇用的工人之间相互借贷的研究，我们发现在生产不间断进行的情况下，供养一定数量的工人成为必要。如果此种情况发生，一些只生产原料的小团体就会产生，他们不需要借贷也能得到供应其使用的制成品。

生产力规律意义重大，在这里我们需要对它作进一步严密分析。正如我们所知的，如果将资本要素按 AD 直线递增（见图九），其结果就是资本货物数量的增加、实际资本生产基金的增加和总资本质量的增加。在前述的分析中我们发现，各个小的团体按照一定规律将生产基金的增量全部瓜分，而且，资金的形式是按同一规律在每个小团体里实现完善的分配。另外，为了更加详细、精准地描述商业活动，我们必须对该图概括的说明加以引申。在图中，我们用 CD 代表资本的利息率，用 AECD 表示利息收入的总收入。假设这是一个静态社会，任何人都不会为了增加资本而将自己的金钱储蓄起来，那么，作为一个阶级的资本家的收入形式以商品为形式，而且这种商品的生产已经完成，可直接用于消费。这也就是前文表格里的 ⅲ、Ⅲ、c 类型的商品，它们可以用来解释产业组织和各种财富的创造方式。不同团体里的资本家按照统一比率，以完成的状态，依照各自的资本数量得到各自收入，但是生产的商品要经过一定的时间才能使用。也就是说，i 资本家团体所加工的产品要过几个月，至少几个星期才可以投入使用，而在此期间，他们必须满足自身生活的需要。这样就产生了一个问题，i 资本家团体是否必须向 iv 资本家团体借贷？由此引发的一系列问题：这个简单规律是否会因为时间因素被打破，使得处于低层的资本家团体必须向上层的资本家团体借贷并给付一定的利息？如果这种给付是存在的，那么在产业系统中各个地方资本的收益均衡是否会因此而被打破？

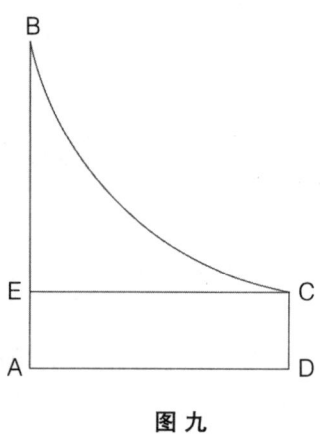

图九

  这样的问题同样产生在工人阶级当中。为iv、Ⅳ、d资本家团体劳动的工人可以将制成品与资本家分摊，并各自拥有其制成品，然后工人将拿到的产品进行交换以得到各自所需的收入。但处于低层 i、Ⅰ、a 资本家团体劳动的工人却由于条件限制而不能这么做。这些处于低层的工人是否必须采取同样的行为，像低层资本家那样向高层工人团体借贷并支付利息呢？

  阶级间的借贷关系能够使借方顺利渡过因商品生产所需资金的困难，在这个问题中，所指的主体并不是一般工人和一般资本家，而是在同一系列生产团体中的不同小团体。再以上述的例子中的 i 系列团体为例，在借贷关系中，iv商品被iv团体借给处于低层的各个团体，但对于iv团体来说，这是否有预付商品的存在呢？从"预付"这个词语的本身意义来说，它所表示的意思是：在一定的时间将一定数量的被动性资本货物提出并使用，在此后的特定时间加以补偿，并且其补偿数量和先前的提出数量一致。也就是说实际情况并非如此，被动性资本存活的数量，在提出和补偿这两个时间段内，存量是减少的。但在实际情况中，iv、Ⅳ、d 商品在被提出的同时也被补偿，这就像充满水的水管一样，水在流出的同时也在不断流入。

  为了探究这种借贷关系（无论是资本家与工人间的还是不同小团体间）是否真实存在，我们设置了一个与实际相吻合的简单试验。假设存在这么三家人，他们都需要日常生活用水；假定其中的第一、第二家拥有资本，而且可以利用，但是第三家却只拥有劳动；假设第一家将资本用来安置抽水机，它可以把水抽到高处，第二家将资本用于设置水槽和滤水器。它们的设置便利了水的使用，能够使水变得"成熟"。第三家与别人合作，提供抽水的劳动。这样，抽水机可以连续工作，将水抽到高处将水槽注满，于是清水得以不断供给。现在，第二家是否需要把水借给第一家和第三家呢？答案是肯定的。第二家借给第一家和第三家的水要比他们直接抽来的水要好，但在他借给别人水的时候没有完全放干水槽里的水。从理论上说，真正的借水行为要求把水槽里的水放干后再用水将其注满，可是，他并没有这样做。在这个事例中，水槽和过滤装置的设置并未使水的数量发生改变，它只是改良水的质量的一种手段。

生产是间断的，而使用却是不间断的，这自然就需要储蓄。如果生产是间歇的，像农业那样，储存就尤为必要。在上述的例子中，假设抽水只能在早上进行，这样，我们就需要两个水槽，分别用来澄清和储存清水。但在这里，单纯的不同小团体之间的关系和资本家与工人之间的关系与这种储蓄所引起的问题有很大不同。如果生产是不间断进行的，这就使得供养一定数量的工人成为必要，这样，就会产生一些只生产原料的小团体，他们不需要借贷也能得到供应其使用的制成品。

第三节　生产和消费能够同时产生的条件

　　工资的形式在一定程度上会受商品存量的影响，如果要想使生产和消费能够同时产生，资本分配未尝不是一个好方法。但因为劳动和时间属于绝对要素，生产和消费同时产生这一条件并不对其有所限制。劳动是生产的主要构成要素。但是，劳动必须经过一定时间才能消费劳动成果。如果想牺牲当前的直接劳动成果，以换取将来更大的劳动成果则需要其他一些因素的作用，而要想使劳动和劳动成果同时产生，就更需要一些生产方法。从某种程度来说，资本货物的存在解决了这个问题，因为它能够使这个时间间隔消失，使劳动和消费能够同时产生。

　　任何时期内，工资水平和商品 iv 的存量存在一定的关系，因为工资的形式在一定程度上受到商品 iv 存量的影响。假设一种制成品的需求和消费是不连续且不规则的，这些制成品就可能在一定时期内被工人用完。因此，资本家只能以其他形式支付工人的工资。在静态状况下，只有季节变化会造成这样的结果。以棉衣的生产为例，棉衣生产可能在全年时间内不断进行，这样在冬季来临时，大量的棉衣需求就可以被全年的生产所满足。如果需求不是间歇性的，就意味着除了未完全完成生产的产品不能拿去使用外，其他的制成品 iv 是一旦完成就投入使用的。在各个小团体完全均衡的条件下，在商品 iv 的整个生产过程中，iv 的完成速度与 i、ii、iii 的生产速度是一致的。在整个 iv 商品的生产体系中，从事某个阶段生产的任何小团体都不存在储蓄。如果情况不是这样，又会出现什么样的结果呢？假定 i 的生产数量比 i 的加工数量多，一定数量的 i 不能被加工成 ii 就会造成 i 的过剩，使得 i 的价格下降，从而引起 i 团体原有的劳动和资本向其他团体转移。这样，在静态规律的作用下，生产力和团体大小在各个团体内达到均衡，也就保证了被动性资本货物生产的连续和顺畅。但是从"被动性资本存货"的意义上讲，它所指的并不是资金。实际上，并不存在被动性资本存货的储存，但除了由不规则需求引发的资本存货储存外。因此，商品的制成速度决定了收入的数量，即 iv 在一定时间内的制成数量决定了收入的数量。iv 在一定时间内被完成的数量是由未完成商品数量和 iv 的完成速度决定的，概括地说，一定时间内成品的完成总量，取决于未完成品的数量和商品由未完成品到成品的速度。而从事未完成品生产的劳动和资本的数量决定了未完成品的数量，因而，工作的效率决定了单位劳动和资本的报酬。尽管商品的生产数量和效率决定着工资和利息总量，生产的效率却决定了工资水平和利息水平。为了解释工资水平和利息水平，我们就要了解 i 的生产和将 i 加工成 iv 的效率。

要想使生产和消费能够同时产生，上述的资本分配方法就是一个必要条件，但劳动和时间属于绝对要素，他们生产和消费同时产生这一条件并不对其有所限制。在原始社会条件下，为满足自身欲望，人类利用自身能力创造财富，他们要做的有两件事：工作和等待。但如果存在资本并作出恰当的安排，劳动成果和劳动的同时产生便可以实现。这样，安排得恰当的资本可以被认为是一种生产要素，这种生产要素一旦投入使用，就会产生可供使用和消费的收入。假如按照以上的各种力量所决定的形式，对永久资金作出恰当的安排，则他们的消费会随着生产同时产生。

在通常意义上，"生产"一般要包含的内容是工作，但要想通过工作来获得产品必然要花费一定的时间。这里一定的时间是指在开始劳动和消费劳动成果之间必然的时间间隔。举个简单的例子，如果一个人想要制作一个木筏来渡河，他就要先砍伐树木来做木筏，这就需要相当长的时间。同样，如果这个人想要的是个木屋而不是木筏，可以预计他将花费的时间要长得多。如果木筏尚未被完成，那么它属于资本货物，我们虽然不能将木筏看做是消费资料，但可以认为它是财富。显然，用于制造木筏的一块木头就属于这种财富。由此我们可以得出结论：在最初的财富创造过程中，劳动是唯一必要的。但是我们必须把为制造者提供效用的成品考虑在内。因为在加工原料以制成产品的过程中，可供加工者利用的一定数量的资本货物是完全必要的。而这些成品的获得必然要花费一定的时间。在考虑了这些后，我们给出一个更加严谨的表述：在只有人与自然的原始时期，劳动构成了全部的生产，人在劳动的过程中创造最原始的资本货物。在劳动一定时间之后消费品被制造出来，但不可忽视可供使用的资本货物这一必要条件。因此，有了资本才能创造各种各样的财富以满足人类的需求。在实际情况中，用如此简单的方法制造小屋几乎是不存在的。为了更加有效率地制造小屋，建造者可以利用已经做好的斧头，而斧头的制造是为房屋的制造提供便利。一个人在生产过程中使用某个工具的时间会远远大于制造这个工具所花费的时间，在这种情况下，木屋制造者在特定时间段内能够完成的木屋数量和质量都会有所提高。这样，工具的使用促进了生产，我们便可以认为制造工具花费的时间在间接上提高了他的生产效率。

作为一个显而易见的事实，通过花费一定的时间来制造工具，我们就能得到工具所具有的生产能力。如果我们多投入劳动，增加劳动时间，就能够得到更高效率的资本货物。这样，如果所有的劳动都投入到资本货物的生产上，我们就能够断定：时间具有某种生产能力。但是一个不可忽视的事实是：生产活动中使用的是工具，它的制造必须花费一定时间。

最终，斧头在建造房屋的过程中被用坏，但斧头的价值却在生产服务过程中转移到房屋身上。房屋建造者或许会回顾整个房屋的建造过程，也会意识到：是劳动创造了这间房屋。但要注意的是，辅助这个劳动过程的斧头也是通过劳动获得的。为了将来获得更大的劳动成果，就必须放弃当前的劳动成果去制造资本货物，这是当前劳动的直接结果，接着，更多时间的劳动可以使他获得最终结果。在一定时间内，一个有才能的人通过劳动一定会创造出若干数量的消费品。由此我们得出结论：劳动是生产的主要构成要素。但是，如果劳动必须经过一定时间才能消费劳动成果，最可能的原因就是资本货物的制造——它要花费一定的劳动，但它的存在却有助于生产效率的提高。资本货物参与的生产有助于劳动最终结果的增加，但是资本货物并没有创造财富，因而如果把生产看做一个完整的过程，就不能认为资本货物是生产的因素。

换句话说，如果想牺牲当前的直接劳动成果，以换取将来更大的劳动成果，需要哪些要素呢？要想使劳动和劳动成果同时产生，需要什么样的生产方法呢？假设一个人不利用任何工具去获得木材用于取暖，那么他每次拾取木材所花的时间很少。在上面的例子中，这个人的劳动就不能和劳动成果的享受同时产生，因为从获取木材到用于取暖必然要经历一定的时间。我们似乎可以断定：如果工作过程中有工具参与，则劳动和劳动成果的消费必然不可能同时产生。但正是由于资本货物的存在，劳动的最终成果的效用会显著提高。反过来，如果劳动成果效用的增加是由于资本参与生产的缘故，那么劳动成果的消费必然要滞后于劳动一定的时间。要想获得劳动成果，体力上并不一定需要工具的参与，而在现实中，不可能存在这样的情况。人们可以不利用工具进行生产，但在真正的生产过程中，人们总是愿意使用工具，通过工具使生产更有效率。这样，劳动和消费之间就必须有制造第一个工具所花费的时间。增加任何新的工具都会延长这个时间间隔。近代社会中，有大量的原材料和机械参与到生产过程中，也就大大增加了劳动和消费之间的时间间隔，也就是长久的时间间隔，产生了这种巨变。由此我们得出结论：任何一个人为了直接结果而进行生产，并不是从他参加劳动的时间算起，他是在前人的基础上进行的，因而这个时间要长久得多。

由此我们知道，资本货物的本身便蕴涵着为了获得更多的最终成果而存在的时间间隔；资本却正好相反，它的存在是为了使时间间隔消失，使劳动和消费能够同时产生。由于资本的存在，使得处于现代社会的人与直接从森林获取木材用于取暖的原始人有根本的不同。现代社会各种不同的复杂机器看起来似乎意味着更长的时间间隔，但实际上它们使时间间隔消失，劳动可以与消费同时产生。

第四节
使生产和消费时间间隔消失的三个因素

生产与对应产品的同时产生而引起时间间隔的消失，是由于资本而不是资本货物的存在。只要组织、资本和劳动这三个要素同时存在，劳动者在进行劳动的同时便可以得到自身需要的各种商品。为生产最终产品，各个生产阶段上的资本货物等条件使消费资料的供给不间断地进行。

如果我们把社会看做是一个可以利用合适工具进行生产的有机体，那么劳动的成果就是可以直接用于消费的各种制成品。如果认为社会生产的主体是通过集体进行，而不是单个个人在进行生产，我们就可以认为没有必要把生产和消费的时间间隔考虑在内。工厂中的工人在进行生产，商品源源不断地生产出来，生产的同时产生着商品。

这种时间上的一致，即每一种劳动和它的实际产品的完成在时间上的一致，是和资本货物有区别的资本的作用。个别的资本货物，比如说，一堆从某铁矿开采出来的铁矿石要经过装船、运输、熔炼、铸钢等工序才能被最终制造成一把刀。这个过程必然有很长的时间间隔，实际上，如果从整个参与钢铁业和制造业的资本来看，就会发现这种时间间隔消失掉了。从任何时间点来说，矿山在不断产出铁矿石，运输工具上总满载着矿石，工厂里的选矿厂和炼钢炉里也从来没有缺少钢铁。从静态来看，在这个包含了多个部门的大产业里，各个部门都有相同数量的钢铁。一个部门将一部分钢铁输送到下一个产业部门的同时，也会有等量的钢铁从上一个部门输送进来，这样就保证了每个部门拥有钢铁数量的稳定。现在，我们来考虑一下整个产业离最终产品最远的部门——采矿业：采矿工人用劳动工具将铁矿石开采出来的时候，工厂里也正在产出能够直接用于消费的刀。因此我们可以说：从表面看来，正被生产出来的刀与采矿者的劳动并没有直接联系，但从实质上说，由于一定数量的永久资本的存在，使得采矿者的劳动成果与刀子的生产直接统一起来。为了加深理解，再列举一些事例。假如一个工厂需要用水来推动涡轮的转动以提供动力，而水是通过一个蓄水池将原始的水和与涡轮相连的水管连接构成的供水系统。现在，假设一滴水从蓄水池入水口流入，它必然要经过一定的时间才能去直接推动涡轮，但是把蓄水池的水作为一个整体来看却没有这个时间间隔，一滴水在流入的同时，总是有另外一滴水流出以推动涡轮。之所以出现这样的结果，是因为我们把整个蓄水池的水作为整体来考虑，而不是从单个的水滴来考虑。社会资本也是如此，它就像蓄水池一样（尽管构成蓄水池里水的存量的单个水滴在变化）使得劳动和劳动成果能够同时发生。再如一个人拥有能够供应家庭木材需求的一片树林，一棵树成长为能够使用的大树需要20年。为了保障木材的持续供给，就必须保证林中树木的数量和成长速度的稳定。这就要求在砍伐一批树木的同时，要栽种同样数量的树木，这样，刚栽种的树木必须经过20年的成长才能使用，但实际上他在栽种树木的同时也在消费树木。如果采用的是另外的方法：栽下一颗树苗然后等待它成长为可以使用的大树，将会耗费多么长的时间！正是由于树林的存在，我们可以一边栽树，一边伐木，这样就消除了专靠一棵树所需要的一段等待的时间。所以，要做到今天种树今天就有可用的木材，其关键在于不要过问现在所栽种的和现在所使用的是不是同一个东西。

如果我们要求只有在当下生产出来的商品，才能满足自身的需要，那么我们就不能够满足当前需要。因为，这样就会使劳动和劳动成果的产生出现时间间隔，在这个时间间隔里，我们除了等待别无他法。如果一个产业在加工原料的同时没有相应数量的制成品产出，也会出现需要等待的时间间隔。在现实中，这个等待的时间是不存在的，我们在生产的同时也在产出劳动成果，我们的消费品尽管与正在进行的生产物不是同一物体，但它们实际上没有任何区别，而这并不妨碍我们的消费。这样，在整个产业中，从事非制成品生产的劳动仍旧可以享受到制成品。就拿水来说，正是由于蓄水池里充满了水，才使得刚流入水池的水也发挥了推动涡轮的作用；同样，正是由于充满水的水管存在，才使得离水源较远的居民可以直接使用到水源地的水。而在关于树林的例子中，正是由于一定数量树木和树木生长速度的稳定，使得在栽种树木的同时就可以收获木材。其实，所有的例子都是为了说明：正是由于资本的存在，劳动和劳动成果才得以同时产生。

目前，有人在加拿大的牧场上饲养牛群，有人在美国的树林中获得牛皮并进行加工，有人在英国的工厂将牛皮制成皮鞋。如果在所有的生产过程都有一定数量的资本货物，那么从事最初饲养牛群工作的人通过劳动就可以直接得到最终的产品——皮鞋，并且可从某种程度上认为，他所获得皮鞋就是他的劳动创造的。之所以如此，原因就是一系列资本货物的存在。在整个生产过程中，每个阶段只要保持一定数量的资本货物——不同生长阶段的牛、用于加工的生皮、加工好的牛皮、半成品的皮鞋，就能保证今天可供使用的一定数量的皮鞋。同样的道理，在衣服的生产过程中，只要存在不同生长阶段的绵羊、羊毛、衣料、成衣，我们就可以认为各个阶段人们的劳动都在直接创造作为最终产品的服装，而这也是由于不同阶段上资本货物的存在。

如果我们用 i、ii、iii、iv 表示在同一产业不同生产阶段上的商品：用 i 代表最初原材料，ii 代表初步加工后的材料，iii 代表进一步加工后的半成品，iv 代表制成品。在一个工作日开始时，所有部门的资本货物以这个顺序排列，而在工作日结束时，各个生产阶段的排列为：（i）ii、iii、iv（iv）。

这一系列的变化就是一个工作日劳动的结果。在一个工作日内，一定数量的新的 i 被创造出来。我们可以用带括号的 i 来表示这个过程，由于是新创造的，为了保持序列，可以将它放在前边。i 经过一系列加工变成了一定数量的 ii，同样 ii 经过一系列的加工变成了一定数量的 iii；依此类推，在有同样数量的 iv 被创造出来的同时，最终有一定数量的 iv 脱离工厂，而这可以用带括号的 iv 表示。它进入到分配和交易的过程中，并最终进入消费过程。我们知道，在每个工作日结束时，会有一定数量的 iv 从工厂中生产出来，并被资本家和工人分配，他们按比例得到自己应得的部分，而且不论从事的是哪个阶段的生产，都能在劳动的同时得到劳动成果而没有时间间隔，这个条件也是反复强调的资本货物的存在和在各部门的分配。一个工作日以后，必然有部分 iv 从工厂分离出来，这就会使 iv 的数量减少，这个减少的部分正是通过 iii 加工成 iv 得以补偿，这样可以一直追溯到一个工作日 i 的生产。以后的每个工作日和第一个工作日的情况完全相同。每个工作部门的劳动者都将上一部门的产品加工以补偿本部门为下部门提供的产品，而且在数量上一致。i 的生产，一部分 i 变成 ii，一部分 ii 变成 iii，一部分 iii 变成 iv，一部分 iv 用于分配和消费，这样完整的体系，保证了整个产业的顺利运行和劳动者工资在劳动的时候也同时被生产出来。

这是一幅有组织的产业的画像。世界上的一切生产部门都在不停地进行着生产，农场上种植着农作物，铁路在输送着货物，工厂的机器不断制造出新的产品，而且是大规模地工作着。在世界经济组织中，iv 代表了人们使用的消费品，这一切消费品的生产过程和上述分析的过程一致。制成品不断进入社会交换和消费领域，前一生产阶段的产品不断补充后一阶段的消耗。例如衣服和面包：服装店不断将成衣售出，供货商不断为服装店提供新的货品，纺织厂不断为服装厂提供新的衣料，牧场不断为纺织厂提供羊毛，而牧场上饲养的羊不断生产出新的羊毛；家庭在不断消耗面包，面包厂不断将面粉制成面包，而面粉厂也不断将麦子加工成面粉，土地上生长着的小麦又为农场主生产着麦子，一切都源源不断。一个产业的不同生产阶段，都有相应种类和数量的资本货物使得下一阶段的消耗得以被不断补偿，最终使得消费品的消费也能被完整的补偿，因而整个产业得以不断的生产。

综上所述,要想使得消费资料的供给源源不断,必须满足三个条件:(1)一系列在不同进展阶段中的消费品;(2)在生产的各阶段上,都配备有工人和工具;(3)工作同时进行着。

消费资料是从这个组织生产出来的,而生产资料的供应也源源不断。工人们使该组织的资本货物的存量不至于减少。经常改变形式的资本货物的永久存在,使工人们不必等待就可以消费。

第 2 章
劳动分配的意义

　　劳动创造的财富以工资和利息的方式进行分配。工人获得工资作为报酬，企业家获得投资利润作为报酬。工人工资会随着工人人数的增加而发生改变，工人工资的标准由最后一位工人的生产量决定。经济学家屠能应用最终生产力假设来分析这一变化，得出旧有工人会因新增工人的出现而受到剥削的理论。对这一理论的进一步研究，发现旧有工人生产量的减少，并不是由于工作量的变化，而是资本的差额。把这一理论推广到一个行业，可以得出两种观点：一为旧有工人生产量的下降，是由于新增工人的出现使其资本分配减少；一为总资本不变的情况下，生产量的增加是由于新增工人的劳动。无疑，二者互相矛盾。通过分析，我们发现生产量的变化受资本和劳动两个变量的影响，而实际上，这种影响也没有明确的数学关系，因为还有一个可有可无的地带存在。可有可无地带为工资的制定和人员的变化提供了一个缓冲，同时还由于其界限的模糊而提供了一个可以衡量社会所有劳动生产力的标准。

第一节　工资分配的方式

工人获得工资作为劳动的报酬，其分配以最后一位工人的生产量为标准。经济学家屠能曾把最终生产力的测验应用在劳动和资本上，认为如果生产力发展完善，所有工人的生产量相同，报酬也会相同。但不同的工人之间，总存在有劳动差异，这会使一部分工人受到剥削。在资本总量确定的情况下，首先从事工作的工人拥有较多的生产资本，生产量也更多。新工人加入后，并不能产生更多的生产量，而是从事一些以前无人问津的工作；以生产量为标准为所有工人制定工资，无疑使旧有工人受到剥削。旧有工人工资的降低源于资本的减少，而不是劳动的减少。

假定社会是静态的，资本也不增加，则工资和利息就具有商品的形式。这些商品将不断生产，并且和各个小团体中的劳动和资本的生产活动同时进行。它们同时也提供给团体中的人们消费。

这些商品中的利息是由资本赚来的，而资本的收入应当是一致的。就是说，资本使团体的人所获得的，应当一致。但是全部资本的收入，是否刚好等于它所生产的呢？显然，最后单位资本的收入，是等于它所生产的，而其他单位的资本，也是等于它所生产的。但前面几个单位，有没有受到剥削呢？劳动方面，也有这个问题。应当承认，最后单位的劳动，确实获得了他所生产的收入，但在最后单位之前的工人，有没有获得他们的全部产品呢？在自然规律起作用的条件下，全体工人的收入，是否和他们的劳动生产量相等呢？如果最后生产力规律充分发挥作用，前面几个单位的工人，岂不是受到剥削吗？

记住这些问题后，我们再来假定资本数量不变，工人以个人为单位进行劳动，第一个从事生产的工人无疑会获得大量的资本和充分的生产设备。假定总共有10个工人，则第一个工人用来进行生产的资本是后来每个工人的10倍。在生产力完全发展的社会中，工人可以拥有最贵重的材料、最坚固的建筑物、最充分的动力和最完善的设备，因此，每个工人的产量都会是非常巨大的。

因为资本的总量不变，在竞争规律存在的前提下，第二个工人的劳动肯定会比第一个工人少，这样可以得出一个结论：如果每个工人获得同样的工资，总存在一部分工人的劳动是被剥削的。例如一个工人一天生产价值10元的产品，另一个工人一天生产价值5元的产品，而两个人的收入都是每天5元，生产价值10元的产品的工人明显受到了剥削。在生产力没有完全发展的社会里，存在这种情况再正常不过。

经济学家屠能曾做过一个研究，他把最终生产力的测验应用在劳动和资本上，用以此得出的结果来确定工资和利息。他得出这样一个结论，最后单位工人的生产量决定所有工人的工资标准，最后使用的单位资本的生产力决定利息的标准。在一家工厂里，新工人由于对操作环境不熟悉和工作经验不足，生产量一般会比熟练工人少，生产力也会相应缩减，而工厂主却以最后的工人的生产量为标准支付所有工人的工资。

屠能的这一理论，显然属于剥削劳动理论，这一理论并没有直接解决工资和利息问题。因为屠能的理论本身并不完善，它没有接触工资和利息的本质，而且得出的结论与事实相违背。事实上，在完全自由竞争的情况下，一切劳动的报酬趋于和一切劳动生产量相当，一切资本的利息趋于和一切资本的生产量相等。经济学家们在阐明工资标准时，仍会认为工资标准是由预定的以工资形式分给工人的资本的数目来决定，利息标准由供需关系来决定。不过，屠能对于最后生产力原则的引进，可以给经济学的研究者们指出一条正确的路径。

屠能的理论指出旧的单位会受到剥削。在一个农场收割谷物的季节，该农场已经拥有一批工人，现在又增加一个工人，最后一位工人的加入，会使农场主能够更加细致地收割谷物，或者收集以前没有多余劳动力收集的小洋薯。对这个工人价值的判断，体现在他对收获物增加的数量上面，显然，此工人生产的是一些价值较少的产品，从数量方面与以前工人相比差距很大，而以前工人的工资却因为新工人的加入而降到和他同样的标准。

从资本和劳动两方面考虑工资会得出不同的结果。屠能的理论需要经济因果这一原则作为前提，这一理论的观点是：随着社会发展和生产力进步，劳动者生产力总是在趋于相等，因此最后所有工人都会拥有相同的生产量，得到同样的工资作为报酬，这对所有工人都是公平的，任何人都没有受到剥削。而从资本方面考虑，就会发现农场中工人的超额工资来自于他们的较大生产量，这一较大生产量又来自于他们以前所拥有的超额资本。过剩的资本会产生额外的生产量，旧有的工人并没有受到剥削。无疑，两种理论彼此矛盾，屠能的理论前提是个假设，所有工人生产力相等这一情况实际上并不存在，从资本考虑得出的结果更接近现实。

屠能理论和竞争关系理论尽管彼此冲突，但在对工资价值的最终评判标准上是一致的。工人的收入来自其生产量，生产量的价值体现在生产物品在市场中的价格，同一市场中的同一商品只有一种价格，这一价格就是工人收入的最终评判标准。如果所有工人的生产量都相等，用最后工人的生产量为标准来确定所有工人的工资就是公平的。但是，如果最后工人的生产量比其他工人少，以他的生产量为标准来确定所有工人的工资，其他工人就会受到损失。屠能理论的前提是最后所有工人的生产力相等，但由于不同工人间存在差异，这一理论还应发展为特殊生产力理论，以使不同工人的工资和自身生产力相符。

要对怎样调整工资和利息的理论作进一步阐明，最重要的是扩大研究范围，从一个产业发展到包含一个经济社会的团体和小团体的整个系统。同时，还需要对资本和资本货物加以区别，对最后一个单位（决定利息的单位）资本的性质说清楚。最后单位（决定工资的单位）是社会的单位，存在于各个小团体中，资本的最后单位也是一样。价值规律在社会分配中起着积极作用，研究分配论时应把这一规律考虑在内。屠能的学说自创一派，他把最后估价的原则应用在劳动和资本上，并把生产力作为估价的根据，以后在这一领域的研究者都不能称为独创一派，提出相同的观点只是对屠能理论的重复，在这一基础上提出新的观点也不能称为发现新理论，而是对屠能理论的发展。屠能的理论证明的事实是自然规律只要不受阻碍，就可以排除一切剥削最终达到公平。如果能够发现倾向于使各个单位的劳动生产量在同一个时候相等的规律，使单位资本的生产量相等的规律，使工资和劳动的总产量相等的规律，以及使利息和资本的总产量相等的规律，就可以得出工资和利息论的主要原理。在此基础上作进一步研究，就可以发现旧有单位超额的生产量并不是来自于劳动，而是来自于剩余资本。这一研究表明，工资的自然规律，竟能提供出可以满足屠能要求的合理结果。这恐怕也是屠能未能预料到的。

第二节　劳动和资本对工资分配的影响

关于生产量差额存在的原因，主要有源于资本的再分配和源于劳动量的差异两种。劳动和资本对工资分配会产生不同的影响，可以对其作量化分析。资本分配的形式和劳动方法会随着劳动人数的变化而改变，新人员的加入会使资本重新分配以适应人员的变化，同时劳动人数的增加会产生新的劳动方法，这些变化都可以量化分析。除此之外，可有可无地带的存在也不容忽视，在这一地带，各方面变化的影响都更为模糊也更有弹性，而且有助于工资的调整和新生企业的发展。

现在，我们假设某个工厂有一批工人，拥有大量的贵重的机器，而且生产量也非常高。然后，我们再为该工厂增加第二批工人。

因此，我们可以提出两种意见来简单地说明上述事实。这两个意见包括了全部经济因果的理论，那就是，应该从那种因素中，寻找出混合的社会生产量的每一部分。这两个意见，其一是：

第一批工人在第二批工人到来之前可以使用全部的劳动资本，第二批工人到来之后资本的总数量并没有发生改变。第二批工人和第一批工人平均分配资本，在相同的资本条件下，二者生产出同等的产量。第一批工人的资本减少，生产量相对于以前也减少，这个减少的量可以视为以前额外资本所生产的数量，我们可由此测量出工人所让出资本的产量。第一批工人生产量的减少完全是由于资本的减少，并不是劳动量的减少，而过去额外的生产量也是由于额外资本的缘故。从这个观点来看，对第一批工人的剥削并不存在。

现在我们面对的，是应从什么因素中来寻找混合的社会生产量。对这一问题历来有两种观点：一种观点是，第一批工人使用全体资本时的生产量和他们现在生产量之间的差额，来自于他们以前所使用资本和现在所使用资本之间的差额；其二是，第一批工人劳动使用全部资本的生产量，和两批工人共同使用相同数量的资本时生产量的差额，来自于第二批工人的劳动。

如果用另一种观点来看就会发现，两批工人在总资本不变的情况下，所生产的生产量比一批工人要多,这个增加的数量可以测量一切工人在现在条件下的生产量。尽管我们极力避免,这一问题也最终会显现出来,那就是,不同单位的劳动生产量有大小的不同,生产量并不与工人和资本数量呈简单的比例关系。每一个工人使用属于自己的资本,但此时他生产的产量不及过去拥有双倍资本时的一半多,现在产量与过去产量之间的差额,可以测量一个单位的劳动所使用的半数资本的生产量。

以上的两个差额我们可以用公式来表示,假设 C 为产业中所用的资本数量,L 为一个单位的劳动。C+L 则表示一个工人单独使用全部资本时的生产量,(C+2L)/2 表示一个工人使用半数资本时的生产量,二者相减就是半数资本的生产量。用 C+2L 表示两个工人共同使用全部资本时所生产的产量,C+2L 与 C+L 的差额就是一个单位的劳动生产量。

以上关系也可以用图来表示。在图十中没有直接表示资本 C,C 作为基本量包含在图中。$ABA^{I}B^{I}$ 表示一个工人单独使用全部资本时所生产的产量,$ABA^{II}B^{II}$ 表示两个工人共同使用全部资本时所生产的产量,而半数资本的产量就为 $ABA^{I}B^{I}$ 的面积减去 $ABA^{II}B^{II}$ 面积的一半所剩下的面积。在这里 $A^{I}B^{I}A^{II}B^{II}$ 表示完全由第二批工人生产的生产量,这一产量可以算作是任何一批工人的生产量。第二批工人的生产力自由发展,每一个工人都获得在一般情况下所生产的产量以及相应的资本,没有受到什么不自然的限制。

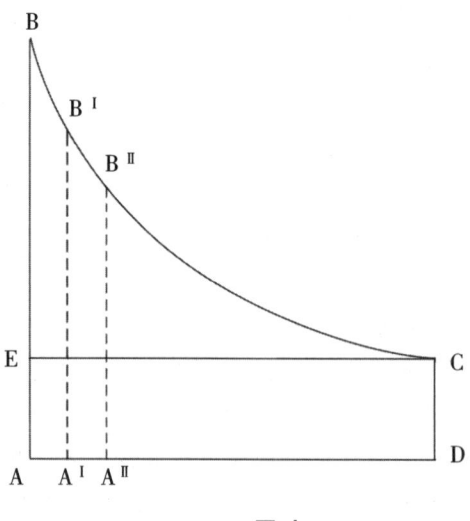

图十

随着工人数量的增加,图表也会发生变化,如图十一所示。当第三个工人加入进来后,他的生产量用 $A^{II}B^{II}B^{III}A^{III}$ 的面积表示,以此类推,直到人员饱和为止。

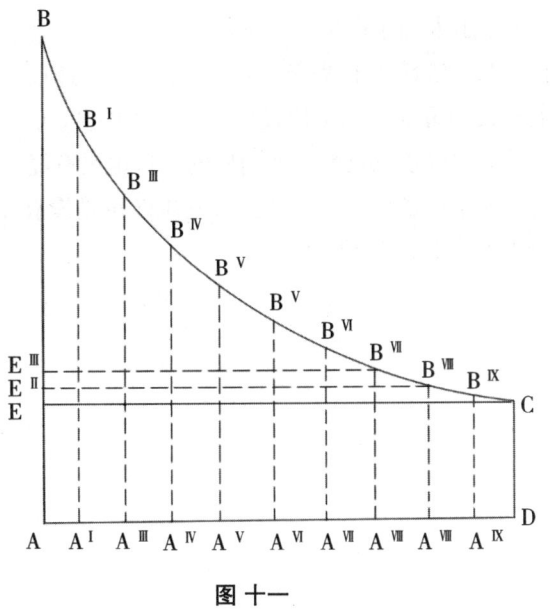

图十一

制定工资时以最后一个工人的劳动生产量为标准，即 $A^{IX}B^{IX}CD$ 的面积。这一标准的含义为共有十个单位劳动时任何一个单位的特殊生产量。当如上述总共只有两个工人时，这一说法同样适用。总共只有九个工人参加劳动时，九个工人平均分配总资本，每个人的生产量以 $A^{VIII}A^{IX}A^{IX}B^{IX}$ 的面积为标准进行测量。这样可以得出九个工人的总产量为 $AE^{I}B^{IX}A^{IX}$ 的面积。而 EF 和 $E^{I}B^{IX}$ 之间的面积则为以测量九个工人使用全部资本时的生产量和使用 9/10 资本时生产量的差额。十个人共同使用总资本，每一个工人使用总资本的 1/10。这样，$AEFA^{IX}$ 代表全部工人在获得全部资本和他们合作时所独自生产的数量的 9/10。资本对产额的贡献在此图中没有表示出来，$EE^{I}B^{IX}F$ 表示的不是一定数量的资本对于产业的生产量所增加的全部数量，而是代表一个增加的资本单位对于产业的总产量中属于劳动那一部分所增添的数量。

工人的总数量为八个人时，每个人的生产量按 $A^{VIII}B^{VIII}B^{VIII}A^{VIII}$ 计算，总产量则为矩形 $AE^{II}B^{VIII}A^{VIII}$ 所表示的面积。$E^{II}B^{VIII}E^{I}B^{IX}$ 的面积表示八个人使用全部资本时的生产量和他们同第九人共同使用资本时的生产量的差额。由于第九个人的出现，以前的八个人把全部资本的 1/9 分配给第九个人，$E^{II}B^{VIII}E^{I}B^{IX}$ 的面积就表示这八个人由于资本的减少而在生产力方面受到的损失。生产资金每次按人数比例减少都使单纯由个人劳动所生产的产量减少一些，以此类推，工人人数由七个增加到八个时先前的七个人也让出全部资本的 1/8，相应的这七个人的生产量也减少了。

图十二和图十三分别表示劳动和资本对生产量的影响。图十二中 $A^{IX}B^{IX}CD$

的面积表示最后一个工人的生产量,也是计算工资时的标准生产量,我们可以确定地说,所有的工人产量都大于或等于这一数量。提及最后生产力规律时我们难免会怀疑前几个工人的劳动会不会比最后一个工人的劳动产生的生产量高一些,毕竟旧有工人对环境和设备更熟悉,做同样的工作也更有经验。实际上单纯考虑劳动时前几个工人的生产量和最后一个工人的生产量是没有差别的,AECD 表示单纯由于劳动所生产的最小数量。

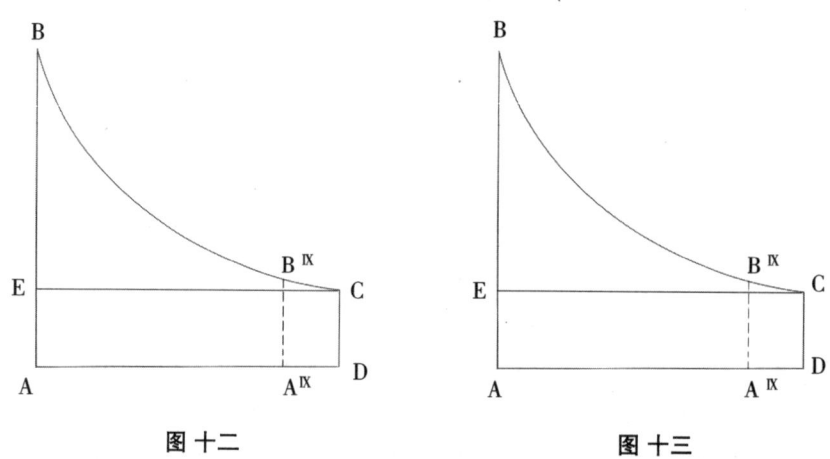

图十二　　　　　　　　　　图十三

图十三中表示的资本对生产量的影响,横轴 AD 测量的是资本而不是劳动。假定工人数量不变,从图中可以看出,资本的各个连续单位的生产量随着 BC 曲线下降。$A^{IX}B^{IX}CD$ 表示的是最后单位资本的生产量,任何单位资本的生产量都大于或等于这一数量,与此相应,十个单位资本所生产的数量也只能大于或等于 AECD。

图十二中不是由劳动产生的生产量为 EBC,如果图十三中的 AECD 和 EBC 面积相等,就表示 EBC 为资本的生产量。假设市场是完全自由竞争和纯粹静态的,企业家就没有任何利润,其所得回报为投资的利息。ABCD 只包含工资和利息,全部的 EBC 都是资本的生产量,而 ABCD 必定和 EBC 面积相等。

同样的,可用 EBC 表示劳动生产量,EBC 的面积小于或等于图十二中 AECD 的面积。假定市场为纯粹静态的,ABCD 就只包括工资和利息,不包括企业家的利润。EBC 和图十二中的 AECD 面积相等,完全是劳动的生产量,与资本无关,因为 AECD 长方形是由劳动生产的最小数量得到的。

我们从以上分析可以得出:资本的形式会随着使用资本的人数而发生变化。每当有新成员加入劳动队伍时,资本形式都会作出相应的调整以适应劳动者的使用。与此相应,随着劳动人数变化的还有劳动的方法。劳动的变化并不是简单的与劳动人数呈正比的关系,劳动的队伍一个一个的增加起来,花在工作上的力量随之增多，但工作的内容也随之发生了变化。新增的劳动力并不是从事新的劳动，而是把旧有的工作做得更细致。在农场耕种中，这一点尤为明显。如收割庄稼时，旧有的工人足以完成庄稼的收割工作，新增的工人所从事的工作则是把以前无人问津的小稻穗收集起来，或者在从事土地耕种工作时把土地耕种的更仔细更均匀。除工作内容的改变外，工具的更新也会带来工作方式的改变，但劳动的性质并没有发生改变，仍然是可以测量的。

除了这些明显且可测量的变化，前几章还曾提到过可有可无地带。在这一地带，雇主可以根据他所付的工资多雇佣几个人而不受到损失。劳动量并不与劳动人数有严格的数学关系，在大团体中，工人的人数经常会发生变化。这并不是说旧有的工人把一定范围内的工作皆完成，新增工人就不得不从事另一个领域的工作，实际上，新增加的工人可以和旧有工人从事一样的工作。

可有可无地带的存在主要有两个作用，其一是它有助于工资的调整。工资的标准并不是严格按照最后一个工人的劳动量来确定的。一个产业可有可无地带的工人通常和另一个产业可有可无地带的工人拥有相同的生产力。其实，我们的研究要求整个产业界的可有可无地带的劳动生产力都是相等的，这样工资的制定和人员的变动便可以有很大的弹性。可有可无地带的第二个作用在于促进竞争。由于可有可无地带的存在，一个产业人员的变动更有弹性，因此对一个没有任何特长的年轻工人来说，仍有许多工作等着他去做，无论在哪一个行业，他总能找到一份工作。一旦有了一技之长，他就可以寻找更有技术含量的工作。企业家也可以从这一弹性获利，一个企业家进入一个新行业时，他可以从这个社会广阔的可有可无地带吸收工人组织工厂，不一定非要从旧有团体中获取人才。可有可无地带在科学上也有很大的重要性，不同行业生产力的界限在此模糊，这样就提供了对一切劳动生产力衡量的标准。如果劳动和资本已经随着人数作出了相应的调整，则可有可无地带中的生产量就可以作为所有行业劳动创造生产量的指标。

知识链接 **可有可无地带与边际工人**

每个企业、每个部门都存在一个可有可无地带，将这一范围扩展到全社会，就会形成一个全社会的可有可无地带。可有可无地带的劳动称为边际劳动，从事劳动的工人称为边际工人。所谓边际工人，是指他们站在资本集约利用的边际上，对雇主来说处于可有可无的地位，雇佣或解雇他们对雇主无利亦无害。边际工人是最后增加的工人，根据劳动力递减规律，每追加一个工人，劳动生产力就会递减，而最后增加的工人劳动生产率最低。这一生产率不仅决定边际工人的工资，也决定所有与其处于同样工作条件的工人的工资，从这一角度说，边际工人的存在是对旧有工人的剥削，但对雇主来说却是有利的。整个社会的可有可无地带可以让雇主在制定工资时拥有更具弹性的选择空间，他可以通过决定边际工人的人数来调节所有工人的工资水平。

第 3 章
工具产量与经济因果律

"租金"一般是指资本货物的收入,"利息"是指资本的收入。资本货物是资本的表现形式,资本则是资本货物的内在价值。因此租金与利息也关系密切,利息等于资本货物总租金补偿费用后的净租金。古典政治经济学认为,土地具有区别于一般资本的特殊性,即:土地总量固定且土地收入来源于级差产量。因此古典经济学中用"租金"专门代表土地的产量。在静态社会中,不仅土地的总量固定,资本的总量也是固定的。并且一切生产要素的收入都来自于它们的直接产量,等于它们的净产量。而从另外的角度看,包括土地在内的生产要素收入又都可以转化为级差收入。可见,古典政治经济学对土地和资本的区分在这里的分析不适用。尽管静态社会中土地和资本的总量固定,各要素却可以在不同产业间流动,因此静态社会中各个团体的生产要素数量可以增减。各种生产要素的流动遵循着统一规律,要素的流动,最终使每单位生产要素达到最大产量。由于土地的"形式不可变性"和"特殊适应性",土地的流动还受到其他一些限制。古典政治经济学强调土地具有级差产量,实际上,其他资本以及劳动也具有级差。好的工具和高素质的工人自然具有更高的产量。因此,如同土地具有耕种边际一样,资本和劳动也具有使用边际。边际线上要素的产量刚好等于这些要素占有的其他产量的边际产量,因而没有真实产出。边际线以上的要素生产真实产量,因而被用于生产;边际线以下的要素则被闲置。当生产力提高时,所有要素的边际都会被扩展;当某一种要素相对于其他要素数量增加了,则其他要素的使用边际将被扩展。

第一节 租金的含义

现实生活中，人们理解的租金泛指所有形式资本货物的收入。资本货物与资本对应，资本是资本货物的内在价值。利息是资本的报酬，它等于资本货物的总租金减去一些费用后得到的净租金。古典政治经济学认为，土地具有区别于其他资本的特殊性：一是土地数量固定而资本数量可以随意增减；二是资本由产量直接计算收入，而土地使用级差数量计算收入。因此古典政治经济学用租金特指土地的收入，这与现实生活中通用的租金的意义是有所差别的。

古典政治经济学中的"租金"是土地作为一种生产要素的收入，而现实生活中，几乎一切物品不管跟土地有无关系，都可以获得租金。比如一条船、一匹马或是一台机器，出租它们的收入也被叫做租金。建筑物虽然跟土地有一定关系，但土地价值在建筑物整体价值中的份额很小，所以在房屋租赁中，不论是出租方还是承租方，都很少在租金中考虑土地的因素。

由于无形的资本分布在各种物品中，要研究资本的收入，就必须弄清每个工具，也就是每种资本货物的生产量。资本货物与资本关系密切，因此对资本货物的研究将有助于揭示资本的收入。找出了每种资本货物与其产品、租金的具体关系，就可以知道全部资本与全部资本货物的联系。

资本永久存续，且不断变换着形式，以各种资本货物的方式存在并参与生产。利息是资本生产商品所得的收益，也是资本组成部分。

尽管资本货物就是资本的表现形式，但却不能说利息是这些资本货物组成部分，而只能说利息是以建筑、船舶、马匹等资本货物表现的资本的一部分。资本货物的收入不叫利息，一般称为租金。

租金是各种具体形式资本货物的收入。每种工具都可以在完全磨损前创造一定的财富，比如一把斧头可以赚2元，铲子可以赚4元，船可以赚50元，一座房子赚10万元，这些资本货物的收入就是它们的租金。要注意的是，租金指的是资本货物的总收入，而不是净收入。总收入还包含了购置新工具的成本。以房屋为例，房客支付的总额就是房屋的租金，是房屋作为一种资本货物的总收入，房东必须先从租金中拿一部分，留做以后房屋毁坏时修理或建新房的费用，剩余的部分才是房屋的净收入，也就是房东可以随意消费的部分。进行类似分析，也可以找到其他形式资本货物的总收入和净收入。

先不讨论具体工具的价值，而是将资本货物独立于资本进行讨论。将各种使用中的资本货物在一定时期赚的财富加总便可得到总租金，即所有资本货物的总收入。从总租金中扣除这一时期用于维护资本货物的费用，就是净租金，或者称为实际收入性质的总租金。净租金是资本货物所有者可以随意消费的部分。

虽然土地在静态社会中价值是固定的（动态的情况下，土地有升值的趋势），但是工具形式的资本货物的价值即使在静态社会，仍然会由于磨损而不断减小，也就是折旧。所以，工具的总收入由于包含了被磨损减少的工具价值和修理工具的成本，并不全是它所创造的财富，这就是为什么我们要严格区分总租金和净租金的原因。

现在加入工具价值的讨论，将资本与资本货物联系起来，可以发现净租金实际上就是利息。净租金是所有使用中的资本货物的净收入，利息是资本的收入，通过计算，两者在数量上是相等的。资本就是资本货物的价值，所以把净租金理解为资本货物的一部分价值时，它就自然地转化成资本的利息。可见，净租金与利息仅仅存在理解角度和计算方法上的不同。讨论资本创造的财富时，应将这种收入理解为利息；而要涉及到资本的具体形式时，就要将这种收入理解为净租金，但它们针对的是同一笔财富。净租金计算时与利息的区别在于：净租金由总租金减去工具磨损和修理费用得到。相对利息而言，人们更关心利息与资本价值的比值，即利率，因为它反映了一定时期利息的标准。

实际上，资本货物的净收入就是隐藏在资本货物里的资本的利息。利用租金与利息的关系，可以获得利息的标准——利率，即在一定时间资本所得收入占资本总价值的比例。具体方法是：先由租金减去必要的费用留存，得到各种资本货物净收入的加总（即利息），再计算各种资本货物的总价值（即资本总额），最后用净收入加总除以总价值就得到了利率。

在以后的论述中，统一将利息看做永久资本的生产量，将总租金看做所有资本货物的总生产量，从总租金中扣除购置新工具的费用后的余额就是净租金。

上面关于租金的定义都是依照实际生活人们使用的"租金"的含义导出的，它适用于所有形式的资本货物。在古典经济学中，"租金"一词仅限于表示土地的生产量。另外，前面的租金是资本货物价值的一部分，土地的租金却与土地本身的价值没有关系。可见，前面的租金与利息的对应关系对土地并不适用。

古典政治经济学将"租金"定义为：租户为使用土地原有的"不可灭的特性"而付给地主的代价。古典政治经济学发源于英国，土地并不被视为资本，因此特指租户使用土地代价的"租金"与利息有着很大的差别。然而，在美国，土地一直被当成一般的商品，土地像所有其他资本货物一样被估值。人们在决定是否购买土地时，要将土地的收入与其他投资品能带来的收入相比较。所以在我们看来，土地与其他资本货物没有什么不同，美国实际生活中"租金"的适用范围也不限定于土地。

古典政治经济学家在区分土地和资本时，主要使用如下依据：

（1）土地的数量是固定的，而工具却可以随意增加。

（2）土地与资本收入的计算方法不同。土地的收入用级差的方法计算，一块土地的租金，等于一定劳动和资本在该土地上的生产量，减去相同的劳动和资本在最劣等土地上的产量。

古典政治经济学强调了土地相对与资本的特殊性，在下文中将看到，静态社会中，土地和资本的区分其实没有实际意义。

第二节　土地和其他资本的分配规律

静态社会的土地和资本的总量都是固定的，而不是像古典经济学所说的"土地的数量固定的，而工具却可以随意增加"。尽管数量固定，资本和土地的流动使社会中的团体占有的土地和资本数量却可以增减。资本和土地在团体间的流动和分配，遵循单位产量最大的原则。由于土地具有"形式不可变性"和"特殊适应性"，因此土地的分配还要满足另外一些规律：其一，每块土地都被用于它们能发挥最大产能的用途；其二，分配给所有土地的每单位资本具有相同的产量。

在静态社会，不仅土地总量固定，资本的数量也是固定的。这个假设也是在任何一个时候的动态社会的情况。世界上的资本，不会在一刹那发生变动，利息率也以当时世界的资本总量为依据，所以静态社会资本数量不变的假设是合理的。又由于资本数量不会发生动态变化，所以静态社会的资本总量也像土地一样是固定的。因此，古典政治经济学对土地和资本的第一点区分不适用于静态社会。

此外，工具的价值取决于它的成本，而工具数量则取决于它的收入，如果一种工具生产力很强，能取得高于一般社会资本的收入，则这种工具的数量将增加，直到它的收入下降到一般社会资本的平均收入水平。所以资本货物的数量是变动的，价值是变动的，收入也是变动的，而收入随数量变动而变动，最终与资本货物的价值相适应。

土地是自然赐予的，所以没有成本；而土地的收入以李嘉图地租公式测得的数量为标准，土地的价值是土地收入的资本化。所以土地的数量是固定的，收入是固定的，价值取决于固定的收入，所以也是固定的。

一个在经济分析中普遍存在的一个逻辑错误，使人们错误地认为静态社会土地数量固定而资本随意变动。

分析土地时，我们用整体观念来分析一切土地（作为一般生产要素）的总量，而用局部观念分析资本，只关注某一小团体（如某种工具）资本量的变动。可见，我们犯了用总体对比局部的错误，所以不能说明问题的实质。

而要得出正确的结论,就应从整个社会的角度将一切土地与一切其他资本货物进行对比。在任何一个团体或者小团体中,既有一定数量的土地又有一定数量的其他资本货物。由于资本可以流动,对单个团体来说,资本货物和土地的数量都可以增加。但在任何时点,它们的总量都是固定的。在短时间内,人为资本不可能产生足以影响社会生产状况的显著增加。所以静态社会的资本与土地并不存在总量可变动性的差别,他们的总量都是固定的。另外,在任何时候土地与人为资本的数量总是相互适应的,不会太多也不会太少。

以上是将土地和资本的总量进行的对比,现在来考察一个团体内部的资本与土地关系,最终可以发现"土地的数量是固定的,而工具却可以随意增加"的结论同样不适用小团体中的土地与资本。因为,针对一个团体来说,不仅人为资本数量是可以变动的,土地的数量也是可以增加的。

人为资本的流动很容易理解,当一个小团体资本收入高于社会一般水平时,即使总量不变,人为资本也可以从其他团体中转移过来,使这个小团体的资本数量增加。比如皮鞋价格高涨,皮鞋厂增加资本以提高产量,厂家会添置缝纫机、装订机等设备,短期内资本总量不变,同时,原本投资于其他企业的资本,为了追求更高的收入而转移到皮鞋厂。

虽然土地不像人为资本一样在形体上可以移动,但土地可以由生产这种产品改为生产那种产品,所以在经济意义上,土地也在团体之间转移。

实际上,在静态社会中这样的资本流动是不会发生的,因为静态社会所有生产要素的收益都达到一种平衡,不会出现某个团体中要素收益高于社会一般水平的情况,所以资本要素也就没有流动。

总的来说,就静态社会的土地和人为资本而言,它们的总量都是固定的;而一个团体的不论是土地还是人为资本数量都可以增加,因为它可以从外部转移资本,但实际上静态社会资本并没有在团体间转移的动力。

分别从总体和局部考察土地和资本的数量后,我们更关心土地是否必须固定在一个限额上以适应经济规律,而资本却可以随意增减。我们知道,为了获得最大利润,一个企业可以随意增减人为资本,直到出现经济效果最好的状态。那么为取得最佳经济效果,土地的数量是不是必须固定在某一水平而不能增减呢?

答案是否定的,一个企业决定土地的用量和决定其他资本的用量方法一样,都受一般经济规律的制约。小团体中,土地和人为资本的数量都可以增减,它们的具体数量只受前章所述经济规律的影响。经济规律决定一个团体有一定数量的土地和一定数量的人为资本,而且两者一定是相互适应的。如果相对土地人为资本过多,产品的价值就会降低,产品计量的资本收入也会减少;这就造成单位资本生产的产品减少,而且这些产品的价格也降低,所以过剩的人为资本从这个团体流出，转移到收入更高的团体。如果土地数量过多也是一样，过多的部分土地会被用作其他用途，转移到另一个团体。

在经济规律的作用下，每个团体中的土地和人为资本都有各自特定的正常数量。由于两者的数量相互适应，如果某一种资本的数量变更，则土地和人为资本的分配比例混乱，生产便会下降，资本收入也会缩减。

人为资本可以随意变换外在形式，也没有特殊的约束使它必须长期留在一个团体中，它可以在团体间转移。当然，也有某些形式的资本是非常持久的，把资本投放到这些形式上，就不容易把它取出来。这种投资，使我们不能随意抽走一切资本，而是往往要经过很长时间，直到工具损坏以后，才能抽走资本。但大体来说，在每个产业中，损耗快，而且经常更换的资本货物是很多的，所以资本的形式虽然经常更换，也不会出现太大的浪费。

土地转移却具有其特殊性。只要不过于急切地抽出资本，就不会造成浪费。比如土地上的建筑，只要我们不频繁地改变建筑形式就不会造成浪费，但对土地不可毁灭的本质因素，这样的原则是不适用的。

土地在团体间转移时必须按照它们的原状，也就是说，在移动土地时必须将土地连同它们的各种特性原封不动地一起移动。我们不能像在人为资本中做的那样，等一块土地毁灭以后，释放出资本，再用另一块土地代替它。因为土地不会像工具一样被磨损，也不能被创造。

每块土地都有它特殊的适应性，一块适合畜牧或造林的土地可能不适于种粮，适合园艺的土地可能不适于建房，而适合建这类建筑的土地也不一定适合建另一种建筑。土地的这种适应性使它不能像人为资本一样随意在各个团体间流动。

如果不考虑土地的这些特殊性而盲目转移，土地的生产力必然得不到发挥，造成资源的浪费。所以将经济规律应用到土地在团体间的分配时，要先对规律加以修正。

土地应该被分配到适合的用途上，一般不移作他用。如果将土地从专门的用途中转移出去，使它不能发挥最大的生产力，无疑是一种浪费。比如一块水草肥美的牧场，非常适合放牧，但把它改成耕地，产量就会很低。另外，有些边际土地适合两种甚至是多种用途，那么它们应该被重点用于调整团体间的土地分配，而不移动那些最佳用途单一的土地。在调整两个产业土地分配时，我们应注意只移动那些可以两用的土地。比如要调整一个地区商业建筑和住宅建筑的比例时，应该只转换那种既适合商用建筑又适合民居的土地，那些只适合商业建筑或居民住宅的土地则不应该被移动。所以在团体间移动土地时，要遵循一个原则，只移动可以两用的土地。

上面的分析只是直观地表达了土地的特殊适应性，而应用最后价值标准可以知道土地形式资本的真正单位,进而精确地判断某块土地更适用于哪种用途。在经济学中,用生产效能来衡量土地而不是现实生活中用到的亩或平方米。而生产效能又是以单位土地所占有的其他形式资本的数量为标准。比如,纽约市中心的一小块土地集中了大量的资本,而洛基山一个偏僻小镇的土地却只包含了少量资本,所以前者具有更大的生产效能。同一块土地在不同的用途中具有不同的生产效能,代表不同数量的其他资本,使它代表最大数量资本的用途就是它最适合的用途。人们显然不会将在这种用途中,代表十单位资本的土地移动到只代表一单位资本的用途中,因为这无疑降低了土地的产量。如果要补充后一种用途的土地数量,人们也只会从原先就只代表一单位资本的用途中转移。

总之,人们在团体之间移动土地时,不应该使在土地上代表的适应性生产力遭受损失。土地应该将一直留在使它具有最大生产力、代表最多资本单位的团体中。事实上,经济规律在团体中分配土地时,也遵循着这个原则,每单位土地都被分配到它能发挥最大效能的途径中,移动的只是那些具有多种用途而且转换用途不会招致损失的土地。这部分土地的移动也不会无休止地进行下去,而会在土地和其他资本的分配达到最佳状态时停止。这里所称的"最佳"状态需满足两个条件:第一,所有土地都被分配到能发挥其最大生产力,即代表最大资本的领域;第二,所有土地占有的每单位资本具有相等的生产。

虽然人为资本没有特殊适应性的约束,可以随意转换形式,但在决定团体之间资金的分配时,同样要考虑使每单位资本具有最大生产力,从而使资本的总效能最大化。由于人为资本没有特殊适应性,总资本达到最大效能时,每单位资本一定具有相同的生产力(因为

知识链接 KNOWLEDGE LINK 特殊适应性与贸易壁垒

土地具有特殊适应性,只有将每块土地分配到它最适合的用途中,发挥其最大生产力,社会总体才能获得最大收益。不恰当地分配或转移土地,会造成资源浪费。

类似的分析也适用于国际贸易理论。瑞典经济学家赫克歇尔和俄林提出各国具有不同的资源禀赋,因此每个国家在生产特定类型产品时具有成本优势。这种分析其实是说,国家也像土地一样具有生产上的特殊适应性,国家发展生产的政策应该顺应各自的特殊适应性,重点生产并密集出口使用本国储备丰富的资源的产品。比如,资本充裕而劳动力缺乏的国家,如美国,具有生产资本密集型产品的成本优势,那么就应该重点发展资本密集型产业;相反,劳动力充裕而资本缺乏的国家,如中国,具有生产劳动密集型产品的优势,那么就应该重点发展劳动密集型的产业。每个国家都按照这样的规律生产,通过国际贸易互通有无,从全球范围看,总产量将达到最大,每个国家也得到最充分的发展。

经济规律常常带有一定程度的"理想化"的性质,实际生活的现象常常违反经济规律。这就是常常被讨论的"微观主体的理性决策导致集体非理性"。在国际贸易中这种矛盾集中体现在贸易壁垒问题上。几乎所有的理论都说明自由贸易将使各国乃至全世界得到最大利益,但具体到一个国家,却可能为了平衡国际收支或保护国内弱势产业而设置关税及非关税贸易壁垒。

一旦哪个团体资本报酬升高,将吸引其他团体的资本流入。从而降低本团体资本的生产力,提高其他团体的生产力,最终又趋于另一个相同的生产力水平)。经济规律就是按照这样的原则在团体间分配资金,自动使全部资金达到最大生产力。

在静态假设下,土地和资本均达到最大产量的分配状况,并使每个团体中的土地和资本数量固定不变。

第三节　土地和其他资本收入的测量

古典政治经济学认为，土地的收入来源于不同肥沃程度土地的级差产量，资本的收入由直接生产量决定。但古典政治经济学对土地和资本收入决定方式的区分没有实际意义。土地、资本货物、劳动力都有优劣之分，因而所有生产要素收入都能转化为级差收入。然而包括地租在内的所有要素的收入都来自要素的直接产量，等于各要素的净产量。

正如土地有耕种边际一样，工具和劳动也有使用边际。边际线以内的生产要素可以生产实际产量，因而会被用于生产；边际线以外的要素总产量还不足以弥补成本，因而这些要素被放弃不用。每种要素的边际决定和扩展都遵循相同规律：边际要素的产量等于这些要素占有的其他生产要素运用于其他用途时的边际产量。

上一节的内容说明，土地和人为资本具有相同的收益决定规律。而古典政治经济学派认为，土地与资本具有不同的收入决定方式，土地的收入仅取决于生产者剩余或级差产量，而人为资本的收入则直接由产量决定。为了说明古典政治经济理论的这一谬误，可以从两个方向进行分析。

（1）任何种类的资本，不论是土地还是人为资本，为资本所有者带来的收入都直接由它们的生产量而不是余额决定。

正如资本的收入利息由资本创造财富的能力决定一样，土地的收入地租也是由土地具有的生产财富的能力决定的。租户之所以向地主上交地租，不是因为他扣除所有支出后土地的产出还有剩余。不管他有没有利润，有多少利润，都一定不愿意向地主交出一部分财富。相反，是租户之间的竞争关系迫使他交出地租，他若不愿交租使用土地，一定有其他的租户愿意。而这些其他租户之所以愿意租用土地，是因为土地能生产产品，创造财富；并且一块土地创造财富能力的大小也直接决定了租户愿意以多大的代价（地租）租用它。由此可见，土地的收入是由它的直接产量而不是余额决定。

（2）不仅土地有等级，使用中的人为资本也有优劣之分，所以不仅仅土地，其他每种资本货物的收入也都可以变成级差的形式。

最低级的工具几乎没有产出，相当于无租土地；等级较高的土地或工具都能生产一定的产品。按照级差的概念计算这些资本的产量时，等于这些工具的产量减去最低级工具的产量。由于最低级工具产量为零，所以计算结果总是等于工具的直接生产量（但是，最终会发现运用级差的方法并没有实质性的意义）。

用上面的方法可以把一切要素收入转化成级差数量，而这个级差数量到底有什么意义却还不清楚。要探索级差数量的重要性，就要先弄清如何选择作为计算基数的边际，也就是决定如何定义最劣等工具，如何判断一个工具是否值得使用。

有一个边际原则可以确定哪一级的土地和工具值得使用，哪种质量的工人值得雇佣。任何生产因素的产量，实际上总不过是它对资本和劳动的边际生产量所能增加的数量。如果各团体情况正常，则每个团体的边际收入都相等，等于社会工资和社会利息。任何特定生产要素的产量就是：它加入某团体后，团体中原有资本和劳动边际产量提高的量。

所以，任何特定要素的生产量就是它对和它共同进行生产的劳动和资本的生产量所能增加的数量，同时这些生产量是按照边际标准来计算的。

在仔细探讨劳动和资本的单位以前，为方便分析，不妨将一个普通工人一天的劳动作为一单位劳动。资本的单位也可以用劳动表示。在制造资本货物的工厂中增加劳动，则必然增加资本货物数量或者提高资本货物质量，而不管是哪种情况都带来资本增加。可见，完全由一定数量劳动创造的财富也可以被当做一单位资本。所以，一定数量的普通劳动对某团体生产设备的改良，可以被用作资本的单位。

找到劳动和资本的单位以后，可以将所有的劳动和资本按照产量高低排序，则一定可以找到一个边际劳动单位和边际资本单位。产量低于边际劳动的工人会被淘汰，而产量低于边际资本的资金会从现在的团体流出，转移到可以获得正常收入的团体中。然后，我们来测定劳动、资本和土地的边际产量。

存在某一等级的土地，当劳动和资本运用在这种土地上时，只能获得边际产量。也就是说，这种土地不能增加与之结合的资本和劳动的边际产量。比这种土地低级的土地的产量更少，甚至不能达到资本和劳动的边际产量，在这样的土地上投入劳动和资本只会造成浪费，因此资本和劳动都不会停留在这些土地上而会转移到其他边际职业以获得正常收入。因此边际土地就是：可以使用的、不会造成损失但产量最低的土地。比边际土地级别高的土地，可以提高与它们结合的资本和劳动的边际产量。这部分增加的产量就是土地的真正生产量，也就是级差概念中的地租。可见，土地的真正生产量以及地租，都等于土地的总产量减去运用到土地上的劳动的工资和资本的利息。

前面的论述中，将土地的真实产量定义为总产量减最劣等土地的产量，而这里说它等于总产量减工资和利息。其实，这两种说法并不冲突，而是表述各异却殊途同归。所谓"最劣等土地"实际上指的是边际土地，边际土地的产量等于与之结合的劳动和资本的边际产量，也就是工资和利息。人们最先应用最优良的土地，并随土地需求量扩大逐级使用愈来愈低级的土地，一直到不能使资本和劳动边际产量有任何增加的等级停止，也就是到只生产工资和利息的边际土地为止。所以，土地使用范围也只扩展到仅仅生产工资和利息的边际土地等级为止。"一定数量劳动和资本耕种边际土地的总产量"就等于"一定数量劳动和资本的工资和利息"。

这两种表述内涵一样，但是后一种表达更精确。前一种表述容易混淆"土地使用边际扩展"与"地租提高"两者之间的关系。尽管使用边际扩张与地租提高是同时发生，但边际扩张并不是地租提高的原因。地租产生的原因是土地能使劳动和资本的边际产量有所增加，所以地租提高也在于土地使边际劳动和资本的边际产量有了更大幅度的提高。边际扩展只是伴随和表示土地生产力和租金的提高。某种外来因素使土地生产力提高，则每个等级的土地产量都增加了，因而提高了租金。所有土地生产力的普遍提高，也扩展了土地的使用边际，因为它相当于将所有等级土地都向上提升了一级：原来等级就高于边际等级的土地产量更高了，原来的边际土地可以生产一定的产品，而一部分原本等级次于边际土地而被弃之不用的土地，现在也可以生产工资和利息，因此，土地的使用边际扩张了。可见，地租提高和土地使用边际扩张，都只是土地生产力提高的结果，是地租提高扩展了使用边际，而不是使用边际的扩张提高了地租。在用利息和工资测定土地的边际时，我们并未关注利息和工资，实际上，边际土地的劳动产量与工资和利息关系密切。工资等于一单位劳动加入其他劳动和资本组合时的产量；利息等于一单位资本加入其他劳动和资本组合时的产量。

与土地一样，工具的租金也是它们的真实产量，即总产量减去与这些资本集合的劳动和辅助资本的工资和利息。如果没有这种真实产量，社会就没有租金。劳动和辅助资本与某些工具，如旧船、旧机器、老建筑结合只能获得边际产量，这些劳动和资本就变成了边际劳动和边际资本。这些工具不能使劳动和辅助资本的边际产量有任何提高，没有真实产量，租金为零，那么劳动和辅助资本转移到其他地方。因此，这样的工具没有力量与其他劳动和辅助资本结合，它们处在工具使用范围的边际上。

计算任何等级工具租金都可以将它与最劣等工具的产量相比。任何工具的净产量也就是租金等于总产量减去最差工具的总产量。而最劣等工具就是无租工具，其总产量等于劳动和辅助资本的工资和利息。已经知道全社会的工资和利息水平都一样，计算的最终公式可以总结如下：

优良工具的租金 = 优良工具总产量 — 最劣等工具的总产量
              = 优良工具净产量 — 最劣等工具的净产量
最劣等工具的总产量 = 劳动和辅助资本的边际产量
                 = 社会劳动工资 + 社会资本利息
最劣等工具的租金 = 最劣等工具净产量 = 零
优良工具的净产量 = 优良工具总产量 —（社会劳动工资 + 社会资本利息）
所以：优良工具的租金 = 优良工具的净产量

可见，用级差租金的概念进行一系列繁琐的推导后，又回到了"任何工具的租金就是这些工具的净产量"这一结论。级差的方法不仅没有实质性的意义，而且容易产生误解。级差的方法容易让人误以为地租的增加是由边际扩展引起的；事实上，是所有工具生产力的提高，带来净产量的普遍提高，扩展了使用边际。所以是地租的增加扩展了使用边际，而不是使用边际扩展增加了地租。用工具的净产量来定义租金可以避免这样的逻辑错误。

工人有素质高低之分，所以在理论上可以运用地租公式像测定工具产量一样测定工资。

有的工人生产力很低，不值得让他们占有任何形式的资本。如果他们使用必需的土地、工具和种子进行耕种，他们的产量还达不到边际产量，那么这些土地和工具就会被分配给生产力高但已经占有充分土地的工人手中，成为这个工人手中其他生产要素边际单位的土地。这部分土地的转入，将提高该工人的净产量，而这部分新增的净产量就是土地的总产量，它一定多于这块土地在原来生产力低下的工人手中创造的产量。同样的道理，在工业中，与其把辅助资本分配给缺乏生产力的工人，还不如将这些资本当做边际资本分配给生产力高的工人。可见，劳动生产力也存在一个边际，将值得使用和不值得使用的劳动力区分开来。按照这样的推理，使用地租公式不仅可以得到一切劳动的租金而且可以测得个别劳动的租金。

之所以强调这是对劳动产量"理论上"的测定，是因为实际生产中很少存在无租性质的劳动。工作总要付出一定的代价，所以除非有净收入，正常的工人不会付出劳动。只有在过去可以雇佣童工的时代和场所，接近无租的工人才被雇去做工。但现代的某些特殊场合仍然存在一些无租劳动，那些完全没有生产力，劳动收益仅能弥补劳动代价的工人有时也被使用。比如，为了保持精神病人、犯人的健康或方便管理，尽管他们的劳动产量为零，有时也让他们劳动。这些劳动实际上就是无租劳动，没有净产量，也不生产租金。

无租土地的存在保证了地租公式对每种具体生产要素的普遍适用性。依次将地租公式运用于全部土地、全部资本、各种资本货物、各种工人，就产生了四种租金：一切劳动的租金、一切资本的租金、个别资本货物的租金、个别工人的租金。所以，地租公式可以被用于测定人、土地以及其他种类资本的产量。其中任何一个的生产量，都等于在它的帮助下创造出来的生产量，与现在和它合作的生产因素降到边际因素时，所能创造的生产量之间的差额。也就是说，任何生产因素的生产量，等于它所生产的、作为一个净收入的数量。这种表述，与古典经济学派级差方法唯一的不同是，级差产量从上述净收入中减去了一个等于零的最差要素的净产量。其实，没有必要将收入化为级差产量，因为，我们所需要的只是找到一个生产要素对与它结合的其他要素边际产量有多少贡献。

在经济意义上，边际线以下工人的工作不是真正的劳动，应当被放弃的工具和土地也不是真正的资本。真正的劳动和资本都是具有一定生产力能创造真实产量的劳动和资本。劳动的边际线将代表真实劳动里的工人与不代表劳动力的工人隔开，资本的边际线也从不代表真正资本的工具中将体现真正资本的工具划分出来。

一个生产要素与该要素使用边际线的相对关系决定了它是否被用于生产。如果它位于边际线以外，不能增加其他要素的边际产量，必然会被弃置不用。比如，企业家作出不雇佣童工和残疾人的决定时，不是出于人道主义的考虑，而是因为孩童和残疾人的劳动不能提高他们使用资本的利息。同样，一件丧失了与其他要素结合力量的工具，由于不能增加劳动和辅助资本边际产量，也会被企业家淘汰。以此类推，所有生产要素，土地、工具以及人工，是否被使用都取决于它是处在使用边际线以内还是以外。

所有要素使用边际范围的伸缩也都受到同一规律的支配，即各生产要素总量相对关系。尽管边际范围变化的课题属于动态研究，这里也作简单介绍。

如果相对劳动，包括土地在内的所有资本都很充裕，那么劳动的使用边际将会扩展，使原本不会被雇佣的工人加入生产。因为充足的资本提高了所有劳动力的生产力，降低了资本的边际产量，所以资本越充裕，劳动边际越扩展（值得说明的是，这一规律不适合童工和残疾人，而只适合正常劳动力。因为充足的资本意味着高工资，童工和残疾人的优势只在于价格低廉）。

同样，充裕的劳动也会扩展土地和资本的使用边际，使贫瘠的土地和老旧落后工具得以使用。在现实社会中，资本边际扩展通过延长工具使用周期的方式得以实现。比如，将破旧的船只或工具加以修理，可以在劳动力短缺时多服役几年。静态社会中工具数量固定，如果社会每年生产一台可以使用六年的机器，那么在任一时刻，社会中都有六台机器在运转。如果劳动力增多，人们就会延长机器使用寿命，比如从六年延长至七年，在任一时刻，社会中就有了七台机器运转。事实上，在人口稠密的情况下，世界资本使用边际犹如土地耕种边际，被极大地向外扩展。

附录 1
产业要素及产品的衡量单位

　　工资和利息分别是社会劳动和社会资本的收益，本书讨论的财富分配实际上就是工资和利息的决定问题。劳动和资本是构成产品价值的基本要素。找到一个衡量劳动、资本和产品价值的一般标准可以更进一步揭示财富分配的实质。要揭示分配中的主要规律，就要先找到一个衡量一切形式财富的普遍单位。实际效用是所有财富形式的基本要素，可以用作物品价值的标准。通常用劳动代价来衡量不容易绝对量化的效用，因此物品的实际效用也就等于生产物品的劳动代价。尽管随着连续工作时间的递增，劳动的绝对代价递增，但相同时间内的劳动实际代价相等。产品、劳动和资本都拥有"控制社会的力量"，即能吸引一定的社会劳动。通过衡量它们所吸引的社会劳动，可以间接地衡量产品、劳动和资本，进而衡量财富。个人工作时付出劳动代价，为社会生产产品用以交换其他产品，并从交换来的产品中获取利益。个人难以使其付出的代价和所获利益完全抵消，但社会的集体代价和集体利益却总是平衡的。劳动和资本都服从报酬递减规律，即随着要素投入的增加单位要素产出递减。劳动和资本的收益、工资和利息都由最后一单位要素的产出决定。

第一节　财富的通性和物品的实际效用

所有的物品和财富都有满足人们需要、提高个人满足程度的特性，即具有实际效用。衡量不同的财富和物品，实际上就是衡量它们的实际效用。社会生产物品总是要付出相应的代价，这个代价就是物品的实际效用的反面。因此，只要衡量了生产物品的代价，就衡量了实际效用，进而衡量所有形式的财富和物品。

工资和利息分别是社会劳动和社会资本的收益，本书讨论的财富分配，实际上就是工资和利息的决定问题。在社会生产中，劳动和资本由统一的规律分配到各个产业，并保持在某个"静态水平"，若发生偏离，异常的工资和利息水平会发生作用，使要素分配回到平衡中。所以，工资总等于最后单位劳动产出，利息也总等于最后单位资本产出。

劳动是劳动者队伍，资本则是资金，劳动和资本都以不断变化的形式活跃在经济中，劳动和资本的变动就表现为它们具体形式的变动。劳动和资本是构成产品价值的基本要素。找到一个衡量劳动、资本和产品价值的一般标准后，我们可以更进一步揭示财富分配的实质。

在前面的分析中，资本用货币来衡量。但"货币"本身的定义就不够清晰。比如，在明确定义货币之前，我们不清楚"社会中的资本变为现在的一百倍"的含义究竟是什么，是表明了现在的资本能代表一百倍的劳动，或是现在个人拥有资本要付出一百倍的代价？不论资本是叙述中的劳动还是代价，都需要一个衡量劳动和代价的标准才能衡量资本。所以货币不能作为衡量资本的标准。

衡量一个产业的产量或资本时，常常将它与另一个产业做比较。这种方法在比较分析中或是对单个产业团体的定性研究中可行，但比较的结论不管多么精确，都不能给出整个社会产业体系的总资本和总产量。

对财富的研究都是与数量有关的，比较的方法不能得出总数，也无法回答"全国的财富是多少"这样的问题。即使明白A商品与B商品等价，C商品价值是A、B商品的两倍，也无助于求出A、B、C三种商品的总价值。利息是产量和资本的比率，要衡量利息，先要分别衡量资本和产量的总量。因此，必须找到一个能够表达为绝对数量，且能衡量经济价值的一般单位。运用这样的一般单位,才能科学正确地解释生产规律。交换比率能解决经济的一小部分问题,但对大部分研究没有作用。

社会的财富表现为品种丰富的物品。各种各样的物品由于具有共同的、可绝对量化的特性而可以加总求和。比如万有引力使所有的物品具有重量,于是所有物品都可以用重量衡量;当我们对重量赋予共同的单位,社会的物品就可以被加总。各种社会财富也像物品都有重量一样,具有一个可以被衡量的共同特性。

在现实生活中,人们通常用货币来表示财富的大小。用货币量来衡量财富大小的原因,不仅仅是因为货币本身具有价值,更主要是货币隐含一种可以增加拥有者幸福程度的力量。比如一个富翁拥有100万的财产,并不是要说他变卖财产可以得到100万银币,而是表明他拥有100万银币的力量来提高自己的幸福程度。银币只是财富的表现形式之一,从对银币的分析,我们可以得出一个一般性的结论:凡是财富就可以带给财富拥有者一定的满足。财富对人有一种影响力,这种力量就是各种形式财富的共同特性。物品的这种共同特性称为实际效用。

实际效用指的是一单位的物品所拥有的能改变其所有者地位,增进物品所有者幸福的力量。比如,一桶面粉可以使得到面粉的人得以生存、维持生活,面粉的实际效用使他免于饥饿,境况得到改善。

现在考虑物品实际效用的衡量。物品给人带来的享受通常难以衡量,比如我们无法估计一桶面粉能给人多大满足。所以放弃正面寻找效用衡量方法的努力,转而研究获得物品的代价。在面粉的例子中,除非有人赠送,一个人要得到一桶面粉就必须付出某种代价。他要么必须工作挣钱买面粉,要么用自己的其他物品与人换得面粉。于是,面粉的实际效用就可以用为获取面粉所付出的代价衡量。换一种思路,如果这个人原有的一桶面粉丢失了,他不得不用别的粮食维持生活。就个人的满足程度而言,这种代替不足以弥补面粉的损失。比如尽管他用玉米代替了面粉,还是达不到使用面粉带给他的满足程度。这时面粉的实际效用等于玉米的价值加上未实现的满足程度。

在损失一种物品以后,人们为了维持自己的幸福程度不变,通常会采用另外的物品来代替。就像用玉米代替面粉的分析一样,假设A物品丢失,并用B物品来弥补损失的方法,常常用于衡量一种效用不易直接计算物品的价值。比如骑马爱好者为了衡量一匹马对他的价值(这种价值不好直接量化),他可以计算需要费多少力量,才能获得船、枪或者网球等,来补偿骑马的享受。在这里,他首先是把两种享受进行比较,然后用取得另一种享受的代价来衡量这种享受。这样,马的主人可以决定对他的实际价值是多少。

上面的分析经历了两个阶段。首先,找到能带来同等幸福程度的另一种物品;然后,计算要获得另一种物品所需的代价。可见,实际效用最终是用代价衡量的,一种物品的价值就等于人们为获得这一物品替代物所付出的代价。

实际效用衡量抽象的幸福程度,交换中的主要问题正是比较实际效用所代表的幸福程度。人们追求一般的享受,但不计较享受的具体形式。同样的享受程度可以通过多种形式获得,但付出的代价却大体相同。一个人即使拥有一种独一无二的快乐方法,也不能决定它的价格。因为这种快乐的价格取决于获得相同享受所付出的代价。总之,不论实际效用的具体形式是什么,在市场上它总能用代价的数量衡量。

实际效用取决于社会,不由单个人的主观感受决定。同一物品对不同的人具有不同的绝对效用,但其实际效用始终不变。实际效用就像商品价格一样衡量商品对整个社会的重要性,而不针对单个人。社会中的个人生产商品并在市场上交给社会,同时取得自己需要的其他商品;这些交换的过程,实际上就是社会对实际效用的评价过程。因此,对价值衡量的研究,应该从社会心理的角度着手。

从前面的分析可以看到,所有的商品都具有两个特性:商品本身可以提高个人幸福程度,同时获得商品又需要付出一定的代价。从社会的角度看,商品带来社会改良的同时需要一定代价。我们已经知道,社会为商品付出的代价比商品对社会的改良更容易衡量。因此,使用生产物品所需的社会劳动就是物品价值的单位。换言之,商品的价值由取得商品或同等商品的代价衡量。单位社会劳动的代价是价值的最后衡量单位。

购买商品的过程,实际上就是消费者不断评价和对比物品绝对效用的过程。他们不断向自己发问:该不该买这个物品呢?买了后会不会使我不能购买其他最重要的东西呢?这些物品和同样价格的其他物品相比,哪一个是我更需要的呢?这种对物品效用的对比,经常盘绕在消费者心中。但是这些对比只能是一种比率,而不能提供数额,而且,比率会随着不同的人而有差别。如果某人能够用取得一件物品的代价来衡量该物品的效用,那么,他就能够使用一个总数来表示若干件不同物品的效用。同样,如果整个社会能像他那样,就可以衡量一切物品。由于市场的存在,这种做法是可以实现的,因为在市场上,社会就像一个单独购买者,也是一个单位。

事实证明,人类的感觉不是一把好的效用标尺。人们可以轻易辨别出两个同等的享受,却无法精确到享受的倍数比较。主观感觉在享受评价上的失灵,类似于眼睛感受光线强弱时的限制,眼睛可以感受出两道光线一样强,却不能判断一束光线比另一束光线强多少倍。但是,人们容易判断一种享受会被多大的损失所抵消。所以,找到一种可以衡量所有物品效用的损失,并用特定单位将该损失标准化,再将所有形式享受与标准化损失单位相比较,我们就可精确地衡量物品的效用。比如:某人懂得走一里路能满足一种欲望,也懂得走两里路能满足两种欲望。这样，他就会知道，走两里路所获得的好处，比走一里路所获得的好处大两倍，而两次合起来的利益，恰恰等于走一里路的三倍代价。

根据前面的方法，如果一个人可以衡量取得各种商品的代价，还可以赋予代价一个特定单位，那么他就找到了效用在数量上的衡量方法。

为了更明确地了解社会交换中的价值衡量过程，我们建立一个简化的社会。这个社会具有最简单的分工形式，每个人单独生产完整的产品，他从大自然中获取原材料生产很多产品交给社会，由其余社会成员一个一个的分散消费。

市场使社会像一个单独的购买者一样衡量每种商品的效用，这消除了多个消费者各自衡量物品效用时产生的主观性，而使物品效用有了一个普遍、客观的衡量标准。社会衡量效用的过程与单个人的过程相似，只是更加复杂。

第二节　产业要素的衡量

衡量劳动就是要衡量劳动创造的财富。所有劳动都生产产品，创造价值，我们用劳动创造的实际价值衡量劳动。所有每单位劳动的价值都等于最后单位劳动的绝对劳动代价，所有物品的实际效用也都可以用最后单位劳动的绝对代价衡量。归根结底，物品和劳动的价值体现在它们都能吸引一定数量的社会劳动。所以对社会劳动的吸引能力，就是我们衡量一切物品和产业要素的最终标准。

衡量劳动就是要衡量劳动创造的财富。

在对劳动进行衡量的过程中，我们不得不面对两个难题。首先，物品生产和财富创造是由劳动和资本配合进行的。因此，要衡量劳动创造的财富，就要先将生产过程中劳动的作用和资本的作用分离开来。边际劳动的概念可以达到这一目的。保持一个工厂的资本量不变，只额外增加劳动，那么由此引起的产量增加，便是完全由劳动创造的财富。这些财富实质上是劳动独立于资本单独创造，可以用来衡量劳动的价值。

应该注意，边际劳动不仅对最后增产的产品有作用，市场上的每一单位产品都包含边际劳动。这就是前面所说的"边际劳动的生产量，实质上是一切劳动的生产量"。

其次，"劳动"是一个很抽象的概念，它包括了各种具体形式的工作。所以就像在衡量不同物品时遇到的难题一样，不同形式的劳动不能直接被加总或平均。衡量劳动的价值，要先找到各种劳动形式所共有的、可以衡量的要素。与物品类似，不同形式劳动的共同特性是它们都需要个人付出劳动代价，比如忍受疲劳等。人们在劳动中，一方面创造效益，一方面承受代价，而且存在着劳动效益恰好与劳动代价相抵的一点。计算这一点上的劳动代价便可以衡量劳动效益，即劳动创造的财富。

随着一天中劳动时间的延长，劳动带来的疲劳程度越大，对单个人来说，劳动的代价在连续的时间里是递增的。为了便于分析，我们只考察一个单独工人的情况。单独工人生产产品只供自己使用而且可以自己控制工作时间（这与现实情况不太一样，但并不影响结论的正确性）。与劳动的代价随劳动时间递增相对应，劳动收益却是递减的。一个单独的工人持续地工作，劳动代价递增同时劳动收益递减。到达某一点劳动收益会全部被劳动代价抵消，如果再继续增加劳动时间，增加的劳动收益将不足以弥补劳动代价。因此，工人会在劳动代价等于收益时停止劳动。

随着劳动时间的延长，工人单位时间劳动获得的效用是递减的。在自给自足的假设下，可以将单独工人的劳动时间划分为四个时段。他在工作的第一个时段生产食品来维持生命，接下来的第二个时段生产生活必需品，第三个时段生产提供享受和娱乐的产品，而最后一个时段生产奢侈品。可见，往往最后得到的是对工人效用最小的产品。在最后一个工作时段，工人付出最大的劳动代价却得到最小的收益。如果这时的劳动代价与收益相等，工人就会停止劳动，获得最大的净收益；如果收益大于代价，他可能会继续工作，直到收益等于代价的那个时点停止。

工人会在心里进行一系列的对比以决定工作多久，他会将各种享受相互对比，也将工作的代价和收益对比，最终找到一个劳动代价等于劳动效益的点而停止工作。在这里，我们不考察个人的决策过程，而在分析社会心理时来考察劳动时间的决定。

图十四描述了单独工人劳动代价、劳动收益随着劳动时间延长的变化。AB表示一天的工作时间，曲线 CD 表示工人递增的单位时间劳动代价，曲线 ED 则表示了工人递减的单位时间的劳动收益。面积 ABDC 表示了工人一天劳动的总代价，面积 ABDE 则表示了一天的总收益，面积 CDE 则是工人一天的净收益。BD 具有特殊的意义，它既表示了最后一单位劳动时间代价又代表了最后一单位劳动收益。BD 的双重身份表明，最小的劳动绝对收益与最大的绝对代价抵消。容易证明工人在单位劳动代价与单位劳动收益相抵点停止工作将获得最大净收益，图十四也表明工人在代价与收益相抵的 B 点停止工作。

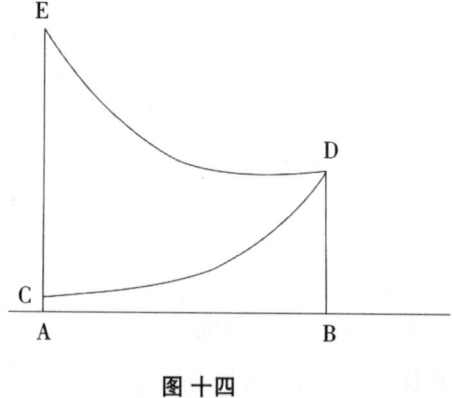

图十四

前面所讲的效用递减规律是针对工人主观感受的绝对效用，下面将证明一切劳动时间的实际效用都等于 BD，即最后单位劳动的绝对代价衡量每件产品的实际效用。

以第一单位劳动时间为例，根据我们对单独工人劳动产品的分组，工人生产绝对效用最大的食品，在图十四用 AE 表示。现在假设一种情况来检验第一组产品的实际效用。如果我们拿走工人的食品，那么他不得不占用后面的一单位工作时间再生产食品，他会先占用第二单位时间，并用第三单位来弥补第二组劳动产品，再用第四单位弥补第三组劳动产品，最终结果是，他放弃了最后一单位劳动产品（即 BD 代表的效用）。可见，拿走食品使工人损失了 BD 而不是 AE。所以，第一单位劳动的实际效用与 BD 代表的最后绝对效用相等。同理可证，曲线 ED 上任何一点的实际效用均等于 BD。搞清 BD 的特殊意义后，我们就可以发现，最后效用其实可以衡量一切同等劳动时间的实际效用，而不受绝对效用递减规律的限制。

用最后效用衡量一切劳动的实际效用，就解决了劳动难以衡量的问题：每单位劳动的实际效用 = 最后单位劳动的绝对效用 = 最后单位劳动的绝对代价

在前面的试验中，任意毁坏一组产品，社会都会牺牲最后一组产品来弥补，由此我们得出每组产品的实际效用（尽管它们的绝对效用呈现递减的规律）都等于最后一组产品绝对效用的结论。劳动的实际代价也可以借鉴这个方法研究。

如果一个单独工人不付任何代价获得了他第一个工时的产品，那么他可以缩减一个工时的劳动，可以肯定，他一定会免除一天最后一个小时，也就是劳动代价最高一单位劳动。假定他免费获取其他工时的产品，也会得到同样的结论。由此可见，尽管一天不同工时的劳动具有不同的绝对代价，实际代价却都等于最后工时的绝对代价。这个试验表明，最后一单位劳动的绝对代价可以作为衡量一切劳动代价的标准。

综上所述，不管夺取工人哪一组产品，他总会以最后一组来弥补；同样，不管送给他哪一小时劳动的产品，他都缩减最后一小时的劳动。所以，一小时的劳动不管处于一天的哪个时段，实际代价总是相等的；相同劳动时间内生产的产品，也总是具有相同的实际价值。产品价值通过它的制造时间衡量，比如耗费两小时劳动的产品具有两倍于耗费一小时劳动产品的实际价值。在图十四中，产品的实际效用和劳动的实际代价都是由 BD 来表示，这种重叠显示了下面几种相等关系：

最后一单位劳动的绝对代价 = 每单位劳动的实际代价

最后一组产品的绝对价值 = 每组产品的实际价值

每组产品的实际效用 = 每组劳动的反效用 = 最后一单位劳动的绝对代价

因此，最后一小时劳动的绝对代价可以衡量任一单独工人的所有产品和劳动，它就是可以衡量一切产品和要素的一般单位。

社会是所有劳动者的集合，社会生产各种产品并全部由社会享受。产品实际效用等于最后效用的规律对社会总体依然成立。如果对社会进行单独劳动者的试验——破坏衣食住行等第一组社会产品——社会最终还是选择牺牲最后一组产品，并用这一单位劳动时间弥补衣食住行。同样的道理也可以证明任何一单位社会产品的实际价值都等于最后一单位劳动的绝对效用。所有相同劳动时间的产品实际效用都一样，等于最后劳动时间的绝对效用。同样，每单位社会劳动的实际代价也等于最后单位社会劳动的绝对代价。

每组社会产品有相同的实际效用，耗费集体劳动的量可以衡量每组产品的实际效用，产品耗费的劳动时间越长，实际效用越大。比如两小时集体劳动的产品具有两倍于一小时集体劳动产品的实际价值。

在图十五（用来说明社会单位劳动的代价和效用变动规律）中，劳动的实际收益和实际代价都由面积 BB_7D_7D 表示，它是所有劳动代价和效益的单位。

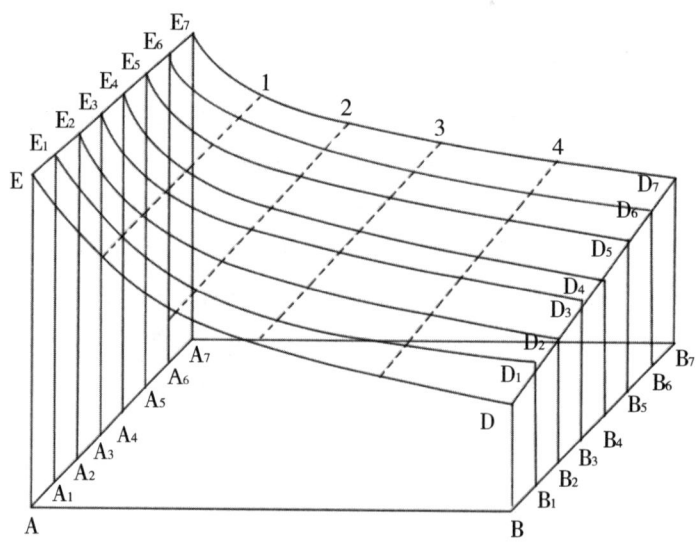

图十五

图十五中虚线表示社会产品的大略分组，绝对效用依次递减。第一组产品是第一单位劳动时间生产的生活必需品，绝对效用最大；第五组产品则是最后劳动时间的产品，通常由奢侈品等绝对效用最小的产品组成。越是后面的商品组构成越复杂，这一点也容易理解，人们最需要的无非是维持生活的衣食住行，因此第一组的产品构成最简单而且个体间的差异也较小；越是后面的商品组幸福感

的成分越大，跟个人喜好越相关，因此也呈现更大的差异性；奢侈品具有最复杂的产品构成。

BB_7D_7D 表示最后一组产品的绝对效用，也表示所有产品的实际效用。不管前面哪一组产品被拿走，社会都会放弃最后一组产品，用最后一单位劳动时间来补充。所以每组产品的实际效用都等于最后一组产品的绝对效用。总之，任何相同劳动时间的产品都具有相同的实际效用。

BB_7D_7D 是最后一组产品的绝对效用也就代表了这些产品的反效用，即最后一单位劳动时间的代价。所以 BB_7D_7D 还等于最后单位劳动的绝对代价。BB_7D_7D 就像单独劳动者分析中的 BD 一样具有双重身份：对于产品，它等于最后单位劳动产品的绝对效用，衡量所有产品的实际效用；对于劳动，它等于最后一单位的绝对代价，衡量所有劳动的实际代价。实质上 BB_7D_7D 代表的就是社会的代价，也正是我们一直寻找的衡量一切价值的最后单位。用几个等式来梳理这几个关系。

任一单位劳动产品的实际效用 = 最后一单位劳动产品的绝对效用

最后一单位产品的绝对效用 = 最后一单位劳动时间的代价

因此推导出：

任一单位劳动时间产品的实际效用 = 最后一单位劳动的代价

所以，社会的一切产品和财富都可以用最后一单位劳动的代价衡量。

前面，为简化分析，我们回避了个人与社会关系，分别研究对单独个人的劳动和整个社会的劳动进行衡量。现在，在对财富衡量有了一些认识之后，就应该着手理清人与社会的关系。

研究整组产品时，我们将社会理解成一个有机整体而暂时忽略它是以不同个人为单位组成的事实。因此，运用集体的概念将社会当成一个单独工人（自己生产并自己消费），得出了劳动时间就是一切产品价值衡量标准的结论。而现在则要揭开"集体"这个包装，研究社会内部人与人之间的交换。

从前面对每组产品的讨论中，我们发现劳动的实际代价就是劳动产品的实际效用。但论及每组中某一特定的产品时，这个结论并不成立。前面讨论每组商品时的"劳动"是社会劳动，而论及特定一种产品时的"劳动"是单个人的劳动，显然两者存在实质区别。每种单产品由一个人生产而由整个社会消费，此时，一些人付出劳动代价却由另一些人享受劳动产品，所以劳动代价与产品效用的感受主体不同，它们之间的对应关系也就被割裂。个人生产产品付出个人劳动代价，而由社会享用产品，因此产品具有社会效用，而不直接关系生产者。个人显然不会以个人劳动代价与社会效益相抵为标准决定工作时间。个人劳动代价与社会劳动代价有本质区别，尽管我们知道，社会从整体上会调整劳动时间，并在社会劳动代价与社会劳动效益相抵时停止劳动，但这不能帮助我们理解社会中个人劳动时间的决定。因此，也不能简单地说每种产品的实际效用取决于生产这些产品付出的劳动代价。

每个人付出劳动代价，向社会提供产品的同时，也从社会取得其他产品，享受别人的劳动。因此，一个工人劳动的代价其实是对另一些工人劳动的报酬。工人与工人之间交换产品和利益，实质上是在交换劳动和劳动代价。所以一个人既付出代价也获得利益，这种交叉关系为我们衡量每种特定的产品提供探索方向。

图十六模拟了四个人组成的简单社会。社会中每个人生产一种产品供社会享受（用射出的箭头表示），同时从社会获得产品（用射入的箭头表示）。我们知道，个人的劳动代价由其最后一个工时的绝对代价衡量。所以每种产品的实际效用可以用社会中其他人愿意用多少最后劳动来换得该物品。图十六中，W 的实际效用等于乙、丙、丁分别愿意为之付出的最后劳动加总。在现实生活中，用价格评价商品价值，实际上价格衡量的是社会为了取得该产品愿意付出的最后劳动时间的长度。如果社会对 X 和 Y 产品有相同程度的需要，那么就愿意为 X 和 Y 付出相同长度的最后劳动时间，表现出来的现象就是，X 产品和 Y 产品具有相同的价格。反之，X 和 Y 产品的价格相等，也就意味着社会愿意为取得 X 和 Y 付出相等的最后劳动时间。所以，价格本质上是各种产品社会代价的评价指标。

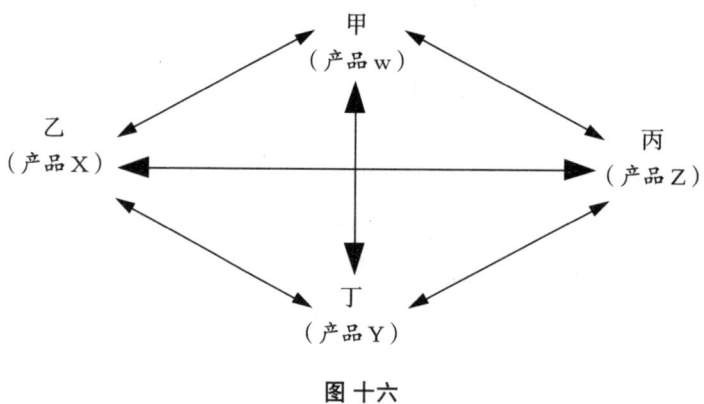

图十六

图十六表示单独工人的劳动代价、收益、净收益与劳动时间的关系，而图十七则是将很多个人的图示叠加，说明社会中每个成员的劳动代价、收益、净收益的变化规律。

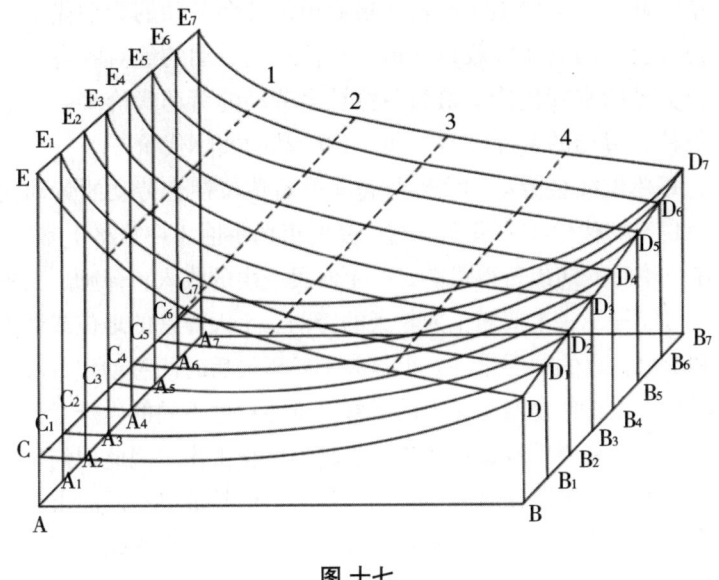

图十七

直线 AB 到 A_7B_7（其中有些未画出）都表示劳动时间，CD 到 C_7D_7 都表示每个人递增的绝对单位劳动代价，ED 到 E_7D_7 则表示递减的绝对单位劳动收益，BD 到 B_7D_7 既表示最后单位劳动的绝对代价，又表示最后单位劳动的绝对收益。D 到 D_7 之间的点表示代价和收益相抵，也就是单位劳动净收益为零的点，这个时点是劳动停止的点。

每单位劳动的实际收益 = 最后一单位劳动的绝对收益

每单位劳动的实际代价 = 最后一单位劳动的绝对代价

最后一单位劳动的绝对收益 = 最后一单位劳动的绝对代价

因此：

每单位劳动的实际收益 = 每单位劳动的实际代价

＝最后一单位劳动的绝对代价

因此，所有产品的价值均可用社会劳动代价来衡量。

图十七模拟的只是一个极其简单的社会模型，我们还可以在图中添加更多的个人使分析更准确。我们用无数条 CnDn 构成的曲面表示社会递增的单位劳动代价，无数条 EnDn 构成的曲面表示社会递减的单位劳动绝对效益。平面 BBnDnD 代表社会最后工作时间的绝对效用和劳动代价。平面 EAAnEn 表示第一单位劳动时间的绝对收益。容易理解体积 ECDDnCnEn 表示了社会的净收益，也就是社会总剩余。

这里再次强调，平面 BBnDnD 的特殊意义，它代表的社会最后劳动时间的劳动代价，是价值的最后单位，推理过程如下：

最后单位社会劳动的绝对收益 = 最后单位社会劳动的劳动代价
每单位社会劳动的实际收益 = 最后单位社会劳动的绝对收益
每单位劳动的实际代价 = 最后单位社会劳动的劳动代价
每单位社会劳动的实际收益 = 每单位劳动的实际代价
所以，每单位社会劳动的实际收益 = 最后单位社会劳动的劳动代价。

生产者付出的代价（即成本）与产品的市场价值（即价格）常常发生背离。比如，明星一小时的演出所得可能是一个农民一生的收入；律师、公司经理等的小时工资，可能等于一个普通工人整天的劳动。个人异常的地位或势力导致的垄断是成本和价值背离的原因之一。但这并不妨碍最后时间劳动代价决定物品价格的规律，对收入差异作普遍意义上的解释。富裕程度不同的生产者具有不同长度的劳动时间。总的来说，越富裕的生产者越早停止工作，因此他们生产产品的绝对代价（即成本）小于工作时间更长的生产者，但是最终产品的市场价格却差异不大，这是生产者成本与市场价格发生背离的主要原因。正是由于这个原因，图十七中各条表示工作时间的直线 A_iB_i 长度各不相同，对应的表示最后劳动代价的直线 D_iB_i 也长短各异。

"效能"是指劳动生产出一定实际效用的能力和意愿。生产的"能力"和"意愿"对形成劳动的效能具有同等的重要性。有能力而没有创造效用的意愿，或者有意愿而没有能力创造效用的工人都没有效能。效能的大小由工人创造的财富大小来衡量，而这个财富最终由社会为取得财富愿意付出的以最后劳动为单位的代价大小衡量。所以效能也可以理解为工人激发社会进行工作以换取他的产品的力量。商品的价格衡量社会为了取得该产品愿意付出的最后劳动，所以价格也与生产商品付出劳动的数量和效能相等。

根据已有的结论和方法，我们可以计算出一个工人对生产某产品的贡献，比如织工甲的劳动占整匹布所需社会劳动的三分之一，瓦匠乙的劳动占一栋房子所需社会劳动的百分之一。但即使明白纺织工甲对一匹棉布的贡献，也知道瓦匠乙对一栋房子的贡献，还是不能将这两种性质完全不同的劳动进行数量上的对比。不同性质的东西没有可比性，既不能加总也不能平均。

但每种劳动产品都具有满足社会需要的特性，不同性质的劳动也都具有效能，可以吸引一定的社会劳动。生产某产品的劳动能吸引社会劳动的量可以衡量该产品满足社会需要的特性。每个工人的效能也都表现在吸引社会劳动的数量上。比如甲可以吸引社会每年为其工作两分钟，而每年乙吸引四分钟的社会劳动，我们就知道甲的效能是乙的两倍。使用吸引社会劳动的量为标准，效能不仅可以被比较，还可以加总和平均。

对社会劳动的吸引力可以衡量产品和产业要素。

"吸引社会劳动的能力"听起来是一个与现实世界没有关系的抽象概念,而实际上,我们每个人作为有职业的劳动者都拥有一定的"吸引社会劳动的能力",我们每天接触的工具和商品也具有这种能力。这种能力的大小由吸引社会劳动的数量衡量。

最后,不论是产品还是产业要素的衡量都归结到对吸引社会劳动的衡量。产品本身的效用吸引社会为了得到他而付出最后劳动时间,所以产品价值的大小可以用吸引社会劳动的能力衡量。资本通过制造消费品,间接地吸引社会劳动,因此,也可以用吸引社会劳动的量来衡量资本。工人都具有效能,可以生产出产品使社会愿意付出一定的最后劳动时间,因此劳动也可以用吸引社会劳动的量衡量。

对社会劳动的吸引能力,作为最终标准,可以衡量产品、资本和劳动。

第三节
关于最后价值单位的几个补充说明

本节主要补充了几个在前一节的分析过程中没有展开的细节问题。首先，理清个人劳动和社会劳动的关系，并说明个人劳动"吸引"社会劳动的具体过程。其次，解释个人愿意以边际代价换取边际收益的心理动力。然后说明劳动的价值由产品效用和产品吸引社会劳动的能力派生而来。最后，这一章对劳动单位的诠释更加精确的定义了"静态"这一概念。

社会劳动是由每个人一天工作的固定部分组成，它按比例包含了社会的每一分子。每个人的所有劳动中，总有适当的一部分是对社会劳动贡献。但不能笼统地说每人每天为社会工作几小时，因为个体与个体的劳动之间存在差异。每个人固定地向社会贡献一定比例的劳动，但这个劳动量的绝对值因人而异。我们也不能说，单个生产者可以吸引社会上每人每天为他工作几分钟，但可以肯定社会中每个人一天的劳动中，有一个固定比例属于该生产者。

单个生产者只生产一种产品供社会的小部分人使用，但社会上每一个人都为他工作一定时间，以报答他劳动所付出的代价。通过下面这个模拟的社会，来看看单个生产者是如何吸引社会劳动的。

假设一个十人的简单社会中，A生产产品甲，供B、C、D直接消费，于是A可以直接获得B、C、D的劳动。但A要获得社会中其他六个人的劳动则要通过一层层的中间交易。比如E不消费A的产品，但消费B的产品，于是A为了得到一单位E的产品而多向B提供一单位甲产品，多换取一单位B的产品，用以吸引一单位E的劳动。中间交易在传递劳动中起着桥梁的作用，使用一次或多次中间交易，A最终可以得到社会中任何个人的劳动。"吸引社会劳动"形容的就是这个不断直接和间接交易的过程。

在人与人的交换中，心理势力一直发生至关重要的作用，即一个人想要获得其他人产品的愿望，使他愿意付出劳动代价生产产品。比如，B想获得A的劳动产品，于是这种愿望就成为一种动机使B克服代价进行劳动。A的产品中存在一些对 B 来说只是最后效用的因素，在 B 消费的所有物品中它只提供最小的绝对效用。虽然如此，B 却很想得到这个最后效用，因此他愿意延长工作时间用最后劳动换取 A 的产品。心理势力使 B 愿意延长工作时间，付出绝对代价最大的边际劳动，获得绝对效用最小的边际效用。这个心理势力存在于社会的所有交易中。不管是 A 与 B、C、D 的直接交易，还是与 E 的间接交易，心理势力都对交易双方产生作用，并最终使边际效用与边际代价相抵消。

回顾前面的分析，一个商品的价值等于生产该产品劳动的数量，劳动由吸引社会劳动的量衡量，社会劳动是一定比例的每个人劳动的混合，因此要将各种不同性质的劳动平均，每种劳动都可以用其吸引社会劳动的量衡量……可见，我们陷入了不可解的求取平均社会劳动的循环中。所以，用劳动衡量价值，在理论上可行，而实际操作上却很困难。

产品的价值取决于它为社会提供的效用。无数的直接和间接交易将任何一种产品的效用提供给整个社会，交易中的个人付出边际代价换得边际效用，因此，最终是社会向这件产品付出边际效用，产品的价值就等于社会为它付出的边际效用。

劳动的价值来自于它生产的产品，以及这个产品对社会提供的效用，因此它的价值是派生的。单独劳动通过产品价值对社会效用的心理势力吸引社会劳动。我们前面说用生产商品的劳动衡量价值，归根结底是用商品的社会效用衡量。生产商品的劳动在经济意义上等于它吸引的社会劳动，并且由它吸引的社会劳动衡量，但这种衡量难以落实到数字上。准确的表述劳动和其产品价值关系应该是：生产商品的个别劳动不决定商品的价值，但等于和表示商品的价值。

前几章中"静态"是指资本和劳动没有在产业团体之间流动。在静态中，现有工人不变更职业，新工人加入产业团体只是为了代替退休的员工。这种静态，可能是由于产业要素无法自由流动或缺乏流动的动机导致的。在叙述这些静态时提到的劳动单位，只是指工人的平均生产能力，实质上忽略了个人包含劳动单位可能多也可能少的事实。一个人无论是从事沟中挖土还是工厂织布的工作，只要他一天挖了平均数量的

> **知识链接　货币**
>
> 货币作为一般等价物出现，使交易的过程大大的简化，因此，A 远不用像例子中一样费力就可以轻易获得社会上每个人的劳动。这里只讨论货币充当价值尺度和流通手段的功能。作为价值尺度，货币直接衡量产品价值，因而日常经济活动避开对劳动代价等抽象概念的讨论，使人们更直接、客观地感受物品的价值。作为流通手段，货币又可以快捷地实现商品价值。货币使所有的交易简化为两个过程：卖出商品——用物品交换货币；买入商品——用货币交换物品。每个人都只需经历两次交换就可以获得任何产品，可以说货币提高了交换的效率，也降低了交换的成本。

土或者织了平均数量的布匹，就说他体现了一单位劳动。这个劳动单位也不考虑劳动者的意愿，因为在静态的前提假设中，一个正在择业的工人愿意做任何他可以胜任的工作。那时的定义并不涉及对具体劳动单位的定义和衡量。

现在，可以为"静态"下一个更精确的定义。前面用"效能"定义了一个工人的潜在劳动单位，它等于工人能最大限度吸引社会劳动的数量。而工人的潜力是否能得到充分发挥，取决于生产要素在各个产业团体的分配是否科学。可以肯定，产业要素分配不合理时，工人实际生产的产品所体现的劳动单位一定小于其潜在能力。

所以，"静态"重新定义为：使工人充分体现其潜在劳动单位的产业要素分配状况。

附录 2
静态和动态标准

　　政治经济学将静态社会经济的第二个自然部分作为主要研究对象,即探讨社会有机体在财富生产的交换活动中所引起的各种经济现象。静态社会讲述了静态下的分配规律以及这一规律如何在没有任何变动与阻力的社会经济条件下发挥作用。所讨论的分配方面的问题都是在使用有组织的方法创造财富的过程中产生的,并没有涉及社会的进化而引起的分配方面的问题。涉足到动态经济的领域,从动态势力及动态变化的角度,对社会产业进行更加细微的考察势在必行。因为社会经济活动总处于不断发展和变化中,生产、消费等活动之间相互纵向贯通。在社会经济活动中,静态和动态规律总是相互交叉、互相渗透。动态和静态经济是相对而言的,从总体和局部来看通常会有不同的结果。总体的静态调整,对于局部范围而言,有可能就是一个很剧烈的动态波动。理论研究通常涉及局部范围的静态标准,以及世界各个国家和地区之间的联系,前者属于静态理论范围,后者属于动态理论范围。对局部地区的研究通常从世界经济中心开始,因为这一体系的经济力量发展迅速,而且可以通过贸易关系把影响迅速地传播到周边地区。静态标准的理论前提是充分而且完全的竞争,这让其理论带有空想性质,与现实不符。作为经济学对静态理论的补充,研究者需要发展动态理论。动态理论的发展更为艰辛,无疑也更有意义,还需要研究者作出很长时间的努力。

第一节
动态变化及其对社会产业的影响

　　静态状态下的社会经济已经在前文中有详细论述。静态的社会并不是绝对意义上的静止不前，人类社会的动态性从根本上否定了这种完全静止存在的可能性。社会经济的生产、消费等一系列活动都是在不断变化、发展的社会洪流中开始和改进并取得进一步发展的。对静态角度的社会产业情况的考察，不能完全脱离动态情境而孤立进行。在动态基础上研究静态社会的生产、分配，不仅可以使我们对价值、工资和利息等有更完整的了解和认识，还有利于我们正确理解和把握新发明和改良对社会发展的重要价值。

　　人类社会是活动的、生机勃勃的，它在不断创造财富并消耗财富的同时，不但其财富的种类、数量以及其生产方法和工具不发生变化，就连其财富创造过程中，消耗的资本和劳动的性质与数量也固定不变。简单地说，社会是有生命力的，其性质是活动的，只是活动的形式不变而已。生产的需要使得社会中出现大大小小的团体，但单就各个团体自身而言，其规模不发生变化。因此，静态情况下考察的结论是：从表面上看来，各团体之间的资本和劳动没有发生移动。在李嘉图看来，无论是在哪一个工厂进行制造，这种静态情形下的商品售价与生产成本是相等的。这就使得任何一个企业家都赚不到利润，因而这里所创造的价值是自然价值。这一点同样适用于工资和利息，即在任何情形下，工人的工资和资本家的所得分别对应于工人自己的劳动产品和资本本身生产的产品。就整个团体和小团体中的工人而言，他们劳动的生产量是一致的，并不会因为他们在各个团体之间的移走而多得或少得任何利益。这样所描绘出的情景，再现了人类社会在不受任何变动和干扰的情形下所呈现的状况。

　　毕竟，这种情形只是假想的。由于人类集中起来的动力在不断改变着社会面貌，这种纯粹静态的社会便不可能存在。恰恰也正是因为社会的日益进步与发展，才给当代人带来了生活上的富足以及美好的前景。如前所述，社会的发展变化主要体现在五个方面：人口的增加、资本的积累、生产方法的革新、资本与劳动组织形式的变化以及人类欲望的增长。这些变化是在同一时间自然而然地发生的，也就是说，变化的社会正是自然的要求；反之，静止的社会是不自然的，完全不存在的。

社会的变化也自然而然地带来了价值的变化。例如，工人工资的增高、利息的不断降低以及某一团体或工厂中利润从出现到消失的过程，就是这种自然性变化的表现之一。从广义上来看，一旦打破了静态社会的平静，便是符合社会规律的表现，因为这种"打破"是人类自身进步的动力引起的，是最自然的社会变化。然而，从狭义上讲，我们在研究中将静态的价值、工资和利息看做自然标准的做法也是完全正确的。原因在于，对纯粹静态情形的描述就相当于描写最客观、最自然的实际。"理想的静态"是指仅考虑了实际的动态社会变化发展的一部分动力，也就是说，将实际社会中的某些因素忽略不计来进行考察。

以上论述中，团体变化调整的势力及变化方式并不是虚拟的，而是对现实的真实再现。像海洋一样，这些势力不停地发挥作用：静止不动、没有任何风浪的大海只能是虚拟的，现实中并不存在。尽管如此，那些在不受外界干扰的情况下产生的"势力"（即重力、流动力和压力）又无时无刻不在控制着海水，使其归于平静。也就是说，风浪的干扰相比这些静态势力是相当微弱的。海的变化是就其广袤的面积上出现的细微波纹而言，它的位置和深度可以认为是不发生变化的。然而，反过来，如果只是肤浅的看待海水，便只会看到其静态性，抓不到甚至忽略潮水潮落、变化无常的最本质特征。

对于变化的事物的研究，离不开对静止势力的考察。这就类似于，若要了解风力对于海洋的作用，就必须先了解流动力和压力的作用；若要了解动态变化的作用，就必须要了解竞争对社会的影响。

真正的静态社会其实是实际社会中的一种活动方式，它与实际社会息息相关。要了解静态社会的情形，首先要对该社会内部发生的变化有大致的了解，其次还要了解这些变化与静态势力之间的关系。只有真正认识到这些势力的活动性，才能证明我们的研究并非只是枯燥的理论，而是充满了活力。要真正了解静态理论的重要性，真正把握静态的规律在动态情形下发生的作用，必须先了解价值、工资和利息标准是如何在激烈的变动中发挥作用的。

上述的动态变化中，给静态的安排带来了变动，即在任何一种变化之后，静态规律接着发生作用。现实社会中的情形是，静态规律的发挥一般都伴有一个新变化的产生，而正是这种不断的变化使得价值、工资和利息不仅只是处于一种静态。人口的增长、资本的积累、生产方法的改进、产业的集中以及人类欲望的增长——这五类变化同时出现并不断回环往复。

如果要在静态理论基础上对动态情形进行研究，首先要考察两个问题：第一，每种变化是如何使实际的价值、工资和利息离开静态的标准；第二，如何使得标准本身发生变化。这里是将五种变化分别进行研究，至于它们同时发生时的状况要留待以后动态理论来解释。为了解决这两个问题，我们要预计这五种变化所产生的总的结果，它们分别是：价值、工资和利息与静态标准变得不相同，静态标准本身也在不断发生变化。作为动态理论，它要说明的正是这一系列变化的趋势和速度。

可见，我们的研究应该大体上指出这五种变化分别是如何打乱了静态的社会并引起了何种变动的；其次，还要说明这五种变化的同时性给社会带来了何种影响。事实证明，在团体范畴，这些变化带来的影响在很大程度上相互抵消。不但如此，它们发生的同时性还使得社会形式更趋向于理论上讨论的"静态"。同样，价值、工资和利息的实现也得益于这几个势力共同发生作用；相反，假使只有某几个变化同时发生，情况便大不相同。

作为动态经济学应该研究的对象，离开静态标准的变化只是其中很小的一个部分。与经济阻力的理论（这里指用来说明实际价值、工资和利息是如何离开某些自然标准的理论）相比，说明标准本身的理论显得更加重要。动态的变化必定带来静态价值以及实际工资和利息所趋向的静态工资和利息的变动，这一点突出表现在由生产力的改进而引起的变化上。

举例来说，一种新发明的出现使得某商品的生产成本降低，这不但给企业家带来了利润，还间接促使企业家提高工人的工资和利息。换句话说，这不但给社会增加了财富收入，还使得静态的工资标准在方法改进的基础上随之提高。因为工资所趋向的标准已经脱离了方法改进之前的那个标准，并且工人的工资更接近于方法革新后工人生产的产量（这个数量比之前的产量多）。在新发明普及到整个社会的各个层面时，工人所得的工资就等于新的标准工资。再者，又有一个发明，其主要优点是用来节省生产费用。该发明同时还产生短期的利润，由企业家暂时占有。之所以是短期和暂时的，原因在于，同之前的收入相同，该利润收入在一段时期后也会散布到全体社会成员中。因此，第二项发明的应用促使一个新的、更高的工资标准的产生。那么，现实中工人的实际工资就会随着这一新标准而不断上升直至达到这个标准；在没有超过这一标准之前，又会有一个更新和更高的标准出现。

假如类似的多个发明出现的间隔足够使整个社会最终受益，那么我们的讨论就简单多了。在社会中，任何时候都会有一个静态下的工资标准，工人的工资收入必然会在竞争的影响下渐渐趋向这个标准。之后，又会出现一个比之前更高的静态标准，在又一个新发明出现之前的间隔里，一个更高的工资标准又会随之出现。就这样循环往复，直至实际工资达到最新的标准。可见，工资的标准前后相继，并且每每都有提高。这便使得实际工资不断提高，不断超越一个个新的工资标准。在相当长的间隔内，实际工资就会和静态标准达成一致，然而这种现象只是暂时的。

另一种情况是，生产方法改良的出现不是间隔性而是连续性的。那么，在这种情况下，各个改良前后连续出现，在前一个新发明还没有影响到整个社会的工资水平时，后一个新发明就已出现。如此一来，实际工资便会随着工资标准的不断上涨而不断提高，尽管前者总要稍稍落后于后者。

上面对产业的实际情形进行了论述。在现实社会中，新发明或改良的发生与出现是接连不断、极其迅速的，无论是大团体还是小团体，都会出现影响工资水平提高的改良现象。竞争的规律结论是，一旦受到改良的影响，实际工资就会和工资标准一样不断得到提高，然而实际工资总是落后于工资标准。在任何情况下，实际工资都不会与最新改良所带来的成果全部转化为工人和资本家新增收入时的工资数目相等。任何时刻的静态标准都与上述原则讨论的标准相类似。一个社会无论是如何的积极活跃，内部的变动是如何的激烈，该社会每一天仍要受到静态规律的影响和支配：静态规律给工人带来了一个高于实际工资的工资标准，从而使得实际工资在一段时期后（在这一短时间内的情况由动态规律来解释）达到该标准。静态规律之所以支配和影响这个社会，原因在于工资标准和实际工资之间错综复杂的关系，这就涉及到动态经济学的相关内容。动态经济学主要研究三个方面的问题：一是静态标准和实际工资不同的原因，以及二者达成一致或相等所需的时间；二是静态工资标准提高的速度和实际工资达到这个标准的速度；三是利息标准降低的速度和实际利息达到这个标准的速度。

前面所举的海水的例子仍然适用于当前的研究。无论大海是如何波涛汹涌，我们仍能想象出一个理想化的平静的海面，即大海风平浪静时海面的平坦。在现实社会中，假如动态变化停止，利润在竞争的作用下分散至整个社会的各个角落，这样的一个情形就和大海的例子相一致。再者，假使静止的海面在某一势力的作用下不断增高，使得后一天的海平面总比前一天的海平面高些，这就又类似于产业界的情形。

尽管表面看来，这些改良（类似于卷起波浪的狂风）打破了原有的静态状况，但更重要的是它们提高了海平面。仍旧以海水为例。"释放"原本堆积在海面某个地方的海水，必定会带来海的动荡，使得海面由静态规律支配下的平静转为惊涛骇浪，但更重要的是，它增加了海水的量，使得海平面在恢复平静后高过之前的水平。在这里，堆积的海水所产生的影响就类似于某一改良成果在静态规律单独作用下的情形。生产改良所带来的社会财富的增加，就相当于海中增加的水，这一改良不但改变了人们的实际收入，还提高了理论上的工资标准。同样，波浪的不断起伏就像间隔较长时间而出现的产业改良，尽管会打破原有的平静，却还是会造就一个水平面更高的新海面。

下面假设海浪此起彼伏，一波接一波，同时海水的波涛四处相互交错。尽管海水每一刻都趋于平静，但它们在任何两个连续的时间里都不会达到完全一致的水平，原因就在于海水不断向着一个理想的水平上升。这正是现实社会的真实写照——工资是在始终围绕着一个静态标准变化的基础上不断上升的，但它不能在连续的时间内围绕同一个标准。

上述的一系列变化及变化的结果，都属于动态经济学的研究领域，因为在静态经济学看来，一个时期内只能有一个工资标准。动态经济学则不同，它承认动态社会中的静态规律，且这一规律在不同时期内提供的静态标准是不同的。正是由于动态势力的影响，不同程度和水平的静态标准才会不断出现。这也说明了静态规律在现实社会中发挥作用的真实情形。

我们还可以从动态经济学和静态经济学所研究的利润的形式中看出二者的不同。动态经济学研究的利润是产生于产业的改良，并且其中一部分归于企业家的原始状态的利润；而静态经济学注重探讨变为工资和利息的利润，即利润之后的永久形式。动态经济学告诉我们雇主如何成为富翁，而静态经济学告诉我们工人如何才能得到生产改良带来的利益。需要指出的是，由于利润在脱离雇主之后不断增多，所以在利润变为工资和利息的形式时，它要大于它在作为企业家收入形式时的数量。不仅如此，当利润在整个社会中分散开时，其总数就更大了。竞争规律使得利润最后才分到资本家和工人手中，但数目却远大于企业家所得的数目。对一个产业来说，它的总产量会在劳动和资本在各团体之间分配得最为恰当时（即劳动和资本不断流入有获得利润的能力的团体，而所有社会收入转化为工资和利息时）达到最高点。

由于阻力的作用，实际工资与静态标准大不相同。在自由竞争的情况下，企业家是不可能获得任何收入的，因为自由竞争使得纯粹的商业利润一旦被生产出来就马上被消灭。商业利润的消灭就是指利润表现形式的改变，并且在这一改变过程中，利润的数目会增大。动态的理论在于说明对资本家获得利润所构成的阻力，而静态规律一方面决定了阻力克服后工资的情况，另一方面还决定了阻力消失后工资的情况。

动态的理论不但证实了静态标准和工资提高之间的关系，还恰恰说明了实际工资和静态标准的不同。正是这个不同，使得企业家对社会生产力所作的贡献得到了回报，因而企业家才有了更大的动力进行下一步的改良。假如企业家得不到任何利润，社会上较有价值的改良便不会出现。可见，改良的动力来自利润，而改良的成果又使工资不断提高。产业要得到进步，就必须有足够的动力使人们乐于冒险、乐于奋斗。在某种程度上，我们可以从实际工资所趋向的标准的差别上，来衡量改良者的改良所能换来的回报的大小。正是由于工人今天的工资没有达到昨天生产改良后的工资标准，企业主才得到了收入；也正是由于企业家暂时拥有了收入，才使得他们主动提高工人的工资水平。

　　进一步来说，动态的理论还应就工资和静态标准之间保持多大距离才会使企业家取得最多的利润，从而更乐于最大程度提高工人工资进行说明。同其他动态问题一样，对这个问题的回答同样复杂。静态理论则简单得多，它主要就是回答为什么利润的大小不完全决定劳动最后所得的回报。具体来说，由于静态规律的支配，产业界的领导人物会将自己的巨额资金用于工资的增加，其次才会利用到利润等其他问题上。这样做的好处是，利润被投入到工资和利息之后，会带给产业界巨头新的利润源泉，因而他们从不缺少利润收入。然而，任何利润都只是短暂的。一旦意识到利润的存在，静态规律便会支配它，并很快将其转移到工人（一大部分）和工具占有者身上。因此，动态势力说明了明天即将归于静态势力支配的今天的收入。

　　关于各种变化的速度的问题，将在分配论的下半部分进行探讨。其中牵涉到的速度变动的方向、阻力和距离等，都属于动态理论要解决的关键问题，它们与静态理论毫不相关。这并不是否认静态理论的重要性，因为它的研究主题是离我们较近的目标。例如，从静态理论中，我们了解变化一旦停止后工资的变化情况。因此，静态理论在任何形式的社会变化中的地位都举足轻重。这里我们将就生产方法的改变这一例子进行说明，我们考察的重点是生产方法的改变会对分配中的要素之一——工资产生何种影响。需要指出的是，除了生产方法的改变之外，其他三种动态变化同样都对社会、价值、工资和利息的改变起重要作用。

第二节　静态规律作用下的动态势力

　　静态规律不仅可以发生在社会的静态条件下，动态情境中同样也存在静态规律发挥的空间。人口的增加（即工人数量增加）、资本的增加、消费方面的变化以及组织的出现都属于动态势力。通过这几方面的分析可发现，静态规律作用的发挥不是否定动态势力及其作用的存在；相反，动态势力的存在恰恰是静态规律发挥作用的必然要求。

　　在动态情形下，静态规律照常可以发挥作用。它的效能的发挥并不会因为新发明、新组织的出现以及人口的增长而停止。

　　就人口的增加而言，各个团体要想得到正常数量的新工人，都必须要经过一定的调整，不会因人口增加幅度的变化而受到影响。再者，工人的增加或多或少只是局部性的，各个地方增加的数量不同。在人口密集地区的产业系统中，各个团体的工人数量与恰巧需要的工人数量通常是不一致的。例如，新工人若大量涌入某一行业，则该行业得到的工人数量就会大于实际需要的数量。在这种情况下，剩余的工人就一定要被迁移到其他地区。既然一切产业都要利用土地进行生产或辅助生产，那么，对于即使不以农业为主导产业的地区来说，人口过剩也说明该地区的土地过于拥挤。这时，前文所提及的静态规律之一便会发挥作用，并对各小团体中的土地进行重新分配，从而使劳动和资本分散至可被自由处置的地区。在前文中，我们已经讨论过，土地和劳动资本的有机组合，以及每块土地与恰当比例的其他生产要素的结合会使得地租达到最大值。然而，若某地区人口过于稠密，情况就不同了。因而，静态规律作用的发挥必定要将该地区的过剩人口进行分散。反过来，促使过剩人口转移的势力之一，便是过剩人口必须进行分散并流入各个团体的趋势。人口的拥挤，大团体和小团体之间人口分配的不均，必定使得工人数量的转移。也就是说，有一定数量的工人从事鞋业，那么，就要有其他数量的工人从事铁业。静态规律的支配要求每一行业都要分配到一定数量的工人，通过人口的分散，这一点得到实现。除了上面提到的促使人口移动的势力之外，土地的过分拥挤也是其中一个势力，二者作用方式相同。

　　人口的突然流入与停止流入使得价值、工资和利息在某一时刻完全脱离静态标准。之后，它们又会逐渐接近和超过这个标准。某个团体中工人人数过多，就会使价值与静态意义上的自然状态不符。再者，由于各个团体情况各异，它们生产财富的总量会大大小于原本创造的财富量，工资和利息也达不到静态标准下的最高点。可见，新工人数量若能在各个团体之间平均分配，会使价值得到调整。除此之外，在该势力的影响下，劳动和资本总产量的增加还会带来工资和利息数量的提高。若出现人口第二次局部性质的增加，它会带来又一次的同一形式的干扰和再调整。毫无疑问，人口的持续增长所带来的主要影响——工资、价值和利息与静态标准的偏离、接近和再一次偏离——依然表现突出。

人口的增长若是连续不间断的，自然状态的工资标准会和实际的状况始终存在差异。在这种情况下，某些团体会成为新工人的接收站，在接收新工人的同时，还将他们安排至其他团体，使他们永久停留在那里。尽管会有工人被分配出去，但接收站必然会长期呈现出拥挤的状态。人口增加这一动态势力：一方面，使得首先获得新增工人的团体产品价值降低（指低于静态状况下的应有价值）；另一方面，它还使其他商品价值得到相当幅度的提高。

我们可以用分析工人数量增加的情况时所采取的方法来分析资本增加的情形。

资本的增加在开始时一般都带有地方性质，正因为各个团体拥有的资本在那时不会按照静态规律的安排而增加，这才导致了资本的移动。这就等于说，土地和辅助资本必须按照地租规律进行组织和再结合，并且只有静态规律的作用在所有这些方面产生影响时，才会最终取得自然形式的价值。此时，新吸收了工人和资本的小团体生产的产品在出售时，价格必然很低。

资本的间断增加和资本的连续增加给价值带来的影响是不同的。前者使价值由正常变为不正常，而后又由不正常变为正常，最终再回到不正常；后者则不同，就狭义来说，在它的影响下，价值在一定程度上总保持些许的不正常。之所以会如此，是由于不断增加的资本在后一种情况下永远会使价值离开静态标准。说得更明了些，价值和静态标准存在差异是最自然不过的事情，这源于资本的增加所带有的地方性，使得各个地区资本积累和增加不可能完全相同。在静态社会中，价值就变为与静态标准有一个自然距离的价值，是与自然相符的。同局部性工人数量的增加一样，局部性的资本增加也会使利息和工资比静态标准低。然而，只要实际工资和利息同标准保持正常的距离，尽管它们相对较低，也是完全符合自然的。

我们将把这些原则应用到对第三种动态变化的研究上。所谓的第三种动态变化，是指上面所提到的由于发明或生产方法改良所带来的变化。同人口或资本的增加对价值的影响不同，这种变化的影响不那么稳定。原因很明显，发明不规则地出现在社会生产生活的不同领域，涉及各个方面。它对不同物品的价格早晚都会产生影响，即先是降低物品甲的价格，后又降低物品乙的价格。从机器代替人类劳动制造商品之初，该商品连同其他一切商品就被赋予了一个新的静态价值标准。在这种机器的生产功效发挥至最大时，它创造的产品便不间断地流入市场，因而价格自然也就降到更低。这便是静态价格或自然状态的价格。在最开始的时候，实际价格是高于这个价格的，一段时间后，它便会慢慢接近标准价格。

若在一个团体内（仅这一个团体）出现了间断性发明，在发明开始被应用时，该团体生产商品的标准价值会猛然下降，接着会稳定一个时期，再随另外一个发明的出现继续下降。假使这个标准在很长时间内保持不变，实际价值就有可能继续跌至与标准价值相等，并做短时间的停留。因而，新发明的突然出现给产业造成的影响可以描述为：一段时间内，静态价值下跌，而后保持稳定，而实际价值在下跌的过程中，偶尔也会与下跌中的价值标准保持同一水平。假如只有一个产业不停地进行改良，那么，该产业产品的实际价值便会一直随着下跌的价值标准不断降低。尽管都是在下跌，但其间正是存在一定的距离的。只要这个距离属于正常范围，就可以断定实际价值是符合自然的。然而，动态的价值标准不免时刻变化。但只要实际价值处于价值标准之后并与其距离适当的基础上，朝同一方向下跌或上升，则这一实际价值便符合静态规律的要求。其他种类产品的价值在该产品的价值以上述这种方式下降的同时，却都是上升的。原因在于，只要没有受到节省劳动的改良的影响，其他团体的商品价值就会保持上涨的状态，并不断向静态价值标准靠近。在生产改良的范围仅限于团体 A^{II} 时，B^{II}、C^{II} 以及 D^{II} 的价值永远不会高过 A^{II} 的产品产量增大时的价值。由于 A^{II} 小团体内改良劳动效率的生产发明的不断出现，A^{II} 所生产产品的实际价值就会逐渐接近于不断下跌的静态工资标准，同时，这种改良的出现还使得 B^{II}、C^{II} 以及 D^{II} 的价值不断接近但不超过一个不断上升的标准。可见，静态规律会增加 A^{II} 的生产总量。

若是一个新梦想的实现需要一种新颖的产品出现，就要求组织一个新的生产团队去吸收和利用旧团体的资本与劳动，因此，这将带给团体或组织的正常生产以极大的干扰。然而，对消费者而言，欲望的改变仅仅是指他们要求旧产品在质量上有新的改进，而不是要求生产出完全新颖、别样的产品。所有这些变化，都将影响价值、工资和利息的调整与变动。换句话说，新欲望的产生必然要求价值得到调整，之后，工资和利息也自然而然受到影响而得到调整。还有一种情况是，新欲望若是连续出现，那么价值、工资和利息的标准必定随之不停地发生变化。这样，实际市场也会随着价值等的变化而不停地改变，以适应各种变化的需求。就一般而言，新欲望的产生会降低用以满足旧欲望的商品的价值。

在产业系统各个部分的劳动和资本的分配过程中，动态势力可以说是互相抵消的。这里有一项关于动态势力的基本事实，那就是，各种动态势力结合在一起会带来价值、工资和利息与静态标准的接近。这主要是通过价值发生改变，工资不断得到增加以及利息的不断降低来实现的。除此之外，动态势力还使得实际工资和利息比任何时候都最大程度地接近静态标准。这就是说，静态规律要在现实社会中发挥作用，它必须依赖于动态的势力。举例来说，要使一种黏性液体有平坦的表面，就必须依靠外部因素的作用。再如，一袋小麦被倒在地上，表面一般是凹凸不平的，但若是对它进行外力的震动或摇动，它便趋于平坦。同样道理，尽管阻力会限制实际价值、工资和利息快速地向静态标准接近，但静态规律一定是在被扰乱的情况下才会更好地将阻力克服。之所以如此，原因恰恰在于，各种动态势力的相互抵消使得标准本身几乎不发生变化。

如果在 A 团体中，工人人数有了增加，则价值、工资和利息会在这种巨大干扰的影响下与静态标准产生较大的不同。但事实并非如此，除了 A 团体之外，B、C、D 以及他们所拥有的小团体中的工人数目也在不断增加。这就是说，工人的地区调整是很容易实现的，完全符合静态规律的要求。假如人口的增加并没有带来资本随后的增加，那么，在工资不断地降低的同时，利息会不断上升。事实仍旧不同于假设——资本不但有了增加，而且增加的速度要快过人口的增加，这便在某种程度上弥补了人口增加对工资的负面影响。一个经济因素的增加若快过另一个经济因素，必然会对分配有一定影响。这就是说，新资本的剩余对工资和利息的干扰是必然的。但就影响的程度而言，两个因素增加的差异所能引发的变动程度，要大大小于仅有一个因素增加而造成的变动程度。

生产改良若只局限于一个团体内，必然会十分混乱。然而，实际的改良总是经过一个阶段后慢慢散布到每个小团体中。意思非常简单，在仅仅 A^{II} 团体的产量增加的情形下，它所创造产品的相对价值是永久呈下跌状态的，因而工资和利息也必须不断被调整；但实际上，B、C、D 团体也会进行改良，这就使得其价值调整在小幅度内进行。尽管间隔短的改良的不断出现会较快地增加工资，但经常性、涉及范围广的改良不但不提升工资，反而使得工资更加靠近静态标准。很明显，假如 A^{II}、B^{II}、C^{II} 以及 H^{II} 等的产量都得到增加（和资本只在一个团体内增加情况不同），工人和资本的移动便不是那么迫切。总之，普遍性的社会改良，会使得社会更好地向着静态规律所要求的方向发展。

在社会只制造和使用一种新型商品的情况下，资本和劳动在各地之间的转移十分迅速。实际上，由于欲望的增长，商品不断改进质量，资本和劳动的转移便不必如此迅速。因此，只要能改进商品的质量，资本和劳动完全可以留在原地，不进行转移。就这样，新欲望的增长不断抵消产量增加带来的影响。假使不存在新的欲望，工厂所生产的产品便不会被投入到新的消费市场，造成市场的拥挤以及消费品的积压。尽管要求新颖物品出现的欲望是偶尔才会发生，但是要求改进既有消费品质量的欲望是永久存在的。正是由于这种欲望的存在，新的消费品市场得以开辟。在人类生产的所有物品中，几乎没有一件是不能被改良的，而且这种改良可由最初的生产者单独完成。

我们的结论是，欲望的增多带来要求的提高，要求的提高必定使得整个产业链最大限度地加快生产，以增加整个团体的生产量。这里的生产量不是指产品的数量，而是指产品的质量。产品质量的大幅提高不但不会引起产业系统内部不利于产业效益的移动的出现，也不会造成产品过剩。非但如此，欲望的增多以及要求的提高（即消费动态的变化）还为商品开拓了具有弹性的市场。一般情况下，这种变化若和生产上的动态一并出现，许多不良的后果都可以避免，并且各个产业领域的生产也会得到很大改进。但是，实际上的动态变化具有不稳定性、不均衡性，正因为如此，才出现了劳动和资本在各个团体之间不规则地转移。这并不排斥具有一定规则性的（即有一定方向性的）资本和劳动的移动。以人口的增加为例，由于矿业小团体的生产成果是原始效用，那么，人口增加对矿业各小团体的影响，便突出表现在它使人力和设备在不同团体中得到不同程度的增加。此时，报酬递减规律的作用显露无疑。

除此之外，人口的增多还使有更多的人承担起养活全人类的任务。在此情况下，工资必然会降低，这就意味着工人必须接受价格低廉、质量较差的物品作为自己的报酬。在产业生产的一般产品中，原始效用已占据社会消费舞台上的主动权，形式的效用已退居次要。不但如此，由于基本上是小团体来负责原始效用的生产，劳动和资本自然就流向了这类团体。

然而，这种影响不会持久，资本的增加很快会将这种影响抵消。资本的增加，增大了利息的总数，使得生活奢华的阶级成员收入增加。由于这会带来商品质量的大规模改进而不仅仅是商品数量的增加，所以就这件事情本身而言，它完全可以使形式效用增加的需求得到满足。但从另一角度看，资本的增加调高了工人工资，改善了工人所得消费品的质量。由于形式效用的生产由上层小团体负责，所以，资本的增加必然使得基层小团体的劳动和资本流向上层的小团体。

改良生产方法若只能节省劳动，那么，劳动和资本便又由上层小团体移入基层小团体，也就是从 A^{II} 移入 A，由 B^{II} 移入 B 等。短时间内的农业机器的改良与应用是十分迅速的，但相比产业的其他部门所进行的改良，若没有化学工业先进技术的辅助，农业领域的改良幅度是小得多的。机器若只是用于节省人力，那么，随着发明的进步，越来越多的工人便会聚集到劳动力节省少且慢的产业。

综上所述，所有涉及机器改良的结果可概括如下：首先，我们将以某产业没有新产品，并且以前的旧产品数量没有增多这一假设为前提。在这一条件下，发明速度的快慢不会影响 A^{II}、B^{II}、C^{II} 等商品产量的增减。而如今，尽管机器和生产方法都得到了改进，但只是集中在上文提到的上层小团体中。假如在此情形下，A^{III}、A^{II}、B^{III}、B^{II}等团体的已有工人不进行移动，由于工作时间的缩短，他们的工资必然会降低。既然 A 团体中工人的收入多于以上几个团体工人的收入，在竞争的作用下，A^{III} 和 A^{II} 中必然会有一部分工人转移到 A 团体。这样的结果是，上下各个层级的小团体的工人的生产力都趋于相等，这又必然导致所有产业中工作日的缩短。

现在，我们的另一个假设是，方法的改良主要用于增加产品的数量。这样一来，结果便和上面的截然相反了：A^{III} 和 A^{II} 团体中的工人就会继续进行生产。然而，我们所说的生产的扩大并不是产品数量的增多，而是产品质量的提高。相比生产原料的 A 团体，A^{III} 和 A^{II} 等团体所需要的生产力就更大。由此可见，在社会消费中，占据较大比例的是形式效用，而不是原始效用。在实际生产中，某些制造粗糙商品的基层小团体也存在生产方法的改良。由于粗糙原料的需求与形式效用的需求在伸缩性上存在较大差异，使得工人不断转移到生产较为精巧的团体中去。生活的奢侈性不是表现在商品数量的增加上，而是表现在商品制造过程中所花费的精力，因此，原料消费的增加远远落后于精巧物品的消费的增加。大体来看，劳动和资本必须不断流入上层小团体中，因为除此之外，新的力量没有空间来发挥自己的作用。

上层小团体一般存在着组织形式，而最基层的小团体却极少见到；尤其在农业上，这种大规模的组织合并更为稀少。若组织只是用来节省劳动却不增加生产，在被解雇的工人纷纷投入到耕作业之类的部门时，劳动和资本便会统统集中到农矿业上来。然而，实际上的组织一方面会增加产品的产量，另一方面还会生产出较好质量的商品，从而使得生产要素纷纷转移到上层小团体。

在对产业方法和组织这两个增加产品生产的大势力的讨论过程中，我们已提及了作为五大动态变化之一的"欲望的提高"。由于形式效用在需求上没有止尽，以及基本效用在需求上的固定性，劳动和资本便在各种变化的作用下渐渐流入上层小团体。另外，还有的产品尽管由大团体生产，并且质量良好，但它在满足消费需求的伸缩性上远不如其他产品。这就是说，劳动和资本向上层小团体的流动，也代表了它们由仅能满足固定需求的小团体，流向能够满足带有伸缩性需求的小团体。和不规则的变动不同，类似流水般的变动和转移本身不具备干扰性和破坏性，它们不会使工人过于劳苦，也不会带来资本的浪费。产业系统中任何一处劳动得到了节省，都会造成工人位置的变动。工人在小团体中的移动是十分必然的，除非 A^{III}、B^{III}、C^{III} 等能实现同时创作并同时应用新的改良。通常来看，一个机器只要有效能，它便多多少少地节省一些劳动，就是说，某团体新型机器的使用，必然使得生产量增加。然而这个增加不足以将原有工人全部安排在该团体内进行劳作，因此，其他地方便将这些工人引入自己的领域。从产业界这个整体来看，我们不能认为工人是被机器排挤出去的。虽然 A^{III} 新发明的采用不会将各个小团体中的工人一并代替，并且 A^{III}、B^{III} 和 C^{III} 的工人总数也可能没有减少，但 A^{III} 中机器的使用，使得 B^{III} 和 C^{III} 所需的工人数量较多，而 A^{III} 自身所需的工人数量则较少。在这种情况下，一旦 B^{III} 出现新发明，工人便会转移至 A^{III} 和 C^{III}。可见，一系列小团体间工人的不规则流入和流出在所难免。团体间除了工人流水般的移动之外，还存在一些特别不规则和过于突然的工人转移，这种情形会给工人带来痛苦。

现在我们要对这些动态变化给予快捷、概括地描述和总结。它们都属于经济理论结论中的部分内容。在这里，我们应对以下两个事实给予足够的重视：第一，在产业系统中，资本与劳动是不断转移到上层小团体中的；第二，在平行的一系列小团体中，还存在某些干扰性、不规则的资本与劳动的转移。对动态部分的深入研究会使我们确信，只要改良被广泛应用于平行的小团体，这些改良所存在的干扰作用便会全部抵消。即若 A^{III}、B^{III}、C^{III} 都有新改良出现，工人便不会大规模转移。再者，工人向上的转移，可以使移动过程中产生的激烈性得以减轻。新的工人总是要转移至最高层的小团体去的，因此，就算是 A^{III} 使用了新型机器，或许也没有必要使得工人由 A^{III} 移入 B^{III}。而作为 B^{III} 团体，它完全可以从较下层的小团体中吸收工人。

再进一步深入研究，会使我们认识到资本的移动还会在较大程度上降低工人移动时所产生的激烈程度。因此，动态经济的结果就是：它不仅不增加工人的痛苦，还减轻了世界的痛苦，同时使得人们的收入不断增多。

现在，我们来对五大动态势力齐头并进下的价值、工资和利息的标准进行解释说明。小团体系统中的静态势力对劳动和资本的调整是随时进行的，它要求 A^{III}、B^{III}、C^{III} 等团体分别具备一定的劳动和资本。只要能迅速完成这种静态调整，所生产的产品数量便会与当时情况所要求的"自然"数量相符，同时，所有物品的价值也会合乎自然。同样，工资和利息也可以分别经过调整，保证其完全符合自然，即使各地的工资和利息分别与劳动产量和资本的产量相一致，但在利息合乎自然时，各地的利润会减至零。无论什么时候，只要没有了动态变化和所有阻力，上述情形便会发生。这里的讨论似乎有些重复，但我们还没有明确一个事实，即静态调整所需的时间是有长有短的，并且工资和利息在自然调整上还没有一个固定的标准。在一年之内，工资或许会很快接近某个标准，但这个标准只会在 10 年或更长时间，才渐渐趋向另外一个不同的标准。

工人和资本向静态势力安排好的小团体的移动，必然使得工人乃至资本家也进行转移。这期间难免会有些人搬离原来的住处，其中遇到的阻力必然会耗费一定的时间。然而，新方法会迅速普及应用。假如某企业家一种良好生产方法的发明在几年内普及到其他竞争者中间，尽管这期间会由于专利特权的问题而耽误一些时间，但总的来说，资本家的移动还是要快于工人的移动。但是，若某种新的生产方法使得同行业中的一切竞争对手都拥有同等的效能，资本家再要实现移动，其移动速度的快慢便不是那么确定了。

假使所有的动态势力不再发挥作用，而静态规律不停地发挥作用，我们便可以在这种条件下进一步了解动态社会每一时刻都趋向的静态标准。就这个假定而言，要想使得进度最慢的调整也达到静止状态，我们需要较长时间来等待。静态规律若要求某一劳动在地理上的分布需要50年来完成，我们就必须在50年后才真正实现静态状况（尽管或许只需四年我们便可将生产方法统一）。这种情况下，我们必须马上停止新的生产方法的实施和扩展，而不是要等到45年后。举例来说，假使我们在1800年就停止了一切动态变化，而直到1850年人口的安排才实现了对自然的符合，则在1805年各个小团体的生产方法就可以实现统一，但我们必须按照静态规律一成不变地将旧方法再使用45年。

上述方法可以用来说明完全处于静态势力下的社会。在将各种动态势力突然停止，并等到最后一项调整或安排完全实现后，我们也就真正进入了静态的状况。那么，当前社会所呈现的趋势的方向，是这一漫长过程开始时完全不可能实现的。在我们的例子中，这里所指的安排就是人口的移动。既然需要50年来完成移动，则价值、工资和利息等的实现也都必须经历这样一个漫长的过程。人口的适当分配完成后，这些自然标准也会如期实现，但永远不会早于人口适当分配的完成。

实际社会在完全静态的状态下就会趋向这种安排或调整。但是，阻力不可避免，其产生的影响也至关重要：它促使突然发生的、迅速的动态变化不断地出现在静态安排或调整的漫长过程中。假如东部人口向稀疏西部的迁移需要50年，而在这50年中，近百种机器设备有可能已经被生产或发明了，随后其价值也被调整到最为恰当的水平。鉴于此，我们必须承认某些与最后静态标准不符的价值标准的存在。

第三节　静态理论和动态理论的关系

　　静态理论的前提是工人、资本和生产商品的方法处在合适的位置，并且没有动态变化的影响。这样，价值、工资和利息会最终完全符合静态规律的标准。静态和动态的关系是相对的，从总体和局部来看，往往会得出不同的结论。世界范围内的静态力量调整，在局部地区可能会造成巨大的变化。产生动态效应就像是海洋一样，全球范围内的水流调整使印度洋储蓄过多的水涌入大西洋，从而使大西洋洋面上涨。

　　工人、资本和生产商品的方法不是总在最合适的位置，而是需要一定的时间来寻找这一位置，且寻找时间长短不一。推动这一寻找的，通常是不同企业之间的竞争。假定工人需要50年找到需要工人的地方，资本需要25年找到需要资本的地方，生产商品的方法需要10年内才能在最合适的领域内普遍应用，这样取所有时间的最小公倍数，我们可以得出使价值、工资或利息完全符合静态规律的标准，就必须在没有动态变化的前提下等待50年。寻找过程通常会受到阻碍，这种阻碍难易各异。例如一个生于采矿者家庭的工人想要从事机械工作，对他来说很容易，因为行业跨度并不大，二者有许多相通之处。如果许多生于采矿者家庭的工人都要这样做，采矿业的工人团体就会遭受人员损失，而机械业会有大量工人流入。地域在价值、工资和利息达到静态的过程中也起很大的作用，工人从一个地区迁往另一个地区寻找其工作机会需要大量的时间和资本，而同一地域内如果有这种机会，工人就能在短时间内达到静态规律要求的标准，资本也能在更短的时间内作出相应调整。如果这一地区的动态变化被严格控制，只有静态势力在起作用，这一地区能通过局部调整快速达到半静态水准。

　　从总体和局部来看同一变化，往往会得出不同的结论。比如当移民从世界各地纷纷涌入美国时，从世界范围来看，这个移动是全世界人口在地理上的自然分配，是个静态过程；但是从美国范围来看，这个移动带来了巨大的变化，是个动态过程。打个比方，这种流动就好像是印度洋的水涌入大西洋，从全球范围内来说，流动使全球海洋的水势均衡化了；但对于大西洋来说，这却是一个洋面上涨和波涛汹涌的动态过程。

类似的变动还有很多。比如亚洲发展工业时，从美洲引进先进的工厂和机器，这个过程使世界产业分布趋于均衡，属于统一世界的产业方法的一部分工作，可以看做是静态过程。美洲得到的反应是机器和生产方法外流，是一个动态过程；亚洲的工业会获得一个飞跃式的发展，是一个更为明显的动态过程。所以，世界范围内静态的调整，通常会引起世界某一部分地区的动态变化。

我们现在的研究对象是某一特定区域范围内工资和利息的自然标准，工资和利息通常会在某一标准附近上下波动，我们要知道的就是现在英、美和意大利国内的这一确定标准。我们假定美国国内的动态变化已经被严格控制，其影响微不足道，这样自由竞争会充分发展而产生一个工资标准。世界范围内的劳动和资本取得自然分配，生产方法取得统一，消费者的需求达到正常，这些变化需要一个很长的时间，在这之前，劳动者的报酬是非静态的。如果世界范围内都达到静态平衡后的标准与局部范围内的静态标准是不同的，局部范围的静态标准要根据世界范围的静态标准而作出相应调整，这一调整也需要一段时间。

世界范围内的各个国家和地区是紧密联系的，一切类似机械发明之类的势力，不论始于社会哪一部分，都会影响到其他部分，从某种程度来说，我们可以把全人类看做是一个有机体。事实上没有一个国家或者地区可以完全脱离外界联系，除非它像亚特兰蒂斯那样一夜之间沉入大海，此外，就没有任何国家能够独立于世界有机体之外。这样我们就有可能通过对世界上某一特定地区的活动进行研究，得出适用于全世界的理论。但是也不能就因此妄下结论，说全世界只有一个工资标准、一个利息标准，每种商品只有一个价值标准，这一结论明显是不自然的。因为世界是个有机体，并不等同于世界各个国家就没有差异存在。

理论家通常感兴趣的是世界各部分相互关系的研究，这也是动态经济理论中最困难和最有收获的部分。这一研究的前提是整个世界构成了一个经济社会，不同部分通过贸易建立联系，任何一部分发生变化，都会对其余地区产生影响。但是，由于不同国家和地区差异性的存在，经济社会中不同国家的地位也不尽相同。有的国家会成为世界经济中心，在这一范围内各个区域彼此紧密联系，任何影响都能很快的传播到其余部分，价值、工资和利息也强烈地趋于一致。而这一范围之外的区域各种影响都会减弱，减弱的程度各不相同，价值、工资和利息也存在很大区别。考虑到以上差别，我们在研究时，有必要在这一巨大范围内划清一个界限，以使结果更能反映现实。

第四节　世界经济中心的优越性

　　由于内部各区域联系密切，世界经济中心地区的经济影响能够迅速传播到相邻地区，可以把它视为一个独立的单位。为了解经济中心的静态工资标准和利息标准，就要排除各种动态势力的影响，以静态社会为前提。在此前提下，工人工资具有准利润的性质。准利润是一种类似于企业家利润的报酬，具有剥削性质。经济中心可以通过发展自身的经济力量，并且人为地制造种种壁垒，阻止经济力量的流动，而一直保持相对的优越性。

　　欧美两州以及和它们有密切关系的其他大陆和岛屿构成世界的经济中心，这一中心由于内部联系密切可以视为完全的社会，对周围环绕它的世界产生影响。这个中心社会与外界的联系是相互的，它从外界输入劳动和资本，而且不管其主观愿望如何，一定会逐渐把生产方法输出给外界。随着贸易的往来，这个社会会逐渐同化外界世界，并逐个地把落后的、联系不严密的地区吸引过来。因此，我们只要能够提出适用于这个中心的经济原则，就可以推广至整个世界范围。
　　我们现在是研究世界经济中心范围内的变化，这一变化包括物品的流动、工人的流动以及资本的流动和生产方法的流动，其流动方式为贸易往来。经济中心的人民得到的一切消费品可分为直接生产和间接生产，物品流入这个社会就等于这个社会间接生产了这些物品，当生产成本低于买入成本时，这个社会就会选择直接生产。
　　经济中心的人口整体上来说总是会增加的，工人移入这个中心可以促进人口的增加，而工人的移出不会使总人数减少，只会延缓增加。同样，资本的流入和流出也构成了资本自然增加速度的变化。与工人和资本的流动相比，生产方法的交流无疑是只增不减的，生产方法的输出并不影响其继续存在，而从外界学会了新的生产方法就等于自己创造了这一发明。
　　我们研究的最终目标是经济中心社会静态的工资标准和利息标准，这一标准需要局部的静态社会为前提。为此，我们首先假设劳动和资本的数量固定不变，这样可以排除移民进出以及人口自然增加造成的影响；其次假设生产方法不发生改变，排除外界技术造成的影响；然后假定其他经济因素完全不变，竞争自由开展。以上的假设排除了这一地区本身动态势力的影响。此外，为了达到静态标准，我们还要排除所有由外界传来这个中心地区的刺激因素。一个无法否认的事实是，世界范围内的统一活动正在进行，这一活动会使全世界趋向于一个静态的均衡状态，而且对局部地区造成的影响等于动态的变化。把以上所有变化排除后，就产生了局部静态社会。在这一前提下，我们可以计算出局部的工资和利息实际上所趋向的标准。

在此前提下得到的工资，包含着一种成为准利润的要素，这一利润有些类似企业家收入中的利润。准利润含有剥削的性质，并最终会在各种因素的自然发展过程中消失。准利润回到工人手中以后，该地区的工资很快就会提高。但是由于这一地区和外界界限的存在，使得准利润对于外界的工资的影响，要很久才能实现。以制鞋业为例，假设社会存在完全和普遍的竞争，中国工人最终会享受到美国工人正在享受的，由制鞋机器带来的利益。但由于并不存在完全和普遍的竞争，准利润的收入仍然会长久地停留在经济中心地区的工人手中。欧美工人相对与亚非工人工资中额外的报酬也可被视为准利润，这一利润得自动态变化，不属于普遍分配的利益。这些利益的流动受到种种阻碍，但是全世界范围内的静态势力最终会把它分配给外界的工人。

从时间上得到的利益，引起了工资和利息方面的利益。采取良好生产方法的先进者能获得巨额利润，在发明很久以后才去效仿的人无疑是落伍者，采用新的生产方法，对他而言也许只能节省一些工资和利息而已。首先获得发明的地区拥有无可比拟的优势，生活在这一地区与这一产业相关的人们可能永远享受着发明提供的准利润，而且每次发明带来的利润，都可能有一部分从较早采用这项发明的企业家手中抽出来，流向工人手中。最大动态势力的发源地会成为巨额财富的生产地，就是未来的乐园。

我们用图十八来说明上述情况。此图可视为海洋水面，AB 代表海面的静态水平，AC 代表潮浪引起的凸凹不平的海面，AD 曲线代表被风刮来的浪潮的浪头。浪潮是一部分海面高过一般的静态水平，使其他部分低于这个水平。和浪潮本身的正常浪头相比，水面不论在什么时候总是有些地方高有些地方低。我们假定 AB 代表全世界的最后静态水平，排除一切动态势力的影响，让全世界的竞争自由展开，AB 就代表劳动报酬的一般水准。但是阻碍这个增加的利益分配给全人类的力量和生产力的不均衡发展，却使实际工人的工资水准和 AC 曲线相符。发达地区的工人工资水准和 AC 曲线上部分的标准相符，落后地区的工人和下部分所表示的水平相等，而处于世界经济中心的工人水准又和 AC 曲线上部分不同，所以欧美地区工人的工资和 AD 曲线高低不一的水准相符。这样我们就得到了三个工资标准：全世界的最后静态标准、世界先进地区的准静态标准和先进地区中各地的准静态标准。在竞争势力影响下，先进地区所有工人的报酬，会趋向和这一地区的准静态标准相符。而这一准静态标准，在长期过程中会趋向于全世界最后的静态标准。

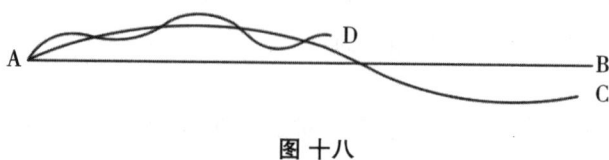

图十八

可是，全世界范围内经济力量的发展与海洋不同。海洋中总的水量是不变的，在没有外力作用的情况下，整个海面的水平是一致的，浪潮的形成是由于把某个地方的海水抽出来，而使其流到其他地方去。与此相异，先进地区的生产力发展，并不是由于减小其他地区的劳动生产力，使其增加的原因是科技文明发展的结果，是人类智慧的结晶。而代表先进地区优越生产力的波浪，是由于新的海水倾倒在海的某一部分上，并被种种力量阻止它流动到其他地区而产生的。

我们可以想象，在世界经济的海洋中，沿着从布拉多到格陵兰，从格陵兰到挪威，从非洲到南美洲最接近非洲的一些点建立一片水闸。这些水闸把北大西洋的巨大范围包括在内，如果有新的水注入，就会形成一个高于闸外海面的水面。这个较高的水面就代表先进国家中的工资水准，而较低水面代表着落后国家的工资水准，二者由于水闸的存在而产生差异，并且这个差异有可能一直存在。尽管随着贸易的往来，闸里的水会慢慢流出去，但先进国家的产品动态势力很快又会补充新的水进来，这一增加速度往往大于水流出的速度，从而使这些国家的工人一直享有更优越的生产力。

理论研究通常重视的是世界先进地区的准工资标准，以及组成这一标准的不同区域。由于不断出现的动态利益，这一标准高于世界其他地区。关注这一标准的并不只有理论研究者，当地人民更关心这一与其切身利益密切相关的标准，比如美洲的人民应该懂得是什么决定美国工人的工资，加利福尼亚州的工人应该懂得是什么决定当地的工资。每个地方的单独由劳动生产出的产量，是决定当地工资的主要力量。如果当地的动态势力影响可以忽略不计，只有静态势力在起作用，当地经济最终会达到静态平衡，这时候的工资就是上述的局部工资。至于把地方劳动所特有的产量和资本特有的产量分开研究的方法，在上面几章都可以找到答案。

第五节 分配理论

世界范围的各个地区都在不断发展自身的经济力量，逐渐趋近于当地的局部静态标准，而不同地区的局部静态标准也在逐渐趋近于世界范围内的最后标准。静态理论的前提是充分而完全的竞争，但这一前提并不存在，而且人们对竞争是否会永远存在也存在疑问。作为经济学对静态理论的补充，动态理论的研究范围主要是静态理论与现实的种种冲突，以及经济社会中对静态理论的阻碍。动态理论研究的任务为：分析解决静态理论与现实的冲突，说明每一个阻力的要素以及实际生活中所表现的每一个变化，最终得到一个与现实生活完全相符的完整理论。

分配理论可以解释整个世界和它的各个部分的相互关系，各个地区的经济会逐渐趋向与本地的局部标准，同时这一标准也会逐渐趋近于世界范围内的最后标准。各地区的工资水平在很快地达到局部静态标准后，会停留在这个标准附近，工资水平以此标准为中心上下波动，利息和其他因素的情况变化等同于工资情况的变化。分配理论的一个困境是它的前提在许多人看来是个空想，种种关于竞争的疑问让人们怀疑分配理论的真实性。完全公平而自由的竞争能否实现？在托拉斯和其他形式的资本集中到处涌起，种种垄断制度要消灭竞争的环境中，竞争是不是会一直存在？会不会出现当我们费尽心机完成竞争分配理论之后，这一理论的现实前提已经成为过去了呢？在竞争势力蓬勃发展的时代，研究得出的自然价值、工资和利息的理论，已经具有理想主义的性质，当竞争最终消失的时代来临，这些理论该何去何从？

作为对静态理论的补充，动态理论的研究范围包括了静态理论等种种与现实的冲突，当然也包括关于竞争势力的讨论。竞争势力是不能消灭的势力，这个结论是真实并且不会改变的，随着经济的发展，竞争的方法和形式会变化，但竞争一直存在。我们以竞争为前提研究得出的结论，也不会失去意义。我们一直都没有忽视静态势力所受到的阻力，静态理论和人们的生活，处处都有不同的现象，动态理论的首要任务，就是解决这些冲突，说明每一个阻力要素，以及实际生活中所表现的每一个变化，研究出一个完全与现实生活相符的完整理论。动态理论的次要任务，就是研究限制竞争的势力，把支配托拉斯、工会以及其他组合的原则，用清晰而明确的公式表示出来。限制商品价值的保护关税，影响工资的移民法，影响资本的移动和利息的货币法，诸多对静态势力起限制作用的因素，都是动态理论要讨论的问题。人口和资本增加的规律，什么条件下生产方法会变得更有效，生产方法变化速度的快慢，诸多使静态势力更为有效的因素，也是动态学要发展为完整理论必须要解决的问题。

顾名思义，动态理论研究的对象都具有动态性质。人类社会是一个以静态为趋势，动态发展的社会，一切经济因素变化的方向和速度，始终是动态理论要说明的问题。研究工资时讨论工资标准提高的范围和速度；研究利息时讨论利息率的下降和利息总数的增大；研究利润时讨论有时产生有时消失的原因；研究个别地方和整个世界的繁荣状况时，讨论繁荣的原因中包括着国内和国际的政治策略。的确，凡是世界上有关人类的重要问题，很少不包括在政治经济学理论的这个部分的范围内。

但是，这门科学的工作，是极其繁重的，没有经过数十年的工作根本就不可能完成。动态经济学的范围，像任何科学一样，都没有限制。虽然起初研究的成果不是很大，但其中任何一点的价值，都能使人欢欣鼓舞。同时，在研究工作者面前，仍有许多尚未研究的区域，这些区域，没有任何理论和经验可以借鉴，每进一步的研究都会使人鼓起勇气，来担当这个从困难程度和收获上都超过以前任何工作的任务。但是，无论动态经济学发现和解释的是什么变化，居于首要地位的总是静态规律。而一切关于变化规律的知识，都要以静态规律的知识为前提。